ミルトン・エリクソン心理療法

〈レジリエンス〉を育てる

ダン・ショート
ベティ・アリス・エリクソン　ロキサンナ・エリクソン-クライン
浅田仁子｜訳

Hope & Resiliency

Understanding the Psychotherapeutic Strategies of Milton H. Erickson, MD

春秋社

ソノーラ砂漠のある木の枝に鷲が止まっていた。
鷲は威風堂々じっと動かず、海を見つめている。
翼は鉄でできていて、影をひとつ落としている。
その中には、未知の夢への期待があった。

はるか彼方を見つめる鷲は、いつでも飛び立つ用意があった。
木の枝は明るさを増し、影はやはりそこにあった。
陽射しの中へ伸びているのは発見への道だ。
影と鷲と木は、ひとつものだ。

——ロキサンナ・エリクソン－クライン

本書カバーと扉の鷲は、ミルトン・エリクソンが数多く収集したセリ族の鉄木彫刻のひとつである。土の下に隠れていた古木の根を彫ったセリ族のこうした工芸品は幸運と長寿をもたらすとされている。この珍しい材質——水に浮かない木——は、固定的な分類を許さない人物のイコンにこそふさわしいと思われてならない。

謝辞

本書はこの分野で活躍する他の多くの著者や指導者の知識を活用したものであり、発見の旅への道を照らしていただいたことについて、わたしたちはおひとりおひとりに心から感謝しています。ジェフ・ザイクとジェイ・ヘイリーには、原稿を書きはじめた当初、専門的なフィードバックをしていただきました。ありがとうございます。コンシュエロ・カズラとクローディア・ワインズパックには、国際的に販売する方法の準備を手伝っていただき、貴重な意見も頂戴しました。ダン・ショートは、テレサ・ロゥブルズが本書の執筆を勧め励ましてくれたことを、とりわけありがたく思っています。

さらに、本書をできるかぎり良いものにしようと、誠心誠意、情熱的にこのプロジェクトに取り組んでくださったクラウン・ハウスの出版チームにも、心からお礼申し上げます。

目次

第11章 新たな方向づけ――Reorientation 253

まえがき

スティーヴン・ランクトン*

ミルトン・H・エリクソン医学博士は一九八〇年三月二五日に亡くなったが、亡くなるその日までに専門に関する論文を三百本以上書き、三万人以上の被験者に催眠を行なったといわれている。今日では、エリクソンが催眠やブリーフ・セラピー、ファミリー・セラピー、心理療法にもたらした貢献をさらに研究して実践することを目的とした協会が世界中に一一八もある。インターネットで検索すれば、彼の名前で七万八〇〇〇件以上がヒットする。アマゾン・コムでは彼の名前を入力すると、一三二冊の本がずらっと出てくる。オークションサイトeBayにすら、エリクソン博士に関連するものが売り出されている。エリクソン博士のワークを説明しようという取り組みはこれほど盛んに行なわれてきたわけだが、それでもわたしは、本書には新鮮な息吹を感じている。

エリクソンのワークはここ二、三〇年の間に、一粒の種から森へと成長した。これは主に、アリゾナ州フェニックスにあるミルトン・エリクソン財団の理事ジェフリー・ザイク博士や、財団のトレーニング等で指導に当たっている数多くの献身的な教職員のたゆまぬ努力によるものである。

エリクソンのワークは長年の間に次第に洗練されてきた。実際、早い時期に彼の診療室を訪ねた人たちは、のちになって彼を訪ねたわたしたちに話をするとき、しばしば彼のやりかたに異議を唱える。ミシガン州エロイーズからアリゾナ州フェニックスに到るまでの歳月にエリクソンのワークがたどった経過をなぞれば、こうなる理由は明らかだ。わたしたちは彼が治療にかける時間の長さや、（治療であるなしに関わらず）少なくとも催眠誘導が行なわれている最中のあらゆる暗示の使い方――直接暗示から間接暗示まで――を調べることができるし、治療用のメタファーやブリーフ・セラピーの利用がどう進展してきたかをたどることもできる。それに加えて、症状の見方が精神分析的なものから相互作用的なものへといくらか変化したこともしっかり検討しよう。そうすれば、人や問題の見方の変化が、上記の諸事と完全に論理的に連動していることがよくわかる。

――治療にかける時間

一九五〇年代初期のエリクソンの症例には、数ヵ月をかけたものがいくつかあることがわかっている。「厚いくちびる」の男のケースは一一ヵ月以上を要し（Erickson and Rossi, 1979）、ミシガンから来た「二月の男」のケースはさらに長く――二年弱を要している（Erickson, 1980）。フェニックスに住んでいたとき、エリクソン博士は実際どれだけ長い時間でもクライエントに応じられるようにしていたが、公にされた症例は、治療期間が短くなっていった。一九七三年には、二時間で終わった八歳の「足を踏み鳴らす子」のケースが見つかっている（Haley, 1973）。一九七三年に博士が「ショック」技法を使って行なったさまざまなケースは、一時間から二時間のセッションとなっている（Erickson and Rossi, 1980）。概してブリーフ・セラピーへの動きは進む一方で、一九七〇年代末以降はそれが目立ってきた。

——催眠暗示

一九五七年に行なわれた催眠誘導のトランスクリプトを見ると、エリクソン博士が「眠く」などの単語をふんだんに使っていることがわかる。たとえば、「さて、わたしは今、これからあなたにもっともっと眠くなっていってほしいと思っています」という具合である（Haley, 1967）。さらにこのトランスクリプトには、「わたしはあなたをどんなレベルのトランスにも導くことができます［傍点は著者］」（Haley, 1967）など、高圧的な進め方も見られる。

しかし、エリクソンは、一九七六年にはすでに、間接的暗示が自分のワークの「重要な要素」であると信じていた（Erickson, Rossi et al., 1976, p.452）。さらに、一九八一年には、自分は考えや暗示を「提供している」のだと明言し（Erickson and Rossi, 1981, pp.1-2）、「患者に語りかけるとき、わたしはあなたに、疲れて眠くなってほしいと思っていますという言い方をするのは好まない」とはっきりい添えてもいる（Erickson and Rossi, 1981, p.4）［傍点は著者］。間接的なやりかたの使用に関していえば、その治療法は一九七〇年代末には、かつてのやりかた——催眠誘導中に同じ言葉を頻繁に繰り返したり高圧的な言い方をするなどの方法——を捨て去るまでになっており、そのことをはっきり示すエヴィデンスがある。

間接的介入法としてのメタファーの利用

一九四四年、エリクソンは不承不承、『実験神経症を誘発する複合的ストーリーの作成法　The Method Employed to Formulate a Complex Story for the Induction of the Experimental Neurosis』を公にしている（Haley, 1967）。この時点で彼は、クライエントの問題に相当する複合的なストーリーはクライエントの不快感を高め、神経症の浮上を促進できると理解している。それから一〇年弱の一九五四年には、一過性の症状の「捏造病歴」を数多く使っている（Erickson, 1980）。そして、二〇年ほど経った一九七三年にも、治療ポイントを作るための病例をいくつか用意し（Haley, 1973）、一九七九年にはすでに、介入法の一カテゴリーとして「メタファー」という見出しをロッシと共に使っている（Erickson and Rossi, 1979）。この動きはやはり、直接的かつ高圧的なセラピーから間接的かつ許容的なセラピーへの動きと一致している。

症状の捉え方

エリクソンは、精神科医としてスタートを切った当初から少なくとも一九五四年までは、従来の分析的観点から神経症やさまざまな症状に対応していた。神経症的な症状の発現は「行動に防御的で保護的な性格を与える」といっている（Erickson, 1980）。しかし、一九六〇年代半ばごろにはすでに、はるかに相互作用的な見方をするようになっている。これはたぶん、ジェイ・ヘイリーやグレゴリー・ベイトソン、ジョン・ウィークランド、パロ・アルト・コミュニケーション・プロジェクトとの共同研究の結果であろう。いずれにせよエリクソンは一九六六年に、「精神疾患は人とのコミュニケーションが破綻している状態である」と書いている (Erickson, 1980)。しかし、晩年に近づくころには、精神分析よりも、疾患に関するコミュニケーション／システム理論よりも、はるかに先を行くようになっていた。彼は、症状は「コミュニケーションの型」であり、「意識下のプロセス内にある発達障害の手がかり」であるといっている (Erickson and Rossi, 1979)。

要約すれば、問題の性質に関する考え方は病理学的説明から次第に離れていき、ついには、望まれている成長の方向を示すコミュニケーション・シグナルとして症状を捉えられるところまで来たのである。エリクソンはそうしたシグナルを、変化を求める気持ちの表れであり、さらには、効果的な治療の無意識的契約であるとまで考えた。

――直接暗示によってではなく、体験の再結合によって達成した治癒

エリクソンが一度としてぶれたことのない領域は、「治癒」の捉え方であった。これは、彼自身が麻痺を克服したという体験から来ているのではないかと思う。彼は青年のころ、体験的なリソースが変化を発生させることを学んでいる。早くも一九四八年には、直接暗示はなんらかの形でクライエントに影響を与えるけれども、治癒はそうした直接暗示の結果ではなく、その問題の特定のコンテクス

トで必要とされる体験を再結合させることによって生じるものであることを認識していた（Erickson, 1980）。このテーマはその後何度も繰り返されていることがわかっている（Erickson and Rossi, 1979; Erickson and Rossi, 1980; Erickson and Rossi, 1981）。

エリクソン博士自身による説明はしばしば、わたしたちの多くにとってもどかしく感じられるものだった。というのも、博士はどちらかというと庶民的なやりかたで叡知の共有を主張したからだ。たとえば、セラピーにおいてもっとも重要なことは何かと訊ねると、「クライエント自身の体験に基づいた言語で話すことです」とよく返答した。その次に重要なこととして何をすべきかを訊ねると、「一方の足はクライエントの世界に置き、もう一方の足は自分自身の世界に置いておくことです」と答える。こうしたコメントは従来の科学的言語を回避しているように思われ、訊き手は、いずれはもっと説明してもらえるのだろうかと思いつづけることになる。しかし、彼がさらに説明することはいっさいなかった。彼のワークのことを書いた多くの本はしばしばこの状況を是正しようとした。そうした本の著者たちは、ロジャーズ、バンドゥーラ、催眠研究、バーン、サス、パールズほか多数を引用して、既存の知識をエリクソンの庶民的叡知に結びつけている。

本書に入ろう。本書はダン・ショート、ベティ・アリス・エリクソン、ロキサンナ・エリクソン－クラインによる極上の一冊である。著者たちはエリクソン自身の言葉を残した上で、強力かつ包括的できわめて実際的な理論的構造を鮮やかに描き出している。三人は見事な組み立ての理論的論考を展開していて、これは、機械化された方法よりむしろ関与と変化の原則に基づく方法をすぐにも使いたいと思っている者にとって、まさに新鮮な息吹である。本書はさまざまなテクニックを微量分析するものではなく、そうあるべきものでもない。エリクソンのワークに関する確かな教科書は、変化の発生について、その機能的原則を強調しながらも、実際的な介入との包括的なつながりを提供する必要がある。

第I部はエリクソンの哲学的基盤を紹介している。事例をいくつか提示し、変化を発生させる触媒としてのセラピストの仕事を明確に描き出している。何よりもセラピストはクライエントの無意識の叡知を尊重し、クライエントがそれを正しく理解できるよう手助けしなくてはならない。それを成し遂げる最善の方法は、クライエントとの相互発見によるものである。

第II部は重要な臨床的戦略を六つ紹介している。これらは、エリクソニアン・アプローチを使って行なうあらゆる介入の土台を提供できるものである。著者たちはこれら六つの戦略、つまり六つの原則を使い、エリクソン博士が使った広範囲にわたるさまざまな方法をほぼ完全に定義している。

いずれの状況でも、著者たちはさまざまな戦略をきわめて詳細に提示し、深い理解を確実に得られるようにしている。具体的な介入には触れていない。というのも、本書のコンセプトは、無数の創造的介入が生まれ出るような戦略を提案することにあるからだ。I部同様、II部の各セクションでも、さまざまな症例とエリクソンの実際の言葉が描かれ、留意事項が明確にされている。論じられている戦略は、注意のそらし、分割、前進、暗示、新たな方向づけ《リオリエンテーション》、利用、の六つである。以下に、これらを簡単にまとめ、著者たちによる症例の詳細な論考と解釈のための足場としたいと思う。

〈注意のそらし〉は、失敗につながる体験に向けている注意を中断できるよう、クライエントを手助けするときのロジックに関するものである。失敗につながる体験の典型例には、自己実現的予言や自己破壊的行動などがある。

〈分割〉は、クライエントの問題や目標、リソース、注意だけでなく、時間と空間をも、チャンキングしなおしたり、構成要素に分析しなおしたりするための戦略だ。

〈前進〉は、小さな始まりを次第に大きな進歩につなげていくための方法を扱っている。等比級数的前進、漸進的脱感作、パターンの中断、認知的前進、時間志向的前進などについて考えるための新たな方法を紹介している。

〈暗示〉は、わたしにとってもっとも重要なセクションである。というのも、わたしは暗示こそがセラピーと社会化双方にとっての基礎であると信じているからだ。著者たちの見地からすれば、暗示の利用は――エリクソンによって例証されているとおり――セラピーの基礎となるだけでなく、日常生活のコミュニケーションの根底にもある独創性に富んだコンセプトである。一見対極にあるように思われるセラピーと日常生活だが、両者間のつながりが、暗示との関連から説明されている。治療的な考えが正規のセラピーの内外でどう伝えられているかを、読者が理解しやすいようにしている。

〈新たな方向づけ《リオリエンテーション》〉は、著者たちがセラピーにもっとも浸透しているもののひとつだと考えている戦略である。著者たちは、クライエントに導入された新たな考えをどのように組み立てれば、未来の成功や利用に役立つのか、セラピーという仕事はどのようにしてこうした未来の連合的つながりを継続的に創造することになるのかを説明し、この概念を、ヴィクトール・フランクルやパット・ラヴのワーク、ゲシュタルト・セラピーやサティアの家族彫刻、サイコドラマで行なわれているリフレーミングと客観化に関連づけている。時間の歪曲は、新たな方向づけの主要ツールとして説明されている。〈利用〉は、エリクソン自身の意見によれば、自分が行なうワークの顕著な特徴のひとつであり、それゆえに、本書のなかでももっとも際立った戦略である。それは、クライエントのエネルギーや観点、スキル、潜在能力を活用するプロセスである。目的は、注意のそらしや前進、リオリエンテーションを支持するために、クライエントを受容し、クライエントに動機を与えることである。当然ながら、クライエントの行動がクライエント自身の成長のために利用されるため、希望と自信がごく自然に植えつけられる。

巻末には、読者自身が自分の暮らしやセラピーのなかで各戦略をひとつひとつ学ぶことができるよう、すばらしい付録が用意されている。

ダン・ショート博士は本書の準備のなかで前例のないことを行なった。本書の材料の最初の編集が終わった時点で、構成すなわち草案を世界の一二ヵ国に散らばる同僚――エリクソン博士のワークを行なう他の著名なプラクティショナーでショート博士がこれまでに共同研究を行なった人たち――に示し、彼らが自分の基本草稿を取り入れてワークの翻案を書けるようにしたのである。こうして博士はたくさんの本を創ったが、そのひとつひとつが世界中の異なる文化的環境を反映するものになり、いずれも、その地域の共同執筆者による本書のコンテンツの修正および調整によって、その文化固有の考えや概念に対処できるものになった。

こうして本書は、それぞれの地で、現地の文献と現地の文化に関連した逸話が加わることによって、その文化固有の作品に変身している。したがって、広範な視野をもつこの本書執筆プロジェクトは、元々の著者たちの個人的な体験に限定されるものではなく、複数の国の非常に優秀な数多くの人びとのリソースが結合したものであり、世界中の人びとの異なる状況や考えを反映するものでもある。こうしたプロジェクトがこうしたやりかたでやり遂げられたのは初めてのことであり……かつ、これは卓越したアイデアだと、わたしは信じている。本書の地球規模の視野をもつプロジェクトは、未来の臨床的共同研究にとって最初の比類なきモデルとなるかもしれない。もしそうであることがわかったら、それはエリクソン博士の基本原則の別の一面となるだろう。そうなれば、誰もが世界のどこででも自分自身の言葉で話すことができるようになる。指示するのではなく、共同で創造するのである。

研究者と臨床医との間に長年対立が続くなか、繰り返しクライエントに変化を発生させている専門家たちの声はつねに先導役となる。本書が全世界で発行されることになった今、その声は、エリクソン博士が結果を出してきた方法についての理解を深め、その方法を発展させるための世界基準となる。最後に、エリクソンの方法のなかで、重要でありながらしばしば見過ごされる概念について述べておく。その概念は本書では無視されないどころか、地球規模の本プロジェクトのまさに基礎構造の一部である。

エリクソンのワークには、クライエントを操ったり煙に巻いたりしようとする部分があったためしがない。当然ながら、変化をもたらす媒体はすべて、他者に影響を与えることができる。介入のもつそうした一面は頻繁に現代の臨床ワークのテーマとなっている。

さらに、エリクソン博士によって成し遂げられたような変化の場合、心理療法という問題の核心に迫るのではなく、つい安易に、変化をもたらす操作のさまざまなタイプについて論じたり詳述したりしがちである。個人間の影響には明らかに誤解されやすい一面があるが、本書はそうした面に乗じようとするものではない。そうではなく、エリクソンのワークの裏にある原則を明らかにし、各個人をその人だけのやりかたで高め、豊かにし、力づけようというのである。それらの原則は操作や強要を目的とするものではないため、そういう観点でそれらを明らかにしたり論じたりはしていない。本書はこの潜在的問題に深い敬意を示している。

本書は終始、クライエントを豊かにして力づけること、セラピストに力を貸し、無数にいる唯一無二のクライエントにそれぞれ唯一無二の方法で同じことをするための枠組みを、ひとつふたつ構築できるようにすることについて述べている。なんとすばらしい本だろう。エリクソン自身の言葉を使い、ショート博士とエリクソンのふたりの娘――専門家として認可されている心理療法家ベティ・アリス・エリクソン（理学修士、認定専門カウンセラー）とロキサンナ・エリクソン－クライン（博士、正看護師）――が調べ上げて産み出した、わくわくするようなセラピーの構想を紹介しているのである。

＊スティーヴン・ランクトン――医療ソーシャル・ワーカー／アメリカン・ヒプノシス・ボード有資格者、アメリカン・ジャーナル・オブ・クリニカル・ヒプノシス編集者、医療ソーシャル・ワークのためのアメリカン・ヒプノシス・ボードの元会長であり有資格者。

参考文献

Erickson, M. (1980). February Man: Facilitating New Identity in Hypnotherapy. *The collected papers of Milton H. Erickson on hypnosis: Vol. 4 Innovative hypnotherapy.* E. L. Rossi. New York, Irvington: 525-542. 『ミルトン・エリクソンの二月の男――彼女はなぜ水を怖がるようになったのか』（金剛出版）

Erickson, M. (1980b). Method Employed to Formulate a Complex Story for the Induction of an Experimental Neurosis in a Hypnotic Subject. *The collected papers of Milton H. Erickson on hypnosis: Vol. 3. Hypnotic investigation of psychodynamic processes.* E. L. Rossi (Ed.). New York, Irvington: 336-355.

Erickson, M. (1980). Hypnotic Psychotherapy. *The collected papers of Milton H. Erickson on hypnosis: Vol. 4 Innovative hypnotherapy.* E. L. Rossi. New York, Irvington: 35-48.

Erickson, M. (1980). Hypnosis: It's Renaissance as a Treatment Modality. *The collected papers of Milton H. Erickson on hypnosis: Vol. 4 Innovative hypnotherapy.* E. L. Rossi. New York, Irvington: 3-75.

Erickson, M. (1980). Special Techniques of Brief Hypnotherapy. *The collected papers of Milton H. Erickson on hypnosis: Vol. 4 Innovative hypnotherapy.* E. L. Rossi. New York, Irvington: 149-187.

Erickson, M. and E. Rossi (1979). *Hypnotherapy: An exploratory casebook.* New York, Irvington.

Erickson, M. and E. Rossi (1980). Indirect Forms of Suggestion. *The collected papers of Milton H.: Erickson on hypnosis: Vol. 1 The nature of hypnosis and suggestion.* E. L. Rossi. New York, Irvington: 452-477.

Erickson, M. and E. Rossi (1980). Two Level Communication and the Micro Dynamics of Trance and Suggestion. *The collected papers of Milton H. Erickson on hypnosis: Vol. 1 The nature of hypnosis and suggestion.* E. L. Rossi. New York, Irvington: 430-451.

Erickson, M. and E. Rossi (1981). *Experiencing hypnosis: Therapeutic approaches to altered state.* New York, Irvington.

Erickson, M. H., E. L. Rossi, et al. (1976). *Hypnotic realities: The induction of clinical hypnosis and froms of indirect suggest.* New York, Irvington.

Haley, J. (1967). *Advanced techniques of hypnosis and therapy: Selected papers of Milton H. Erickson, M.D.* New York, Grune & Stratton.

Haley, J. (1973). *Uncommon therapy: The psychiatric techniques of Milton H. Erickson, M.D.* New York, Norton. ジェイ・ヘイリー『アンコモンセラピー――ミルトン・エリクソンのひらいた世界』(二弊社)

ミルトン・エリクソン心理療法

はじめに

本書に収められているのは健康志向の問題解決に関する説明であり、助けを求めている人びとへの対応に役立つ明確で有益なガイドでもある。ここでいう問題とは、精神病理や慢性症状、家族の機能不全、嗜癖、トラウマ、学業の遅れ、社会的な落伍、その他の悲惨な状況や失意の状況などである。本書の戦略の適用範囲がきわめて広範なのは、根底にある概念によって、人間の問題解決の核にアクセスできるようになるからである。

家族の成長にせよ、組織や文化の発展にせよ、いずれの例においても、変化の基本単位は個人である。希望と立ち直る力《レジリエンス》があれば、未来に待ち受けるすばらしいものがなんであれ、それに向かって進む道を拓くことができる。希望とレジリエンスが不足していると、厖大な外的リソースは、本質的に絶望と放棄から成る無の空間なるものに流れ込むことになる。自らを信じようという気持ちになっている人は努力を重ねていくため、それが成功の可能性を高める（Bandura, 2003）。このように希望とレジリエンスに焦点を絞る姿勢は、主流の心理学に発生したポジティブ心理学の動きと合致しており、ミルトン・H・エリクソンの先駆的なワークを概念化することは、きわめて有益なやりかたである。

エリクソン博士の心理療法は天才の業《わざ》だと考えている人が多いが、そのやりかたはときに理解が難しい。世に広く知られたエリクソンの症例の多くには共通点がある。一見どうにも解決できないと思われる問題が、驚くほど単純ながらもリソースに満ちた解決法によって、いともエレガントに解消するという点だ。注意深く調べてみると、博士のテクニックのもつ微妙なニュアンスや複雑さに気が遠くなりそうになる。しかし、エリクソンにしてみれば、そうした介入は常識的な推論によるごく当たり前の行動であった。ここでわたしたちは、どのようにすればこの手のすばらしい臨床的直観力を身につけられるのかという問題に直面する。

エリクソンの心理療法のやりかたを学びとるために、これまでは主として、そのテクニックを見きわめ再現しようとする点に多大な努力が払われてきた。エリクソン関係の文献の多くは、彼の言葉や行動を非常に細かいところまで分析しているため、その行動は真似ることができる。こうした作業やエリクソンの革新的なテクニックの数々を研究することの重要性は、過小評価されるべきではない。エリクソンの芸術性を研究することによって、彼のスキルに対する正しい認識はさらに深まる。

エリクソンが述べているとおり、「さまざまなテクニックがあるという気づき、自分が一個人として使えるテクニックにもさまざまな種類があるという気づき……それらをおおいに利用しなくてはならない」(Erickson, 1959a)。テクニックの研究は優れた出発点ではあるが、プラクティショナーの教育が技術的な手順の修得に限定されると、セラピーとは患者[☆1]「に対してなされる」べき何事かであるという間違った前提が生まれがちになる。それに対して、テクニックは心理療法における測定可能な前向きの結果のほんの一部にすぎないことを示唆する研究が大量にある(Duncan, Miller, and Sparks, 2004)。自分のテクニックのレパートリーを継続的に増やしていく一方で、変化を可能にする変化という、より広い概念を認識することが重要だ。のちに論じるように、患者の内的なリソースを正しく把握して関与させなければ、最善のテクニックでも失敗することがある。癒しと成長のプロセスを明確な根拠に基づいて幅広く認識して初めて、セラピストの臨床的な判断は健全なものになる。

エリクソンのワークをただ再現しようとすることには別の問題もある。彼の用いた具体的介入が必ずしも現在の世界において適切であるとはかぎらないという点である。彼のワークの概念を明らかにするために本書で引用したケースワークの多くは、一九三〇年代から一九六〇年代に行なわれたものである。時を超越した教訓を探しつつ、時代や場所や社会的リソースというコンテクストも考慮しなくてはならない。社会のもつリソースと目標は、エリクソンが医療に従事していたころとは劇的に変化している。エリクソンが職に就いてからの最初の三〇年間、精神病院は自立した生活に適応できない人の大多数を保護していた。現在は、ホットラインや社会復帰訓練所などの新たなリソースが数多

☆1　最近では、「患者（patient）」という用語は政治的に問題があるとされるようになってきている。なかには、この用語の使用は、苦境にあって助けを与えられる下位の側に対して、助けを与える上位の側の役割を暗示していると反射的に考える者もいる。一方で、ニコラス・カミングズのように、この用語はヘルス・ケアのさまざまな分派間の対等性を意味していると主張する者もいる。エリクソンはあらゆる著作や講義のなかで、自分が共に取り組んでいる相手を「患者」としているため、わたしたちも今日まで同様の用い方をしてきている。本書ではエリクソンをしばしば引用しているが、それは、政治的に正しいか否かの論議に巻き込まれたくてしたことではなく、継続性と明晰さを優先するために決めたことである。

く用意され、社会保障による身体障害給付金や肉体的・精神的に障害のある人びとに対するメディケイド〔州と連邦政府が共同で行なう低所得者や身障者のための医療扶助制度〕が大きく広まったことで、「もっとも侵襲的でない」介入に業務の焦点が絞られている。さらに、エリクソンの時代には、向精神薬はほとんど手に入らず、手に入るもののほとんどは衰弱や混乱を生じさせる副作用があった。生化学分野における昨今の発見は、慢性的な精神疾患に苦しむ者を助けるための新たな機会を創り出している。

また、エリクソンは私生活と医療業務を統合していたが、これを今日の都市社会で再現するのは不可能に近い。エリクソンが診療を行なっていた時代にはなかった説明責任や制約、境界の定義などの新たな基準が、今はある。彼が提携の構築を重視したことはけっして時代遅れにはならないが、彼のやりかたのいくつかはもはや社会的あるいは専門的に正しくないと考えられている。今日の臨床医がエリクソンのしたとおりに治療を行なうのは非現実的であると同時に望ましくもない。

先人の体験から利益を得るためには、いかなる分野の学びの徒にも、一定量の構造的知識は必要である。しかし、人間の進歩は昔から、闇雲な反復と正統性という問題に妨害されてきた。いかなる分野であれ、専門家が自分の仕事を行なうための段階的手順に自らを限定しているかぎり、そこに新機軸は生まれない。これは心理療法にも当てはまるはずだ。先人が鋳造した型どおりに行なうのではなく、そのデザインの機能を認識することによって、先人の体験を確固たる足場とするのである。こうした革新の精神があればこそ、わたしたちはミルトン・H・エリクソン医学博士の心理療法の戦略を道しるべに、発見の旅に出ることができるだろう。

ミルトン・H・エリクソンの略歴

――概説

希望と立ち直る力《レジリエンス》は、ミルトン・H・エリクソン（一九〇一～八〇）にとって、日々を生きる生き方であり、したがって、心理療法との取り組み方の本質的な基盤でもあった。エリクソンは、一九二〇年代後半に医療に携わりはじめたが、それは、神経症の治療に新しく心理療法が取り入れられるようになった一方で、精神疾患を治療するには長期にわたって医療施設に入院するしかないという時代でもあった。

一九四〇年には、エリクソンはすでに独自の治療法をもつ人物として名を上げていた。発表した論文は四〇を下らず、ほどなくして世界をリードする医療催眠の権威として知られるようになる。彼は半世紀以上の間に一一九の症例を公にし、そのなかで自分の治療法を明示した。そのほかにも二〇〇件の症例が、彼の方法を研究した人びとの書物のなかで説明されている（O'Hanlon and Hexum, 1990）。

エリクソンの著作やセミナーは新世代のセラピストを鼓舞するのに役立った。あらゆる心理療法が精神分析的であった時代に、彼は戦略的な短期心理療法の先駆けとなった。家族もセッションに参加させるという型破りなやりかたで、家族療法が生まれるきっかけも作っている。

それまで心理療法を特徴づけていたのは長い時間をかけて調べ尽くすようなやりかただったが、それが変わろうとしていた。効果的なセラピーは短期で済ませられるはずだし、内面指向になりうるはずであり、そうあるべきだという認識や、現在や今後の人生に参加してそれを楽しむ患者の能力に焦点を絞ることができるはずだし、そうすべきだという認識へのパラダイム・シフトが起きようとしていた。エリクソンのほかにも何名かがそうしたシフトの先駆けとなった。臨床研究において、ひとりの被験者に対する研究設計が一般的になるにつれ、この分野は今後、個々の患者の必要を満たす個別的治療の方向に進化しつづけるだろう。こうした治療は、まさにエリクソンのやりかたの顕著な特徴のひとつであった。

エリクソンの直接的な貢献もさることながら、社会科学界の数多くの重要人物たちが彼と共同研究をしている。そのなかには、グレゴリー・ベイトソン（サイバネティックス、教育、家族療法、生態学の各分野に貢献した科学者であり哲学者）、マーガレット・ミード（心理学を重視したフィールド・ワークを最初に行なった世界的に有名な人類学者）、ルイス・ウォルバーグ（革新的な精神力学理論の研究者であり、医療催眠のパイオニア）、ローレンス・キュビー（卓越した精神分析学者）、ジョン・ラーソン（ポリグラフの発明に関わる仕事で知られる人物）、アーネスト・ロッシ（心身研究分野のリーダー）、ジェイ・ヘイリー（家族療法創始者のひとり）などがいる。

——家庭環境

エリクソンの両親はそろって強い意思の持ち主だった。父親のアルバートは一二歳のときに男親を亡くし、その三年後には、農夫になろうとシカゴを出ている。身につけていた衣服と鉄道の切符が全財産だった。手持ちのお金で行けるところまで行ったあと、ウィスコンシン州ローウェルの農村で仕事を探しはじめた。

ある農夫の家にヒッチハイクで向かい、使用人として雇ってもらおうとしたときのことだった。農家に着くと、木の陰から自分を見つめている可愛い娘に気づいた。アルバートが「恋人はいるのかい？」と訊ねると、少女は胸を張って、「お父さんよ」と答えた。彼は、「じゃあ、今からきみはぼくの恋人だ」と返した。その五年後、アルバートとクララは結婚した。やがてふたりは九人の子供に恵まれ、結婚記念日を七三回祝うことになる。

エリクソンの母親も、意思の強さは父親に勝るとも劣らなかった。一六歳のとき、おばが自分たちの祖先はあんなに有名だったのに、子孫には誰ひとり、何世代にもわたって敬愛されてきた親族の名「ハイランド」にふさわしい者がいないと嘆いているのを聞きつけ、若いクララは大胆にもこういいきった。「わたしが大人になって結婚して、男の子が生まれたら、その子の名前をハイランドにするわ」

ミルトン・ハイランド・エリクソンは彼女の第二子である。一九〇一年、土間のある丸太小屋で誕生した。丸太小屋といっても、丸太が積んであるのは三面のみで、残る一面は山肌に接していた。そこはシエラネヴァダ山脈の荒涼とした地域の、かなり以前に廃鉱になった銀鉱の町で、オーラムと呼ばれていた。家族が増えるにつれ、アルバートとクララは、子供たちにもっと良い教育の機会を与えたいと思うようになり、幌馬車に乗って東部へ移っていった。

――子供時代

エリクソンは幼いころ、変わった子供だと思われていた。印刷物に事欠く田舎町に住んでいたが、貪欲にものを読みたがり、ときには何時間も休みなく辞書を読んで楽しんでいた。皮肉にも、彼には複数の感覚障害があり、読字障害があるのも明らかだった。エリクソンはのちに自分は失読症だといい、六歳のとき、先生だったミズ・ウォルシュが何時間もかけて記号の誤読を矯正してくれたと語っている。

そんなある日、エリクソンは不意に悟った。ウォルシュ先生が数字の「3」のもっとも重要な特徴を強調しようとして、数字を横に倒してみせたときだった。エリクソンの説明によれば、目のくらむような閃光のなかで、不意に「3」と「m」の違いがわかったという。

その他の多くの場合にも、先生は同じ指導法を用いた。まず、よく知っているものを取り上げ、それをいきなり強制的に混乱の領域に押し込んだのである。エリクソンは先生の教えてくれたことを大変ありがたく思い、その方法をよく憶えていた。それはのちに、治療的ショックと呼ばれるテクニックと新たな方向づけ《リオリエンテーション》の利用を彼に思いつかせることになる。

記号の解釈の問題に加えて、エリクソンは色盲であり音痴でもあった。しかし、彼はこうした複数の障害に勇気をくじかれることはなく、自分の周囲の世界をひたすら入念に観察した。一五歳のときには、農場で暮らす若者の問題と彼らが農場に居つかない理由について、雑誌『ウィスコンシン・アグリカルチャリスト』に投稿している。エリクソンは幼いころから、この世界に変化をもたらす方法を探していた。そうであればこそ、さまざまな家庭に希望と慰めをもたらした田舎の医師をおおいに称賛したのである。そうした家庭は、その医師の助けがなければ、ただ孤立して怯えるだけであった。

――青春期後期

一九一九年、エリクソンは小児麻痺《ポリオ》に罹った。それは、当時もっとも恐れられていた病気のひとつである。予後は芳しくなく、医師は悲しそうに、「息子さんは、もっても明日の朝まででしょう」と両親に告げた。それを漏れ聞いたエリクソンは、絶望する代わりに、激しい怒りを感じた。誰であろうとも、息子の命が明朝までだなどと母親に告げる権利はないと思ったのである。

エリクソンはこの陰鬱な予告をものともせず、ほとんど出せなくなっていた声をなんとか出して、ベッドの足元にあるドレッサーをある角度に向けるよう、母親に指示した。母親は息子がうわごとをいっていると思ったが、頼まれたとおりにした。ドレッサーをその角度に向けると、廊下を見わたすことができ、西向きの別の部屋の窓の外を見られたのである。のちにエリクソンは、「もう一度夕焼けを見ずして死んでたまるか」と思ったのだと説明した。夕焼けを見たあと三日間、彼は意識のない状態が続いた。

意識が戻ったエリクソンが動かすことのできたのは目だけで、話すのにもひどく難儀した。体のほとんどすべての部位が麻痺していた。自立するために幼少期から青年期に到るまでずっと努力してきたというのに、そのすべてがいきなり消滅してしまった。

身体的には病気の罠にはまったエリクソンだったが、学習に対する不屈の関心は以前と変わらなかった。彼は聞こえてくる物音や声に耳を澄まし、それらの意味を解釈して、寝たきりの時間を過ごした。たとえば、足音をじっと聴き、こちらに向かっているのが誰で、その人物がどういう心持ちでいるかを判断した。

ある日、彼の学習体験のなかでももっとも重要なことのひとつが起こった。その日家族は、エリクソンをひとり残して出かけていた。彼は体を揺り椅子に結わえてもらい、座っていられるようにしてもらっていた。しかし、部屋のその位置からはたいした眺めも望めなかったので、窓際に近づきたいと思った。そうすれば少なくとも外の世界を眺めて楽しむことができる。彼は、窓に近づくときの動作はどういうものになるのだろうと考えはじめた。ふと気づくと、揺り椅子がゆっくり揺れはじめているではないか。エリクソンは、これがすばらしい発見であることを確信した。前進したいと考えただけで、それまで認識していなかった筋肉の潜在能力を活性化することができたのである。

エリクソンはそれから何週間、いや、何ヵ月もの間、動きの展開と結びついた体の感覚について、記憶を探りつづけた。何かを手にもったとき指に生じる感覚がどんなものだったかを思い出そうとした。

進歩はゆっくりと、ほんの少しずつ現われてきた。まず、指の一本がピクッと動くようになった。それから、意識的にその動きを起こせるようになった。次に、複数の指を動かせるようになった。つづいて、ばらばらに指を動かせるようになり、その後、動きを協応させるのに役立つ特別な抵抗運動を開発した。

エリクソンは、ちょうどそのころ歩きはじめた一番下の妹の動きも研究した。妹の行動を詳細に分析し、自分が練習できるような構成要素ごとのスキルに分割した。のちに彼は、「わたしは赤ちゃんだった妹が立ち上がるのをよく見ることで、自分も立ち上がれるようになった。両手をついて土台にし、組んだ脚をほどいて両膝をつき、それを幅の広い土台にしたあと、一方の手と腕に加える力を増やして立ち上がるのである」と説明している（Erickson, 1983, p.13）。思考の力や思考と身体の結びつきを進んで探求しようとする姿勢が、彼の回復における重要な要素であることが判明した。

リハビリを行なっている時期に大学の医師から積極的に筋肉を使うことを薦められたエリクソンは、ミルウォーキーのロック・リバーからミシシッピに入ってセントルイスまでカヌーを漕いでいくことで体を鍛えようとした。この旅の計画はある仲間と一緒に立てたのだが、思いがけず間際になってその友人は決意を翻した。それでも、エリクソンの決意はまったく揺るがなかった。両親はそれでなくてもこの遠出に不安を抱いていたため、彼は単独でカヌーと松葉杖を操っていくことになったことは、両親に知らせないでおこうと思った。

一九二二年の夏、エリクソンは友人たちに川まで連れていってもらった。彼は二週間分の食糧と調理道具一式、テント、教科書を数冊、現金数ドルをもち、どんな状況に遭遇しようともそれを利用できる自分の力に対する計り知れない自信を携行した。たとえば、数あるダムの最初のダムに行く手を阻まれたとき、エリクソンは防波堤に這い上がり、誰か人が通りかかって、なぜ彼がそこにいるのか訊ねてくれるのを待った。そして、相手が自分に近づいてくるのを許容すれば、進んで援助の手を差し伸べてくれる可能性が高まることに気づいた。旅の途中、その地の農夫や漁師が臨時の仕事をくれることもあった。同じく川を旅していたふたりの男性に食事を作ってやることで、全旅程中の二五〇マイル分の食費を稼いだ。漁師たちに物語をして夕食代を稼ぐことも多々あった。

人間行動の研究者としての彼の関心は、旅の間に深まっていった。また、彼は数多くのさまざまな暮らしぶりを見ることもできた。六週間後、腕と肩はすばらしく鍛え上げられ、セントルイスからミルウォーキーに向かうときは、川の流れに逆らって漕いでいくことができた。彼は再び歩けるようになり、カヌーを肩にかついで運べるようにもなっていた。エリクソンが総計一二〇〇マイルの川を漕ぎ抜き、一〇週間後に帰宅したとき、ポケットにはまだ五ドル残っていた。

エリクソンは完全麻痺と部分的な言語障害の状態から、一一ヵ月後には、松葉杖で歩き、明瞭に話ができるようになっていた。約二年間のリハビリののち、一九二〇年の秋には、ウィスコンシン大学の一年生になっている。再び四肢を完全に使えるようになろうという決意が、当初期待できた以上のことを発見する旅にエリクソンを導いたのだった。

——キャリアの始まり

クラーク・ハルのもとで催眠の研究に参加したあと、エリクソンはウィスコンシンにある医大の大学院に進み、二六歳のとき、医学の学位と心理学修士の学位を取得している。最初の仕事は、ウィスコンシン州管理委員会での心理学的実験と研究だった。医学の学位を取ったあとも、彼は心理学者・

精神科医双方を名乗りつづける。

総合内科の最初の研修はコロラド・ジェネラル・ホスピタルで受けている。精神医学は、フランクリン・エボー博士の指導のもと、近くのコロラド・サイコパシック・ホスピタルで訓練した。精神医学の専門研修期間には、自分の障害をうまく利用するようになった。下肢が不自由で杖に頼らざるをえないという事実のおかげで、彼は患者たちにとって、より親しみやすい存在になった。ほかの人と同じ見方で世界を見ていないという事実のおかげで、彼は施設に収容されていた人びとをよりよく理解することができた。

エリクソンは研修後に強く推されて、非常に有名なロード・アイランド州立精神病院で医師助手の地位を確保することができた。彼はそこで、精神的欠陥と、家族的要因や環境的要因との関係を徹底的に研究し、その結果を発表した。その後、職場はマサチューセッツ州の州立ウスター病院に移った。一九三〇年から一九三四年にかけて、彼は若手の医師から研究主任の精神科医へと昇進している。残念ながら、専門家としてのこの急速な成功は結婚生活の下り坂の時期と一致している。

一九三四年、エリクソンは最初の妻と離婚し、三人の幼い子供全員の親権をもつことになった。彼はミシガン州に引越し、デトロイト郊外のウェイン・カウンティ・ホスピタル「エロイーズ（精神病院）」で、精神医学の研究および訓練の指導者となった。家庭生活における挫折を経験したことで、健全な家族の人間関係の力学を理解しようという彼の決意はさらに強まった。誤りは貴重な学習体験として了解するのが一番——これはエリクソンの生涯のモットーである。

一九三六年、エリクソンはエリザベス・ムーアと再婚した。いきなり三人の子供をもつことになったエリザベスは、家族をこよなく愛する母親であった。その後、エリクソン一家はさらに五人の子供に恵まれ、次第に大家族になっていく。エリザベスとエリクソンには互いに尽くし合おうという思いがあり、彼のその後の生涯にはこの思いが満ちあふれていた。☆1

エリクソンは家族との生活を大切にした。彼は家族の生活を包囲するようにして仕事をしていく。エロイーズ病院での勤務医時代も、三〇年に及ぶフェニックスでの開業医時代も、エリクソンの家族は同じ敷地内で暮らしていた。病院時代の一四年間は、病院の敷地内にあったアパートに住み、開業医時代の三〇年間は、診療室が家のなかにあって、彼の子供たちはセッションの合間に彼に会い、患者たちが望めば、患者たちとも触れ合った。患者がエリクソンの子供たちと友だちになりうる年齢の場合、彼はそうすることを勧めるか、それがふさわしくないことをそれとなく明確にするかのいずれかだった。

のちに講演者として旅をするようになると、しばしばエリザベスが同伴した。彼女もほかの家族も、可能な場合はよくデモンストレーションの被験者になった。

エリクソンの成長は家族の成長と結びついていた。彼はつねに、自分の思考や自分の周りにいる者を伸ばす方法を探していた。家庭では、誰にも解けないパズルやなぞなぞを出すのを楽しんだ。独創的な解答に最高の称賛が与えられるゲームや競争や難問があり、これらは楽しんで行なわれていた。

☆1　エリザベス・ムーア・エリクソンとの暮らしに関する情報は、Baker（2004）にさらに詳しい。

彼が本当に楽しんで問題の新たな創造的解決法を探していたのは、彼が専門家として遺したものからも、家族との日々の交流からも、明らかである。

家族の意義に対する彼の個人的な認識は、一九四〇年代や一九五〇年代の先駆的な仕事を生み出している。この時期、エリクソンはこの分野において、家族を利用して問題を解決し、個々の幸福を促進しようとする最初の人であった。

一九四七年、小さな事故が発生し、これがやがてエリクソンの仕事の方向を変えることになる。彼は自転車に乗っていて犬にぶつかり、地面に叩きつけられて腕と額の皮膚に裂傷を負った。破傷風の血清を打ったあとには、命に関わる反応が発生している。頻繁に生じるアレルギーの問題と慢性的な筋肉痛を抱えていた上に、こうしてひどく体調が悪化したため、彼はもはやミシガンの冬の寒さと湿気には耐えられなくなった。依然として健康状態は不安定だったが、エリクソンはふたりの医学研修生と共に電車に乗せられ、フェニックスに向かった。ふたりの研修生はフェニックスまで同行している。

エリクソンは、友人でもあり同僚でもあるジョン・ラーソン博士から、もっと暖かい気候の地へ来ないかと誘われていた。当時、ラーソンはアリゾナ州立病院の最高責任者を務めていて、ほどなくしてエリクソンを自分のスタッフの一員にする。エリクソンがフェニックスに移って一年ほど経った一九四九年春、ラーソンがそれまでの地位を退き、カリフォルニアに移った。このときエリクソンも病院を去る決心をし、開業医になることにした。

――ポリオ後症候群

一九五三年、エリクソンは、現在ではポリオ後症候群の名称で知られるものに罹り、重篤な状況に陥った。その間、途方もない痛みに苦しめられている。あまりに強く筋肉が痙攣したために、筋肉のなかには、文字どおり引きちぎられてしまったものもある。辛苦にあえぎ病床に縛られていたこうした時期にも、エリクソンには、自分の助けを求める人びとからの電話を受けるのに必要なエネルギーと集中力があった。他者に対する心からの関心があったおかげで、自分自身の肉体的な痛みから、ありがたくも注意をそらすことができたのである。

当時はポリオの再発だと信じられていたものから回復したあと、エリクソンは腕と背中、腹部、脚の筋肉の多くを失った。それでも、国内外の移動を含め、多忙な講演スケジュールをなんとかこなしていた。一九五三年の発病ほど重篤ではなかったとはいえ、エリクソンはその後も幾度となく強烈な痛みに耐え、病床を離れられない日々を耐えている。

一九五〇年代は、エリクソンのキャリアにとってもっとも重要な時期のひとつであった。彼はこの時期に全国的に著名になっている。雑誌『ライフ』など人気のニュース・メディアが特集を組み、有名なアスリートや米国軍、ＦＢＩ、宇宙医学実験室が、心理学と人間行動のエキスパートとしての彼に助言を求めてもいる。

一九五七年、エリクソンは米国臨床催眠学会（ＡＳＣＨ）の共同創立者となった。それに先立ち、彼と四人の同僚は、医療や歯科治療や心理学での催眠の利用を全国的に指導するセミナーズ・オン・ヒプノシスを結成しており、五人はＡＳＣＨの教育部門への投資として、この事業から五万ドルを使うことに同意している。エリクソンはＡＳＣＨの初代会長を二年間、ＡＳＣＨ雑誌の初代編集発行人を一〇年間務めた。

筋肉が悪化しつづけたため、一九六七年にはすでに、旅行中は車椅子を使わざるをえなくなっていた。一九六七年九月、彼は最後の出張講演のひとつとなるデラウェアの講演会で、車椅子の視点から体験できた新たな事柄すべてのなかに喜びを見出すようになっていると語っている。

一九六九年にはもはや旅行が重労働となり、エリクソンは自宅の診療室での活動――すなわち、論文執筆、編集、診察、セラピストのトレーニングなど――にエネルギーを集中させるようになった。青年時代にポリオからの生還を可能にしたスキルを使いつつ、エリクソンは病人として生きていくことを拒否し、まさに典型的な「傷ついたヒーラー」として、できるだけ長く他者を助けつづけるのに必要な内的なリソースを発見している。

彼の圧倒的な貢献が見過ごされることはなかった。エリクソンは一九七六年、国際催眠学会の第七回学術大会において、催眠の理論と実践における最高の業績に対して授与されるベンジャミン・フランクリン・ゴールド・メダルの最初の受賞者となった。

慢性的な痛みと病に苛まれた生涯ではあったが、エリクソンは与えられた人生を愛しつづけた。苦しんだからこそ、ユーモアと生活のちょっとした楽しみを大切にするようになった。たとえば、老齢で体が弱ってくると、車椅子に角笛を取りつけ、「偏屈じいさん」であることについて患者の一部と冗談を言い合っている。自宅の診療室で行なわれた教育セミナーのエクササイズは、たいていユーモアたっぷりのやりかたが工夫され、学びのプロセスを遊び心に満ちた楽しいものにしていた（Zeig, 1980）。

セラピストのトレーニングでは、大きな花崗岩のように見えるものを使って、お気に入りの授業のひとつを行なった。エリクソンはこの小道具をいつも診療室の自分の脇においておき、ここぞというときに手を伸ばし、いかにも大変そうにそれを膝の上にもち上げようとしはじめる。生徒にとって、これを眺めているのはつらいことだった。エリクソンを辱める危険を冒して手助けを申し出るべきか、じっと座ったまま、弱々しい老人が花崗岩を膝までもち上げようとして骨を折っているのをただ見ているべきかで、煩悶しなくてはならなかったからだ。ついにそれが膝に乗ると、エリクソンは生徒をひとりひとり見回したあと、再びそれをゆっくりもち上げ、つづいて、いきなりいとも簡単に、あっけに取られている生徒のひとりの膝にそれをぽいっと置く。重い岩のように見えたものは、実はほとんど重さのない発砲スチロール製だった。エリクソンは生徒の目をじっと見つめていったものである。

「なんでも外見どおりってわけじゃないんですよ」。衝撃はすぐに薄れていったが、教えが忘れられることはなかった。

エリクソンの最大の楽しみは、コミュニティの構築から生まれているようであった。長年の間に、文字どおり何百人もの患者やセラピーも受けていた生徒が、エリクソン一家の面々と長きにわたる貴重な関係を結んできた。エリクソンの死後二五年になるが、そうした友情の多くが依然として盛んに成長を続けている。この柔軟性とリソースの創造的な利用が、共有や共同学習、社会的支援、拡大家族といった要素をエリクソンのセラピーに加えたのである。

年齢が進むと共に、エリクソンの身体的な合併症は急激に増加した。一九七四年、彼はロッシに、痛みがあまりに強く、また、体の到るところに広がっているため、まるで自分の体のなかに他人がいるような気がすると語っている。人生の終盤に差しかかるころには、右腕を上げるのに非常に難儀するようになり、両手にはほとんど力が入らなくなっていた。顔と口の筋肉の多くも麻痺していた。こうした身体的な障害があったにもかかわらず、エリクソンは残った力をすべて利用して、世界中からやってきた人びとにセラピーを行ない、トレーニングを行なった。

エリクソンは一九八〇年五月二五日火曜日の夜に亡くなったが、その時点で、彼の教育スケジュールは年末まで埋まっており、未確認の申し込みも入れれば、予約は翌年のかなり先にまでずれ込んだことだろう。エリクソンは息を引き取る間際まで生産的でありつづけ、この世界に変化をもたらそうとして自分の務めを果たしつづけた。

この簡単な略歴でおわかりのように、エリクソンの一生を特徴づけているのは、強い意思、立ち直る力《レジリエンス》、希望である。彼がセラピーのなかで主張した考えは、まさに自らの生き方が例証したものと同じである。有意義な目標を立て、その目標に関わる何かをしようとする意欲からは、力が生まれる。エリクソンはその力を深く認識していた。

エリクソンにとって、前進は物事が「彼のやりかた」で展開することに依存していなかった。彼はあることを新たに理解して、本質的な満足感を得た。自らの身体的障害から何かを学びとろうとすることによって、自分ではもうどうしようもないと感じている人びとにどのようにして希望を与えたらいいかを理解した。そして、隠れた能力を戦略的に活性化するというやりかたで、患者のなかにレジリエンスを育んでいった。これは癒しに関する彼の哲学の重要な部分であった。どのような問題に直面しようとも、人は必ず自らのなかに解答をもっていると彼は信じていた。

このあとの本文でおわかりになるように、「不可能なこと」をやり遂げるには、実行可能な小さなことを見つければいいことをエリクソンは知っていた。彼は、小さな成功を積み重ねた枠組みを足場とし、未来に続く目前の成功に取り組むことによって、個々のなかのレジリエンスを強化した。

ミルトン・H・エリクソンは、その強い意思と忍耐力、人間性、学びに対する不滅の愛によって、いつまでも人びとの記憶に残りつづけるだろう。彼はこれらの資質から自らも恩恵を受けつつ、同時に、心理療法という分野のスペクトルを創造的に拡大し、没後何十年を経た今も、世界中の人々に恩恵をもたらしている。

Foundations of Healing and Health

第Ⅰ部

癒しと健康の土台

Introduction

第１章

イントロダクション

テクニックと理解とでは、いずれのほうが重要だろうか？　もし本書を読み終えて、主に新たなテクニックを知ったことでわくわくしているとしたら、要点に到達するために再読すべきである。

独創性や才能には劣るが技術に優れた人（テクニシャン）と熟練の専門家（エキスパート）とでは、その地位に違いがあることは、たいていの人が同意するだろう。テクニシャンはエキスパートより報酬が少なく、学歴が劣り、技術マニュアルにある段階的手順を使って説明できるような仕事を与えられる。対照的に、エキスパートは論理的に考えて問題を解決しようとし、必要とあれば、新たなテクニックを創造して、新たな状況に対処もする。

人間の問題の多様性と複雑性を思えば、テクニシャン・レベルで活動している人が評価に値するような結果を出せるとは考えにくい。テクニシャンのセラピスト――治療マニュアルと段階的手順に頼りきっている人――は、エキスパートのセラピスト――支援する者・される者という人間関係のなかで論理的に考え発見する人――ほど、各患者特有の必要を満たす用意が充分ではない。これは常識でわかることである。

エキスパートのセラピーには臨床判断が必要である。臨床判断は多くの点で、癒しと心の健康についてプラクティショナーがどう理解しているかに左右される。こうした理解のなかには、実際の体験を通して徐々に深まるものもある。しかし、きちんと教育を受けた専門家は、出発点においてすでに知的な情報を得ている点で有利である。過剰な専門用語を暗記しても、細部の曖昧な分析に夢中になっても、こうした出発点に立つことはできない。健康と癒しの根本的な力学を正しく認識してこそ、それは可能となる。したがって、本書はそこから始めたいと思う。

心理療法の強力なテクニックは、より広範な理解から生まれるものだが、そうした理解を自分のものにしないで、テクニックだけを使うこともできる。しかし、そういう状況で得られる成功はたいてい熟練の洞察力によるものではなく、偶然によるものである。本書に説明した臨床的戦略を完全に正しく理解するためには、まず、心的な癒しがどのように発生するかについて、概念的に理解することが重要である。

以下に述べる原則は純理論的に思われるかもしれないが、臨床判断を支える論理を提供するという実用的な目的に適ったものである。エリクソンがしたように治療を個別化するためには、常識的な論理的思考を促す根本原則を理解する必要がある。セラピーの統合的モデルを利用し、患者の必要に合わせて治療を仕立てるセラピストには、個々のケースに適用する適切な問題解決原則を決定する手段が欠かせない。

癒しと成長に関する基本哲学を身につけたプラクティショナーは、多様な治療用選択肢を識別できるようになり、特定の状況下においていずれの方向に進むのがベストなのかを決定できるようになる。これとは対照的に、適切な哲学的基盤の恩恵に浴することなく治療用のテクニックを勉強するのは、安全監視員が海岸の見つけ方を覚えずに泳ぎ方を学ぶのと同じくらい意味のないことである。

読者はこのあと、核となる目的について、節約の原理に則った説明に接することになる。本文は、理論を構成する概念の数は最小限に絞り、ときに途方に暮れるような臨床的状況の舵取りとして働く根本的な理解を提供している。

行き先がわかれば、次に知りたいのは、どのようにしてそこに到るかである。本書の第Ⅱ部では、熟練のセラピーで用いられる知的ツールにその焦点を移している。これらのツールは意図的に特定の目的を目ざして用いられるため、いみじくも「ストラテジー（戦略）」と同一に扱われている。

本書は、エリクソンのワークの到るところに織り込まれた重要な戦略を調べたものである。各戦略の原則は、共通の機能をもついくつかのテクニックに分類してある。これらの臨床的戦略に命を吹き込み、また、見事な臨床的ワークに立ち会う体験を読者に提供するために、エリクソンや他のセラピストによる臨床例を多数取り上げてもいる。エリクソンのワークを体系的に研究してきた人びとは、こうした臨床例の多くがこれまで一度も公にされたことのなかったものであることに気づくだろう。

いずれのテクニックも、その包括的な概念は、核となる機能をより明確にするために、シンプルなアナロジーや民衆の知恵、他派の心理療法から採った実例などと組み合わせてある。読者は、本書の説明している考えがいずれの派のものかという点に気を取られることなく、こうした戦略的原則が時を超越した普遍的な性質をもっていることをしっかり理解しようとしなくてはならない。

足場としてのこの枠組みは、読者がエリクソンの介入法や戦略に関する理解を深めるのに役立つだけではない。さらに重要なのは、エリクソンの業績という有限の極限を越えて、エリクソンの特徴とされた説明的で革新的なワークがひとつの伝統として拡大しつづけている点を指摘していることである。

エリクソンはある種の称賛と敬意を抱いて患者と向き合った。それは、人間の生の複雑さと独創性を正しく理解しているがゆえに生まれる称賛と敬意であった。また、彼のセラピーは段階的な手順を厳密に踏んで行なうというものではなかった。柔軟性は、エリクソンの治療法の重要な特徴であり、したがって、**意志決定プロセスの推進力とすべきは臨床的な理解**であって、厳格なルールではない。

本書を読みながら、エリクソンが特定の状況に反応して語ったことや行なったことを暗記する必要はまったくない。むしろ、読み終えたときに、複雑で多様な臨床的状況に対して、新しい解決法を自発的に創り出していく覚悟が強まったと感じてもらえたら幸いである。これは、科学的な還元主義とのバランスを取るのに役立つ、説明的で人間性あふれる試みである。エリクソンがそうであったように、思慮深いプラクティショナーは進んで実験に取り組み、それぞれのクライエントに新たなセラピーの方法を展開していこうと心がけるに違いない。

著者たちはエリクソンが書き残したものや何十回にも及ぶ講演の原稿、何百という症例、家庭における日々の行動を徹底的に検討し、エリクソンの声を蘇らせようとした。いくつかの別個のテクニックが同じ役割を果たしうるのではないかという考えや、いかなる介入も入念な意図をもって行なわれなくてはならないという信念は、ミルトン・エリクソンの教えから直接生まれたものである。

第I部を読み終えた読者は、癒しの基本的な力学と、臨床における人間関係の基本的な力学とを明確に理解できるようになるだろう。そうなれば、この哲学的モデルは、臨床的戦略の選択と実行のためのコンテクストとして役立つだろう。

第II部では、各戦略の説明をしている。これらはわかりやすく簡単な形で紹介してあり、そのあとに、各戦略由来の臨床的テクニックについて、さらに詳細で複雑な調査を行なっている。これらのテクニックを研究する際には、無数にある固有の解決法を創り出しやすくするために利用すべきは幅広い概念であって、特定のテクニックではないと認識することが重要である。

本書は、ミルトン・エリクソンの臨床的なワークの総括として役立つことを目ざしたものではないが、彼がいかにして健康関連の問題解決に努めるようになったかを明確に理解するための確固たる土台は、間違いなく提供している。

The Human Condition

第２章

人間の条件

本章で考察するのは、人が口にはしないけれども期待すること、および、完全主義に潜む問題である。エリクソンが数あるセミナーで語ったものから取り上げた本章の症例は、読者がエリクソンのワークについて自分で最初に下した結論と、本書による分析とを比較できるよう、選択したものである。この症例は第8章でさらに詳述する。彼の語りをこのように分割しているのは、エリクソンのワークがもつ多次元的特徴を例証できるようにするためである。重要なことは各症例から収集できるポイントはひとつではないと気づくことだ。エリクソンが意図したとおり、いずれのストーリーもひとつの明示的な構造や理論には括《くく》りにくい永遠の教訓を伝えるためにデザインされたメタファーである。

[事例▼人生を呪った男]

車椅子の男性がエリクソンのところに連れてこられた。腕と膝を椅子に固定されている。彼は怒っていた。この一一年、激痛を伴う関節炎で麻痺に苦しむ日々を送ってきたことを呪っていた。頭だけは動かせた。あとは、片方の親指をわずかに動かせるだけだった。完全に妻頼りの日々だった。毎朝、妻に着替えさせてもらい、車椅子に座らせてもらった。食事も食べさせてもらい、夜になるとベッドに入れてもらった。その間ずっと、彼は自分の不幸な人生を呪いつづけた。

エリクソンが発した言葉は簡単で、的を射ていた。エリクソンは運動不足だといって、男性を叱責した。「動かせる親指があるのだから、それを動かさなくてはいけません。毎日その――親指を動かす練習をして、――時間をやり過ごすんです」［――はののしり言葉が使われたことを示している］

男性は、エリクソンの医学的助言にけんか腰で答えた。「昼でも、夜でも、一週間でも、ひと月でも、この忌々《いまいま》しい親指をぴくつかせる」ことくらいできるが、そんなことをしたところで、「くその役にも立たんさ」。そして、それをエリクソンに証明してやりたい、といった。

男性は、自分の言い分が正しいことをわからせてやると固く決意して帰宅した。ところが、親指を動かす練習をつづけているうちに、不意に人差し指も動くことに気づいた。どうやら親指の動きに影響されたらしかった。さらに練習を続けていると、ほかの指まで動かせるようになった。男性は夢中になった。新たな進歩に気づくたびに、自分の指があとどれだけ小さな動きを生み出せるか、ひたすら確かめようとした。やがて彼は手首を動かせるようになり、とうとう腕まで動かせるようになった。

こうした練習は男性の暇つぶし法になった。そして、最初の面談から一年後、エリクソンは彼に小さな小屋のペンキを塗る仕事を与えた。男性は罰当たりな言葉を並べながら、エリクソンにいった。「あんたにちょっとでも常識があるなら、これっぽちの動きしかできない人間を、小屋のペンキ塗りにやったりするまいに」。それでもエリクソンは譲らなかった。

ペンキ塗りには約三週間かかった。夏の終わりには、仕事のスピードが上がり、一週間で化粧しっくいを二度塗りすることができた。これらをやり遂げると、つづいてトラック運転手の仕事が入った。次に、彼は友愛組合に加入することにし、ほどなくしてその組合の長に選出された。エリクソンとのワークは続いていたが、その間に、自分には大学教育が必要だと考え、大学に通うようにもなった。

関節炎の重い症状はいくつか残っていた。そういう状態ではあったが、「毎年雨期が来て、三日から一週間、痛む関節を抱えてベッドに縛られるのを男性は楽しみにしている」とエリクソンは説明している。男性はこの周期的な寝たきり状態を我慢することができた。読みたいと思いながらそのままになっていた良書を読む機会が得られたからだ。治らずに残った関節炎は、再発と捉えられたのではなく、「休暇」を生み出してくれるものと見なされたのである。

(Erickson, 1957)

この症例や、本書に紹介されているほとんどの症例は、一見信じられないような性質のものであるため、実際に何が達成されて、何が達成されなかったのかによく注意することが重要である。エリクソンが催眠を使ったことでなんらかの奇跡的治癒が生じたと思いたくなるかもしれないが、そう思うのは間違いである。

関節炎の男性にとって、出た結果はすばらしいものではあったが、関節炎が完治したわけではないことを明確に理解しなくてはならない。それどころか、ある特定の期間においては、症状の強さは、最初にセラピーを受けにやってきたときと変わっていない。治らずに残った関節炎による衰弱があまりにひどかった彼は、一時期、再び寝たきりになった。しかし、彼がもはや肢体不自由者ではなくなったという点で、セラピーは大成功であった。

正しく理解すべき第一の重要ポイントは、完璧はセラピーの適切な目標ではないという点である。エリクソンはしばしば、その説得力を賞賛されるが、彼としては、誤って支配だと受け取られないよう注意していた。彼は、完璧という基準に患者を従わせようとはしなかった。エリクソンの言葉を借りれば、「完璧は人間の属性ではない」(1973/2001b, p.14)。したがって、完治を求めてもがくことの問題について警告している。

エリクソンは完璧を求める代わりに、患者の健康を——たとえそれが完璧なものでなかったとしても——促進するという課題に焦点を絞りつづけた。患者の現在の状況との関連で成就できそうな何か小さな良いことを探求することが重要だと感じていたのである。

エリクソンはセラピーを行なう際、苦しみはすべて軽減可能であることを前提としている。生きていく上での苦しみは避けようがないが、それが圧倒的な苦しみである必要はない。苦痛な出来事は、不都合、問題、課題として、すなわち、なんらかの改善が可能なものとして捉えることができる(Erickson-Klein, 1990, p.273)[☆1]。

よくあることだが、何かひとつ小さな利益が得られると、それが別の思いがけない結果につながり、さらにはまったく予期しない利益が次々と発生することがある。関節炎の男性については、当初そこまで目ざましい進歩を遂げるかどうかはわからなかったとエリクソンは認めている。男性はそれまで、自分のエネルギーのほとんどすべてを注いで、問題を悪化させていたからだ。しかし、いったんその

☆1　身体の痛みは、身体の何かに異常があることを知らせる警報であるため、痛みの心理学的治療は、痛みの原因となる要素が明らかになり、医学的な治療が始まってから行なうのが適切である。

エネルギーがまだ気づいていない可能性の特定に向けられるようになるや、不可能だと思われた状況を乗り越えてしまった。もしエリクソンが男性を治療しようとしていれば、間違いなく失敗していただろう。エリクソンは、いくらかでも良いことが達成されたらいいと考えたのである。

第二の重要ポイントは、生きていくためには努力が必要だという点である。これは、便利な現代文化のなかではよく見落とされる。人は不完全である上に、うまく機能するためにはけんめいに努力しなくてはならない。

健康な筋肉には一定のエクササイズが必要である。健康な大脳には継続的な刺激と努力を要する処理が必要である。健全な家族には持続的な注目と愛着が必要である。エリクソンは自分の臨床業務の大半において、患者にとって受動的な役割を示唆するような言葉やフレーズはめったに使わなかった。患者を勇気づける刺激的な方法を見つけて、患者が自分自身の癒しのプロセスに積極的に取り組めるようにした。農場で成長した彼は、「自分の分担すべき仕事をきちんとやらなくてはならない」ということの意味を完全に正しく理解していた。激務の一日を終えたあとに来る満たされた気持ちをよく知っていた。

結果的に、エリクソンは膨大な時間とエネルギーを各症例に注ぎ込むことになった。彼は非常に細かく正確なメモを取り、セッション中の発言はすべて書きとめた。それから計画を立て、次のセッションで出てくるかもしれない言葉や行動をすべて検討し、それらがどのような影響を与えるかを検討した。症例によっては、患者の生活環境をより良く理解するために、患者の家に車を走らせた。

これは何を意味するか。エリクソンはしばしば、セッション自体よりセッションの準備に多くの時間をかけたということである。問題を解決しようという努力の結果は、解決法を見つけるために注いだ努力の量に比例するというのが、エリクソンの考えだった（Hughes and Rothovius, 1996, p.236）。関節炎の男性のケースでは、エリクソンは最初、彼に親指を動かす練習をさせている。これは結局、家のペンキ塗りにまで発展する。患者に生産的な努力を——たとえ最初はいかにわずかであれ——させることで、最後に大きな結果を生み出したのである。同様に、エリクソンは消耗性の激しい痛みに苦しむ別の患者たちにも、生産的になるために、少しでも気分の良い時間を利用することを教えている（Erickson-Klein, 1990）。

障害や健康状態に関係なく、努力を怠れば、進歩もなくなる。たぶんこれが理由で、数多くの臨床医は賢明にも、「患者より熱心に働くことなかれ」という格言を固守することによって、患者が受け身になる可能性を避けるのだろう。エリクソンが説明するとおり（1952/2001b）、「催眠を行なう者《ヒプノティスト》の果たす役割がいかなるものであれ、被験者の役割には、ヒプノティストの役割が必要とする以上に積極的機能——被験者の全体的な性格特性のもつ能力や学び、体験的な歴史からくる機能——が必要である」（p.27）。患者の積極的な関わりは非常に重要であり、ゆえに臨床医は、患者が何をするのをやめるべきかに固執するのを避けなくてはならない。成長志向のセラピーは、患者が何をやりはじめられるかに焦点を絞っている。

次に、人生は相互決定のプロセスに関わっているということを正しく理解することが重要である。人間の考えや体験的現実の世界は、物理的な宇宙による強い影響を受けている。同時に、人間の思考は外界の出来事に推進力を与えてもいる。エリクソンはこの力学をほのめかしつつ、何世紀もの歴史のある哲学「我思う、ゆえに我あり」に言及している（Erickson and Rossi, 1979, p.262）。上記の症例の男性は、関節炎に関する新たな見方を与えられた。エリクソンは、「まだ少し足を引きずってはいるが、彼にはとてもすばらしい健全な心構えがある」と説明している。換言すれば、彼は自分の状況をより前向きに捉えるようになり、自分の身体的な制約に順応するようになったということだ。

エリクソンがこのケースを例として挙げたのは、患者の障害を受容し利用する方法を見つけることの重要性を説明した際である。これは、順応とレジリエンスの本質である。きわめて一般的な言葉を用いるなら、順応とレジリエンスが終わるとき死が始まる、となる。

人生の課題によって身動きできなくなることがないようにするためには、望ましくない状況を受け入れる能力が必要である。この考えは二〇〇三年の自転車ロードレース「ツール・ド・フランス」に出場したタイラー・ハミルトン選手が見事に伝えている。

彼は競技の第一ステージで衝突事故に遭い、鎖骨を骨折した。そして、激痛にも関わらず、最後まで走りとおして、第四位に入っている。この驚くべき偉業はいかにして成し遂げられたのかを問われると、ハミルトンは、痛みを受け入れるようになったからだと答えている。いったん痛みと闘うのをやめると、姿勢やバランスや思考に必要な調整を行なえるようになったのだという。これはたぶん、エリクソンが融通の利かない頑固さについて、心理療法で扱うもっとも一般的な問題だと説明したときに伝えようとしたことであろう（Zeig, 1980）。

受容が学びにとって非常に重要であるように、柔軟性と順応はレジリエンスにとって非常に重要である。環境や心身に生じた手に負えない変化と闘いつづければ、エネルギーは浪費され、回復は妨げられる。たとえば、ベティ・アリス・エリクソンは、恐ろしい自動車事故を目撃してトラウマに苦しんだ五歳の少年のケースを憶えている。

少年は片脚を切断された男性が路上に横たわっているのを目撃し、それが心を掻き乱すイメージとして心のなかに残った。少年はそのことについてたくさん語り、その脚と体の絵もたくさん描いた。その痛ましい光景は四六時中少年の心のなかに浮かんでいるようだった。少年の両親は彼にいろいろな話をして、自動車事故はめったに起こらないと説明しようとした。そして、あのことは忘れて、もうあのときの絵は描かないでほしいと頼んだ。しかし、少年はあの恐ろしい光景に固執しつづけた。

ベティ・アリス・エリクソンは本質的な力学をもっとよく理解したいと思い、エリクソンに助言を求めた。エリクソンは彼女に、少年が直面しているのは自分自身の両親がその大惨事に遭遇する可能性であり、幼い子供によくあるように、彼は自分自身の将来について心配しているのだといい、これらは少年自身にはたぶん理解できない感覚だと説明した。そして、こうしたタイプの不安は論理的に取り組んでもまったく効果がないことを指摘し、脚を切断された男性の絵を両親に一枚選んでもらい、それを褒めてもらうといいと助言した。血まみれの場面をいかにうまく捉えているかを少年にわからせてあげなくてはならないし、その絵に描かれた詳細について――たとえば、「男の人と切断された脚との距離はそれで正確かい？」などと――訊ね、さらには、男性の顔の表情を少年といっしょによく調べ、その正確さについても少年を褒めなくてはならないという。そののちに、医師たちに助けられたあとの男性の絵を描いてほしいと、心から少年に頼むのである。

「その少年は自分ではどうしようもないジレンマから抜け出す方法を探しているんだよ」と、エリクソンはいった。当時、医師はまだ驚嘆すべきことを成しうる最高の権威だとされていた。エリクソンの予測どおり、医師たちに助けられたあとの男性の絵を描くと、少年は幕引きの感覚を味わい、幸せに暮らしていくのに必要な希望をもつようになった。

もし人間の思考が今まさに生じつつある現実と緊密に結びついているとしたら、変化は生じうるという認識こそ、最重要ポイントとしてセラピーで伝えるべきだというのが、唯一理に適った考えである。それゆえにエリクソンは、不可能と思われる治癒を約束することは避け、ときに逆説的に、失敗の必然性を断言した。彼は以下のように説明している。

> 患者のなかに、若干の失敗を受容する達観を生み出すのである。いかに治療が成功しようとも、きわめて遺憾ながら、かけた治療時間の一〇パーセントは失敗に終わるだろうということを、まずはそれとなく、無力な患者に伝える。そして次に、かけた時間の一〇パーセントが失敗に終わることを非常に残念に思っていると明確に伝える。しかし、実際に患者に伝えているのは、かけた時間の九〇パーセントは成功するだろうということである。
>
> (Erickson, 1962a)

エリクソンはしばしば、自分は失敗すると思い込んでいる患者に対してこの方法を使った。彼は言葉を選び、不完全を受け入れる余地をいくらか残しながらも、不意に変化が起こりそうだと思えるような発言をした。

エリクソンはときに、「良いことはすべて終わらなくてはなりません」といってトランスを終了した。これは、生物が出会うもっとも深遠なジレンマのひとつである。わたしたちの現実は、ゆくゆくは失効するはかない身体に縛られている。ポリオによって肢体が不自由になった者として、エリクソンは人間のはかなさを理解しているだけでなく、そのはかなさの受容を示す手本でもある。人間のこの条件に対する彼の応じ方は、「あなたがたの体は聖霊の宮である」という聖書の一節を思い出させる。

エリクソンのセラピーは、身体の良好な状態と重要性とをつねに指摘するものであった。エリクソンが医師として働きはじめて間もないころ認識したように、「自分の身体に対して誇りや信頼、自信をもつことが通常の健全な人生観にとっていかに大切かを認識するには、幼いころ自分の筋肉を得意になって見せびらかしていたことを思い出すだけでいい」(Erickson, 1941/2001a, p.4)。このように彼は、**個々人を心理療法で変化するひとつの単位と考え**、肯定的な臨床的目標を、「性格特性の強さをそっくり身体の利用に向ける好機」と考えていた。「この機会を役立てて、治療結果を出す手助けをするという目的を達成するのである」(Erickson, 1957)。この考え方に暗に含まれている要素は、変化が発生する社会的なコンテクストである。

個々人は変化の単位ではあるかもしれないが、変化のプロセスに点火し、その結果として希望とレジリエンスを高めるのは、しばしば**助ける人と助けられる人の人間関係**である。こうした助けは、親やセラピストや良き友人など、ひとりの人間から得られるものかもしれない。あるいは、グループ・セラピーや家族療法、地域のサポート・グループなど、助け合いに投入された個人集団から得られるのかもしれない。これらのいずれにも、それ固有の恩恵がある。

エリクソンは関節炎の男性の変化を説明したとき、「男性が親指を動かせること、親指は体の他の骨につながっていて、それらの骨もさらに別の骨につながっていることが、わたしにはわかっていた」と、簡単にコメントしただけである。換言すれば、生命と動きがあるかぎり、身体のある部分は必ず、障害に抵抗する働きをするものとして利用できるということである。しかし、内的リソースのこの活性化は、その潜在力が認識されずにいるかぎり発生しないだろう。

残念ながら、苦しんでいる人びとが、かつて特定のタスクを割り当てられていた身体部分の活性化に対する努力をやめてしまうのは珍しいことではない。その努力が功を奏しない場合、結局、状況はまったく絶望的であると考え、障害に屈してしまう。しかし、エリクソンは自らのポリオの体験から、能力の実質的欠損ですら、心身の他の部分が埋め合わせることができることを認識していた。

関節炎の男性はセラピーを受ける前は、人差し指の筋肉を動かそうと意識しても、人差し指を動かすことはできなかった。しかし、親指をぴくぴく動かしているうちに、それにつながっている人差し指にも動きを発生させることができた。この発見は小規模ながら、委縮した筋肉の動きを生み出すために力のまだある筋肉を利用する方法を明らかにした。男性はエリクソンの指導を受け、それまで悪態に浪費してきたエネルギーのすべてを、親指、ほかの指、腕の運動に注ぎ、やがては全身を動かすことに注ぐようになった。こうして進歩は積み重なっていき、彼は自分の状況が実際のところ、かつて思い込んでいたほど絶望的なものではないと気づいたのである。

この症例は、エリクソンのワークに「魔法」は存在しなかったことをよく示している。希望とレジリエンスを活性化させた結果として、有益な臨床的目標が達成されたのである。

Mental Health and Healing

第３章

心の健康と癒し

本章では、癒しのプロセスと、それがもつ心の健康管理との共通領域を、ホリスティックなやりかたで検討する。癒しの概念は心の健康の追求と関連させて検討していく。精神疾患という概念は困難な状況に遭遇した人を不必要に病的だとは見なさないと主張する者もいる（Duncan, Miller, and Sparks, 2004）が、本書の「心の健康」という用語は、個人が困難を切り抜け力強く成長しようと挑んで勝ち得たものを指している。「癒し」は、損傷から回復しようとする心身の驚嘆すべき能力をいうために用いている。したがって本章は、患者のレジリエンスに対するエリクソンの信頼を如実に示す症例から始まる。

［事例▼レベッカ］

レベッカという名の七歳の少女は、エリクソンの診療室に連れてこられたとき、保護用のブランケットで体をすっぽり包まれていた。少女は数週間前から外出できなくなっていた。外出することを考えると信じられないほど苦しくなり、嘔吐や下痢、失禁、頻脈、気絶など、激しい症状が出た。エリクソンは、少女がどれくらい強くそのブランケットを剥ぎたいと思っているか、ブランケットはどの程度そのままにしておきたいと思っているかについて、ゆっくりと体系的に話し合うことからセラピーを始めている。これは信頼感と安全感を根づかせるためのプロセスで、長時間を要した。それが済むと、同様に注意深く、少女がエリクソンと話したいという気持ちをどれだけ強くもっているかについて、当人と検討していった。

ことの顛末はこんなふうだった。ある日の下校時、大型犬のジャーマン・シェパードが少女に噛みついた。少女はそれをひどく恐がった。そこへ犬の飼い主が現れ、犬にちょっかいを出したといって少女をきつく叱った。飼い主はその後、犬の診断にお金がかかったといって怒りを露わにした。やがて噛まれた傷は癒えたが、ある日の下校時、少女は再び同じ犬に襲われた。飼い主は犬には運動する権利があると考えて、犬をつないでおかないことにしていたのだ。飼い主はまた少女を叱責し、おまえの親を訴えてやると少女にいった。レベッカは週末ずっと家に留まり、二度目の噛まれ傷から回復した。そして月曜日、登校しようとしたが、歩道まで出たところで気分が悪くなり、家に帰ってきた。火曜日には、玄関先まで行っただけで具合が悪くなった。水曜日には家を出ようとしなかった。

エリクソンが最初にしたのは、少女の恐怖とそれに結びついた症状を正当化することだった。エリクソンは驚いた顔をして、「きみがとっても強くて健康な女の子であることに、わたしはびっくりしています」と彼女にいった。トラウマになっている出来事については、「きみが思ったほど、ひどい状態になっていないことにびっくりしています。きみの心臓はもっとドキドキしたかと思ったのに、そうでないことにびっくりしています。きみがとっても強くて健康で、もっと長く気絶していたかと思ったのに、そうでないことや、もっと何度も下痢をしたかと思ったのに、そうでないことにびっくりしています」といった。のちにエリクソンはこのアプローチを説明して、「この子には、この子の体と行動を高く評価する言葉を与える必要があった」といっている。

レベッカは、エリクソンが自分の強さを褒めるのをじっと座って聴いていたが、やがて自分自身についてこれまでとは異なる考え方をするようになっていった。彼女は笑うようになり、冗談をいうようになり、エリクソンの犬に会いたがった。エリクソンは自分の犬について、人に害を与えないバセット・ハウンドだと説明していた。レベッカはその後六回やってきたが、それ以上のセラピーは不要だった。

(Erickson, 1961a)

上記の症例のような恐ろしいトラウマに苦しんだあと、癒しはどのように発生するのだろう？　すぐにも外界に対処できる状態に戻るのはどうしてだろう？　エリクソンの心理療法は、「あなたには自分を癒す能力と健康になる能力がある」という考えを伝えるためのさまざまな手順の布置から成っていた。レベッカのケースでは、エリクソンは彼女が強くて健康な少女だという考えを直接的に、かつ、納得のいくように伝え、少女の身体のすばらしさを繰り返し明言している。少女が勇気をもてるようにしたのである。こうした考えを受け入れた少女は自分を癒すことができるようになり、したがって、心の健康を取り戻すことができた。

癒しとは、回復過程における内的リソースの活性化である。第9章にあるように、癒しの大半は、当人のなかにある肯定的な属性を強調し、それらを徐々に増強させていくプロセスだ。それゆえエリクソンは生涯、癒しは暗示の産物ではなく体験の再結合の結果であると主張しつづけたのである(Lankton, 1997/2003)。身体の良い点を見きわめ、それを肯定的に捉えるよう励ますことをエリクソンが強調しているのは、レベッカの例によく示されている。

一般的に、健康は内的に生じる活発なプロセスだということができる。しっかり食べてたくさん運動するようにと医者がアドバイスするのは万人の知るところである。しかし、健康は、きちんと食べ、いっしょうけんめい動き回ろうとする決意だけでどうにかなるものではない。あらゆる点で自分自身を強くしようという意欲が必要だ。

健康とは、有意義な仕事に従事することであったり、絶えず用心して害悪を避け長生きをすること、幸せな家庭を作ることであったりする。これらは長期的な目標であり、方向性や意義をもたらす。また、深呼吸すること、親しい友人とおしゃべりすること、庭の手入れをすること、独りになる時間を確保することなど、健康を意味する日常的な行動も多々ある。これらは短期的な目標であり、刻々と変化する環境に取り組みつづけるモチヴェーションになる。こうした目標と共に発生するのが、自分の限界や人間のもろさの認識と受容である。これらはすべて、心身のさまざまな能力を活かそうとする意欲から生じる。

健康はできるかぎり守られるべきものであって、回復されるべきものではない。エリクソンの心の健康に対する取り組みは、可能なかぎり先を見越したものであった。たとえば、一九六〇年代にベティ・アリス・エリクソンと夫デイヴィッド・エリオットは、すでに小さな息子がふたりいた上に、ヴェトナム人の赤ちゃんを養子にした。ベティ・アリスは青い目に白い肌、デイヴィッドとふたりの息子もブロンドで青い目をしていた。当時、異なる人種間の養子は大変まれで、多くの州では違法ですらあった。

キムバリーは見るからに異質で、彼女はそのために家庭でも学校でもいやな思いをしそうだった。しかし、エリクソンはこの少女の浅黒い肌や黒髪や目を、すてきな特徴として目立たせた。キムバリーは彼の「ジンジャーブレッド・ガール」になった。

エリクソンは愛情を込めてこのニックネームを使い、自分のジンジャーブレッド・ガールに特別なカードや手紙を書いた。一家が訪ねてくると、テーブルの上に必ずジンジャーブレッド・クッキーを用意しておいたが、このクッキーをみんなに配ることのできるのは彼のジンジャーブレッド・ガールだけで、このことは彼女のふたりの兄をひどくムッとさせた。キムバリーはロキサンナ叔母さんにジンジャーブレッド・ガールのお人形を作ってもらっているが、これもエリクソンの計らいだった。

エリクソンとキムバリーはジンジャーブレッドについて特別な会話をたくさん交わしている。「ジンジャーブレッドはね」と、キムバリーは誇らしげに兄たちにいった。「茶色で、甘くて、とても特別なごちそうだから、いつも食べられるってわけじゃないのよ。あたしとおじいちゃまは、そのことをいっぱいお話するの」

キムバリーがアメリカ合衆国の市民権を得たとき、エリクソンが彼女に送った手書きのカードには、こうあった。「おめでとう！　ジンジャーブレッド・ガールは今や、アメリカン・ジンジャーブレッド・ガールだ！」

もしこういう環境でなかったら、キムバリーは自分が他の家族と生理学的に違っていることにどう対処していただろう？　それを知ることはできないが、エリクソンは彼女が属する核家族の外側にいる人間として、彼女の浅黒い肌を、とても特別で甘くてスパイシーな「ジンジャーブレッド」に喩えて、別格のものとしたのである。兄たちは彼女のもつ差異の肯定的な状況を羨みさえした。

キムバリーが幼稚園に入ったとき、園の先生はスペイン系だった。入園したその日、車で家まで送り届けてもらった彼女は母親に向かって誇らしげにいった。「あたしの先生、ジンジャーブレッド・

レイディなのよ。あたし、自分の腕を先生に見せて、あたしもジンジャーブレッド・ガールですっていったの」

健康は、臨床評価項目という目標として見るのではなく、生涯続くプロセスとして見るべきである。上のキムバリーの発言は、彼女の人格が健全に発達していることを示していた。健康は継続的に努めるものだが、癒しも同様である。外界にはさまざまな生物学的脅威や心理的脅威が頻々と発生するため、癒しはつねに必要である。あるいは、エリクソンなら、「**人生はリハビリテーションの連続だ**」というだろう（Rossi, 2004, p.9）。わたしたちは日々、進んで自分の限界に取り組み、不平や後悔を感じないようにする機会を与えられている（同書同頁）。健康でありつづけるためには、良い結果を出す治療以上のものが必要だ。

エリクソンはしばしば、入院して一日数千カロリーの経管栄養を摂取している拒食症の精神病患者や神経性無食欲症患者の観察記録に言及している。これだけのカロリーを摂取しながら、生命を脅かす栄養失調の問題はなくならなかった。経管栄養法は、癒しの能力を活性化させずに行なう治療の好例だ。

ヴィクトール・フランクルが同様の観察をしている（1973）。彼が引用したのは、脚が壊疽《えそ》した患者のケースである。患者はその脚を切断して回復したが、回復後も、脚を失ったことにうまく対処することができず、自殺した。つまり、癒しと治療は別物なのである。治療は外から来る介入である。癒しは内部で発生するものであり、身体システムのすべてと関わっている。一九世紀の医師がこれらを同様に明確に区別して、「わたしは傷を処置したが、それを癒したのは神だった」といっている。

理解すべき重要なポイントは、生物としての健康であれ、精神の健康であれ、持続可能な健康をもたらすのは、患者の能力とリソースだという点である。

治療と癒しの区別でもっとも重要なのは、治療は癒しと無関係に機能することはできないということだ。癒しは、身体の集合的リソースによってもたらされる。対照的に、治療は、当人を健康な状態に向かわせようとする努力のなかで生じる外的な作用である。

同様に、薬の定義は、「きちんと働いている正常な細胞には不要な外因性の化学物質で、比較的少量の服用によって体内の特定の細胞の機能を有意に変化させるもの」である（Carlson, 2004, p.101）。薬は、特定の細胞の機能を持続可能な健康状態に導くとき、薬効があるということになる。心理的な治療も「外部からもたらされる」外因性の作用因ではあるが、その実質は化学物質ではなく、行動である。治療と癒しは、医学的なものであれ心理学的なものであれ、累積効果をもつが、治療は、同時に癒しがなければ成功しない。

ゆえに、臨床医が各患者のためにすべきことは、「この患者が生来の癒しの力を発揮するためには、何が必要なのだろう？」と考えることだ。それを効果的に促すためには、「自分は確かに治ろうとしているということ、それは自分自身の内部で起きるということを、患者に理解させる」必要がある（Erickson, 1965b）。場合によっては、これについて、ひと言話すだけで済むかもしれない。しかし、重症患者になればなるほど、心の健康に向かうには、ゆっくり長い時間をかけて、現実を新たに方向づけられるようにすることが必要になる。

現実の方向づけは、学びと記憶、直接の感覚体験から発生する。生物学的には、これらは別々の解剖学的位置にあり、神経回路網の複雑な道路でつながっている。生活体験は文字どおり、大脳内の物理的領域——すなわち、出入りできる場所——となる。こうした領域への意識的な気づきの出入りは、一連の思考によって内的に始まったり、外的なきっかけ——その現実体験の一部が依然として外界に存在するという認識——によって始まったりする。

機能的観点からいえば、**心の健康は、生活体験が保存されている心のさまざまな部位に自由に往来する個々の能力に比例して増進する**。そうした能力がなければ、外界の認識も外界への対処も、効果的に行なわれなくなり、その結果として発生する問題は、「症状」として分類されることになる。そうした症状は、認知機能から生理機能や一般的な健康に到るまで、数多くの領域に現われる可能性がある。

心の健康は標準化して患者に強要できるようなものではない。このことを事実として受け入れることが肝要だ。それは、各自のもつ生活体験や学びの経歴だけが定義できる主観的な勝利である。心の健康をエリクソンのような観方で捉えるには、治療上の独特な人間関係が必要となる。すなわち、患者にとって意味のある目標を達成するために、患者のもつ行動・判断等の基準枠のなかで動く能力がプラクティショナーに求められるのである。

The Role of the Clinician

第４章

臨床医の役割

本章では、エリクソンが患者との間にどのような関係を築いて、患者のなかに変化を引き出そうとしたかを説明する。冒頭の症例は、エリクソンが、上位者として振る舞うことなく専門家の職務をどのように果たしているかを明らかにしている。この症例は、大人が子供に語りかけているため、とりわけ多くを物語る例になっている。しかし、エリクソンはそのようにする大人として、子供のもつ個人的な選択権を終始尊重している。

本章の症例は、さらに詳細を加えて第11章（318頁）でも取り上げている。ここでは治療上の人間関係の本質に焦点を絞っているが、第11章では、エリクソンが治療に使った戦略について重要な洞察を紹介している。

［事例▼ジョニーの大きな体］

一二歳の少年が両親に連れられてエリクソンのところにやってきた。「息子は小さいときから毎晩おねしょをしていて、それが未だに治りません」と両親はいい、自分たちはもう我慢の限界だといった。両親は、おねしょを治すとされている方法だと思うことはすべて試していた。父親は少年を折檻《せっかん》し、汚したシーツを洗濯させ、食べ物も水も与えないで寝かせ、おねしょの沁み込んだシーツを少年ジョニーの顔にこすりつけようとさえした。両親は思いつく罰はすべて与えたが、ジョニーのおねしょは治らなかった。

エリクソンは両親の独裁的な説明に対して、それに負けないくらい権威を笠に着た言葉で応酬した。「ところで、彼はわたしの患者です。わたしがお宅の息子さんに対して行なうセラピーには、いっさい口を出さないでいただきます」

それから状況を評価して、こうもいった。「あなたがたは乾いたベッドをお望みです。わたしはこれからセラピーを行ないますから、わたしと息子さんだけにしてください。息子さんとの面談の設定は、すべてわたしに任せていただきます。おふたりはいっさい口出しをせず、わたしの患者に礼儀正しくしてください」。切羽詰まっていた両親はエリクソンの条件を飲んだ。

エリクソンは一二歳のジョニーとふたりだけになると、どのようなやりかたで両親に指示を出したかを彼に説明した。ジョニーは設定された条件を喜んだ。つづいて、エリクソンはジョニーにいった。「ねえ、きみのお父さんは背丈が一八五センチある。すごく背が高くて強そうで、がっしりしているね。きみはたった一二歳の子供だ。背丈はどのくらいだい？」。ジョニーは一七五センチだと答えた。エリクソンはさらに訊ねた。「じゃあ、お父さんの体重は？」「一〇〇キロだよ」。父親は一〇〇キロもあるというのにちっとも太っていないことに、エリクソンは気づいた。

次に、ジョニーは体重を訊かれた。エリクソンは返事を聞くと、ひどく驚いたふうを装った。「七七キロもあるのかい？　だって、まだ一二歳の子供だよね？　そこまで立派な体になるには――一二歳でそんなにすごい体になるには――身体エネルギーやら体力やらがすごく要るんじゃないかい？」

ジョニーの様子をチェックして、エリクソンはさらにいった。

「きみの体の筋肉や、体力のことを考えてごらん。それだけの筋肉と体力をつけたんだもの、一二年という短い期間に、とてつもない量のエネルギーを使ってきたよね。きみが今のお父さんの年齢になったら、どんなふうになっていると思う？　たった一八五センチで一〇〇キロしかないちっちゃな体だろうか？　それとも、お父さんより背が高くなり、体重も重くなっているだろうか？　きみはまだ一二歳なのに、もう七七キロもある。きみの立派なお父さんは、きみよりほんの二三キロ重いだけだ。それに、お父さんはきみよりずっと年を取っている」

これらの質問について考えているジョニーは、これまでになかった観点を得て明らかに嬉しそうだった。これまで、自分の体の成長がそんなに大きな意味をもっていると思ったことはなかった。

エリクソンは続けた。

「さて、ご両親はきみのおねしょをわたしに治してほしいといっています。それから、きみのおねしょを治そうとしてやってしまった誤った行為をすべてわたしに話してくれました。そうだな、ここで、ちょっと整理しよう、ジョニー。わたしはきみのおねしょを治すつもりはありません。代わりに、いくつか話をしようと思っています。きみはものすごい量のエネルギーと体力を使って、この見事な体を一二歳の少年の上に創り上げました。きみは大学でサッカーのスター選手になるでしょう。大学で優れた運動選手になるでしょう。しかも、そうなるのは、まだずっと先です。たったの二三・五キロで、お父さんの体重を越えるんです。大人になるまでに、まだ九年あります。九年で、二三・五キロ増やすんです。きみならできます。それがきみにはわかっています。わたしにもわかっています」

(Erickson, 1964a)

心理療法における**臨床医の主な役割は、主たる治療力として心身全体を使い、触媒として行動することである。**この役割を果たす上で、臨床医には、患者が新たな可能性を認識できるよう手助けする責任がある。先ほどの例で、ずっと続いているおねしょに代わるものを見つけられない少年は、未来の可能性に対する希望——立ち直る力《レジリエンス》を与えてくれる希望——を生み出す新たな考えに元気づけられている。エリクソンのいうとおり、「ジョニーの心があらゆる方向に向かってとんぼ返りしているのが見えるだろう。彼は、男としての自分自身について、新たな身体イメージを得つつあった」(Erickson, 1964a)。

エリクソンは仕事を始めて間もなく、心理療法が**学びのプロセス**であることに気づいた。そして、臨床医の役割は、患者の再教育を促す手伝いをすることだと主張した（Erickson, 1948/2001, p.4)。このプロセスは経験的な学びによって全うされ、経験的な学びは、催眠療法やゲシュタルト療法、サイコドラマなど、能動的なセラピーによってもっともよく促される。エリクソンは自分が催眠療法を創造的に利用していることを語るなかで、こう説明している。「効果的な結果は……患者の活動からのみ引き出される。**セラピストはただ、患者が活動できるように刺激を与えるだけである**［強調は著者］」(p.3)。同様に、人の態度は、直接的な個人体験の結果として形成された場合のほうが、間接的な情報に接した結果として形成された場合よりも、行動をよりよく予言することが研究によって証明されてもいる（Fazio and Zanna, 1981)。

触媒であるセラピストは、臨床的判断を使って患者の学習の導き方を決定しなくてはならない。患者は、自分の経験的生活を別の形で理解することに取り組む。心理療法では、学究的な環境での教育とは対照的に、重要なのはセラピストの考えや意見ではない。エリクソンがいうように（1948/2001）、「そのような再教育は当然ながら、患者の生活体験、患者の理解や記憶、態度、考えの観点から必ず行なわれるべきである」（p.3）。この種のセラピーにおけるセラピストの役割は受動的ではなく能動的であり、セラピストは成長と発見のプロセスのなかで患者を導くことによって、変化を促していく（Lankton, 2001/2003, p.7）。

患者に寄り添い、さまざまな体験的現実をたどっていくなかで、臨床医が患者の協力と参加を引き出すことの重要性を認識するのは、きわめて重要である。エリクソンはこの力学を一九六六年の講演で、以下のように述べて定義している。「患者と臨床医との関係には、共通の目的がひとつある。患者はある種のケアを必要とし、臨床医には患者の望むケアを与える用意がある。ふたりの人間がいて、両者が協力し、同じ目的――患者の幸福――の実現に取り組むのである」

しかし、この種の協力関係は、セラピーの厳格な手順や固定化した方法に従っていては確立することができない。「人間の行動とその根底にある動機はきわめて複雑であり、それゆえ、共同活動に従事するふたりの人間の間に生じるいかなる状況においても、そこに存在する無数の要因を認識しなくてはならない」（Erickson, 1952/2001b, p.27）。換言すれば、臨床医は患者の要求にいつでも協力できるようにしておき、互恵的な協力がよりよく促されるようにしなくてはならないということだ。

エリクソンは互恵的な相互作用の有用性を強く信じていた（Erickson-Elliott, and Erickson-Klein, 1991）。したがって、治療上の人間関係は、同志関係と相互利益の特徴を備えたものでなくてはならない。エリクソンはこの力学について、「今、わたしには何ができ、あなたには何ができるのか？まずわたしがこれをし、そのあとであなたがそれをする」ということだと、わかりやすく語っている（Erickson, 1966）。エリクソンによれば、「命令はめったにしてはいけない。相手に、無力な奴隷になってほしくないからだ。奴隷の働きより、自由意思で働く人の働きのほうが大きい」。この人間関係には支配や優位という特徴がないため、患者がセラピストに従うこともあれば、セラピストが患者に従うこともある（Erickson, 1966）。

逆説的になるが、患者を支配しようとする場合に生じる問題のひとつは、そうすることによって結局はセラピストの地位を弱めてしまうということだ。治療効果は信頼関係に基づいている。患者に信頼の気持ちがなければ、すなわち、患者が自分の本当の願いを明かすことに対する制裁を恐れているなら、治療を継続させる利点はほとんどない。政府の司法的支配は、個々の意思にかかわらず個人に課すことができるが、治療による感化は、自由意思による応諾を基礎としている（Horwitz, 1982, p.126）。したがって、「強制的な治療」は、この言葉自体が矛盾している。強制は行動を変えうるが、内的な癒しを生み出すことはない。

これらの理由から、臨床医はつねに、微妙な支配闘争を発生させるかもしれない状況を警戒しなくてはならない。必要だと思っている反応を患者が示さないと、どうしても、望んでいる結果を出すためにさらにがんばりたくなる。しかし、支配闘争が芽生えると、エネルギーは癒しのプロセスをそれてしまい、患者が内的なリソースやまだ気づいていない能力を発見する機会は失われる。

エリクソンは、キャリアが終わりに近づいたころ、より良いセラピストになることについて、どのような体験から学んだのかと訊ねられたことがある。彼はその返事として、絶えず支配の軽減に努めてきたと答えている（Erickson and Rossi, 1981）。同じく一九五〇年代から六〇年代に行なった無数の講演でも、「［癒しにおいて］重要なのはあなたではなく患者だということを忘れてはなりません」としばしば述べている。エリクソンはさらに、ある具体的な症例における自分の取り組みを説明するなかで、「その責任を負っているのは彼女であり、その解決手段をもっているのも彼女である」と、問題の核心を明らかにしている（Erickson, 1964/2001b, p.26）。

エリクソンは苦しんでいる人びとを手助けしようと努めながらも、治療の進展は患者の意思次第であることを明確に理解していた。手を差し伸べるとき、彼はしばしば、こうして差し伸べた手を患者がどうするかについてはまったくわからないと認めた。彼の願いは、共同作業が有用な行動につながっていくことだった。わたしたちはエリクソンのおかげで、プラクティショナーは「つねに、患者が患者自身の自発的なやりかたに従うことを認める」（Erickson, 1962b）べきだということを忘れないでいられる。そのようにすることで、それまで気づかないでいた能力や内的なリソースの発見がより良く促され、支配闘争は避けられる。

治療上の刺激に対して患者がどのように反応しようとも、そこには必ず、患者を関与させる別の機会が生じる。方向転換が必要になれば、患者の内部に以前からある動機づけの力に訴えなくてはならない。これはテニスを喩えに説明することができる。飛んでくるボールをラケットが受けるとき、ラケットには、飛んでくるボールの方向や速度をコントロールする力はない。しかし、ラケットをわずかに上か下に傾けると、ボールはまったく違う形で反応する。適切な方向にボールを打ち返すには、テニスボールの特性ではなく、ラケット面のコントロールに集中しなくてはならない。患者の示す行動がどうあれ、患者は可能なかぎり、適切に行動する存在として診療室内で治療されるべきである。

ジョニーのおねしょの症例で、エリクソンはジョニーのその行動をストップさせようとはしなかった。代わりに、注意の焦点をジョニーが成し遂げた成果——体格の良さとして表れていた成果——に移している。これで局面が変わった。ジョニーはごく正常に発育中であり、その事実によって、彼は問題から脱することができた。

エリクソンはこの症例について語るなかで、「きみがベッドを乾いたままにしておける最初の日を、わたしたちは焦らずに待たなくてはならないと彼にいった」と説明している（Erickson, 1964a）。このようにしてエリクソンは、癒しのプロセスにおけるいかなる人の役割も、状況に応じて定義した。ジョニーにすべきことを命じるのはエリクソンの仕事ではなかった。代わりにエリクソンは、成功を期待するごく普通の気持ちを発生させ、ジョニーが自分の思う目標を掲げておけるような信念の構造を創出した。ジョニーの反応がどうあれ、彼がなんらかの達成感を抱くかぎり、エリクソンは自分の目的を果たすことになる。

問題を解決しようとするエリクソンの努力には、つねに、患者の個人的な成長に焦点を絞っているという特徴がある。彼は臨床医として個々の患者の目標を正しく評価したが、ひとりの親としても同様に正しく認識していた。彼の父親としての在り方は、それぞれの子供が自分自身の成功への道を見つけられるよう励ましながら、可能性を提示し、個々の成長を後援するというものだった。深く敬われていたメンターとして、彼は自分のセラピーのやりかたを学生に教え込むのは拒否した。代わりに、自らの生涯の特徴であった継続的な成長と自己発見のプロセスを奨励した。

しかし、人間は孤島ではない。各人が社会に不可欠なパートであり、双方が互いに貢献し合い、互いに互いから恩恵を受け取っている。変化の機会は心理的な環境にも、行動的環境、生態的環境、社会的環境にも発生する可能性があり、そうした変化は個々の生活体験における他のあらゆる面に影響を与える。どの領域で変化が始まるかは重要ではない。エリクソンの介入にはしばしば、いくつかの領域、あるいは多数の領域、さらにはすべての領域におけるつながりを利用した活動が含まれていた。エリクソンが明らかにしたように、ある関係が互恵的であるとわかれば、協力を推し進める力を利用できるようになる。

A Philosophical Framework Summary

第５章

哲学的枠組み

本章ではエリクソンの著作や講演から出たものではない哲学用語を使っているが、それらは彼がいかにして臨床的に希望を構築したかを理解するための哲学的背景を提供するものである。ここでは、「患者はどうすれば自分以外の人物に助けを求めつつ、自分の個人的な意思を保全できるか」という重要な問題に答えようと思う。不要な専門用語の使用は極力避けている。その上で本章で用いた用語は、他の著明な思想家と比較した場合のエリクソンの位置づけをわかりやすくする座標の役割を果たすはずである。

［事例▼レイノー病の女性］

レイノー病と診断された五〇歳の女性がエリクソンの診療室を訪れ、激痛と睡眠障害を訴えた。彼女は両手をエリクソンに見せて、「両手に血液が回らないせいで何本もの指に潰瘍ができ、すでに一本は切断し、またもう一本近々切断することになりそうです」といった。そして、痛みがあまりにひどいせいで、まとめて眠れるのはせいぜい一時間か二時間だけだと説明した。

エリクソンはそれに対して、「わたしはレイノー病の治療についてはよく知りません。これに関して何かできることがあるなら、あなた自身の『身体の学び』がそれをしてくれるでしょう」といった。彼は女性にトランス状態への入り方を教え、トランス状態に入った彼女に、「あなたにはとてつもない量の身体の学びがあります。それは、わたしたちの誰もが人生体験の上に蓄積していく本能的な能力です」と説明した。

エリクソンはさらに、無意識の心は日中、彼女のために、身体の学びをすべて関連づけることに没頭しているという暗示を与えた。そして、就寝前に椅子に座ってトランス状態に入り、そのトランス状態のなかで、学びをすべて実行に移し、トランス状態から出たら、エリクソンに電話をかけるよう指示した。

女性は、エリクソンの処方したルーティンに従い、眠りに就く前にトランス状態に入った。そして、午後一〇時半にエリクソンに電話をかけ、震える声でいった。「夫が受話器をもってくれています。わたしは力がなくて、もっていられません。わたし、恐ろしくて！　椅子にはかろうじて座っていられる状態です。わたし、先生のおっしゃったことをそのとおりにやりました。椅子に座ってトランス状態に入ると、いきなり寒さを感じはじめました。寒さはどんどん強くなり、それはまるでミネソタで過ごした少女時代の寒さでした。二〇分ほど体中が寒さで縮み上がっていました。歯もカチカチ鳴りました。そのあと、今度は不意に寒さが消えて、暑さを感じるようになりました。全身が焼けるようでした。今は、体がリラックスしている感じと疲労感が強くなってきています」

エリクソンはこれに対して、「この類の問題の取り扱い方を、あなたは教えてくださいました。お祝いをいわせてください。ではもうお休みになって、目が醒めたらわたしに電話してくださ い」と答えた。エリクソンが次の電話を受け取ったのは、午前八時だった。彼女はここ一〇年以上、こんなに長く眠れたことはなかった。

エリクソンはこのプロセスについて、「わたしはただ、彼女自身の特別な身体の学びを、彼女自身のやりかたで利用するようにといっただけだ」と説明している。数ヵ月して彼女から来た手紙には、腕や手首や手の毛細血管を拡張させるこの方法を使うことで痛みから解放された状態が続いている、とあった。彼女は毎晩就寝前に血行状態を変えることによって両手の痛みを和らげられるようになり、その結果、朝までぐっすり眠ることができるようになった。

（Erickson, 1960a）

エリクソンのあらゆる教えやセラピーに通底する根本的な特徴は、**各個人の特性を深く尊重する**姿勢である。エリクソンは臨床の場で、患者がそれぞれのやりかたでそれぞれの目標を達成できるような治療的空間を注意深く創っていった。変化に関する他者の論理的モデルに患者を従わせるべきだというような信念は、彼にはなかった。**変化の哲学は患者から生まれるべき**であって、教科書から引っぱってくるものであってはならないと信じていたのである。

エリクソンはセラピーの目標ひとつにさえ、裏書きすることは拒否した。また、現存するいかなる心理療法の派にも、各個人の独自性全体を適切に検討できるものはないと信じていた（Erickson-Elliott, and Erickson-Klein, 1991）。他に類を見ない彼のやりかたは、非指示的という言い方でこれまで説明されてきた。しかし、この用語は、セラピストの役割は積極的なものではなく消極的なものだという含みをもっているという意味で、欺瞞的である。先ほどの症例でおわかりのように、エリクソンは消極的どころか、しっかり先を見越して行動している。彼は戦略を立てて取り組んでいたのであって、単に問題が勝手に解決するのを待っていたのではない（Haley, 1973）。

心理療法における戦略的アプローチには、通常、患者が問題についてどのような信念を抱いているかの判断と、患者の信念体系にできるだけ一致する形で提示する癒しの儀式の構築とが必要である(Fish, 1973)。このやりかたは、患者指向のアプローチ——患者の真意と好みに合うようセラピーの方向性を継続的に評価して調整しなおそうとする進め方——のなかで洗練されつづけてきた(Duncan, Miller and Sparks, 2004, p.192)。エリクソンのスキルの多くは、人が自分自身の目標を認識して、それを達成できるようになるには、どのように手助けすればいいのかを理解するためのものであった。実際、それこそが彼の第一の目的であった。

エリクソンのアプローチは、**メタ・テレオロジー**という言い方で説明することもできる。「テレオロジー」という言葉は、目的に関する研究と、その副産物である目標設定を説明するときに用いる哲学用語である。テレオロジー的観点は、なんらかの目的を目ざすことによって人生の方向性を見出そうとする活動を識別する。「メタ」という言葉は、ひとつの評価基準の外側に存在するものを表わすときに用いる接頭辞で、特定の分野の範囲内にあるあらゆる可能性を包含する。したがって、相手が自らの設計で有意義な目標を立てられるよう手を貸すことを目的とする場合、そこにはメタ・テレオロジー的なアプローチが存在している。これは本書で説明する治療目標の描写にもっとも近い哲学的用語である。

エリクソンの創造的な催眠の使い方は、あらゆる催眠テクニックのもっとも重要な目的は暗示であるという従来の概念に対する挑戦だった。彼が先駆けとなったタイプの催眠では、人間のもつごく一般的な傾向と個々の性格特性の利用が第一の焦点となっている。エリクソン式《エリクソニアン》セラピーでは、問題解決の戦略はすべて、患者の意思の承認と促進とに密接に結びついている。このメタ・テレオロジーでは、暗示、感化、激励が内的リソースを活性化するためのメカニズムとして役立つ。**臨床上の突破口は、患者が自分のできることについて新たに正しく認識したときにはいつでも発生する。**

レイノー病の女性患者のケースでは、医療の専門家《エキスパート》エリクソンの励ましが触媒だった。彼女はエリクソンに励まされたおかげで、自分にはそれまでに気づかなかった学びが数多くあること、そうした直観的な学びを利用すれば、自分の目的を達せられることを理解できた。

希望と効用が結びついて発生し、その結果、より大きなレジリエンスを生み出す強力な癒しのエネルギーがある。患者は健康を維持するために、自分の問題に関して何かしら意味のあることを行ないうることを認識する必要がある。行動の理由がなければ、第一歩はない。肯定的な期待に関する多数の研究が示すように、希望は症状の軽減をもたらし、身体の癒しを促進する。そうした研究は、プラシーボによる治療——希望を生み出す一手段——が関節炎のつらさを軽減し、ぜんそくの発作の回数を減らし、花粉症をやわらげ、咳を抑え、緊張と不安を緩和し、頭痛を消し、痛みを軽くし、風邪を防ぎ、潰瘍を治し、麻薬の離脱症状を抑制し、胃の働きを変え、糖尿病の血糖値をコントロールし、遺尿を軽減し、狭心症発作の回数や苦しさを減らし、悪性腫瘍の成長を後退させることを証明している（Beecher, 1961; Honigfeld, 1964; Klopfer, 1957; Volgyesi, 1954）。対照的に、否定的な感情状態は、身体疾患に対する脆弱性を増し、既存の疾病を悪化させ、癒しを遅らせる（Frank, 1973）。このように、希望に満ちた状態は症状の緩和を促進するだけでなく、身体の癒しも促進するように思われる。

レジリエンスのみなぎる問題状況への対応は、もって生まれた自己の良いところを信じる気持ちから発生する。健全な自己賛美がないと、エネルギーを自己に対して否定的に位置づけたり（拒食症で身体を飢餓状態にするなど）、最低でも、自分のリソースを呼び起こすことができなくなったりする。エリクソンははっきりと、自分の目的は患者の身体の良好で健全な部分とコミュニケーションを取ることだとしている。エリクソンによれば、患者は自分自身の身体のなかに安心感をもつ必要がある（Erickson, 1962c）。精神であれ、心であれ、消化器系であれ、他のいかなる身体部分であれ、心理学的に権利を剥奪されたままになっている部分のもつ良さを確信できれば、新たな自己効力感が生み出される。

ジェファーソン・フィッシュは同様の点を指摘して、以下のように論じている（Fish, 1973, p.17）。

患者に治癒をもたらすのは、患者の行動であって、セラピストのそれではない。重要なのは、患者がこのことを確信しなくてはならないという点だ。患者は自らの行動の主人であって召使ではないという意味で、この確信はきわめて重要である。

当今の研究が示唆するように、レジリエンスをもつ秘訣は、試練のさなかの出来事をコントロールしているという感覚である（Bandura, 2003）。自分にはそういう力があると感じることによって、患者は内的な能力と経験から得た学びを使って、目標を達成することができる。

レイノー病の女性の症例は、もうひとつ、重要なことを強調している。エリクソンが彼女に、自分の無意識の心を信頼するよう指導した点である。女性はそのおかげで、有用感覚と希望をもてるようになった。エリクソンは女性を、彼女自身の心的リソースの有益な部分に向かわせたのである。

無意識に関するフロイトの考察とは対照的に、エリクソンはつねに、患者の無意識のすばらしさを強調した。しばしばこの構成概念を利用して、認識はされていないが信頼に足る力――完全に知ることは到底できない潜在能力をもつ何か――が患者自身のなかにあるということを伝えている。エリクソンのやりかたの特徴となっているのが、こうしたタイプの励ましである。

心理療法を行なう際の達成目標は無数にあるかもしれないが、ナビゲーションの要点として必ず目ざすべき臨床目標がひとつある。高い山で上げるのろしに似て、この包括的な目標を掲げることによって、プラクティショナーは方向感覚を維持しつつ、さまざまな障害を避けながら進めるようになる。その目標は頂点にあって、それより下位の他の目標すべてを正当化する。エリクソニアン・セラピーでは、**心理療法のあらゆる努力の背後にある第一の目標は、患者の意思が決定した目的を達成するために、未だ認識されていない能力を活性化するべく刺激を与えることである。**これが変化のメタ・テレオロジーである。

わたしたちは、何をしているときでも、何か別のことをするためにそれをしている。

――アリストテレス（前三八四－三二二年）

要約

エリクソンの癒しの手法の背後にある哲学を研究していると、セラピーとは、患者とセラピストが患者の必要としているものに関して何か有意義なことをする機会であることが明らかになる。そうしたエネルギーをいかなる方向で用いるかを決定するのは患者の意思であり、変化に関する特定の外部原則ではない。セラピストの目標は、健康を目ざす患者の目標を戦略的に促進することである。[☆1] すなわち、セラピーは強制や優越、教化の精神をもつものではなく、相互の学びと発見のプロセスを特徴とするものである。

医師が数多くの種類の薬剤からこれはと思うものを選択できるのと同じように、セラピストも、多種多様なテクニックで作動する多種多様な心理学的方法を使って、セラピーをやり遂げることができる。こうしたテクニックの出所である臨床的戦略は治療手段としてではなく、心理状態に関連する免疫系の機能を高め、内的な癒しのプロセスを促進するための手段として見るべきである。したがって、

☆1　いかなる規則にも例外がある。なかには非現実的な目標や自己破壊的な目標を掲げる患者もいるが、そうした目標はセラピーが取り組むべき問題ではない。しかし、たいていの人は、支援しがいのある健康志向の目標を少なくともひとつはもっている。

強調されるべきは患者の内的能力であり、セラピストの行動ではない。

最後にもう一点、完全主義的な目標と自己中心的な考えは避けなくてはならない。「この問題の解決法を見つけなくてはならない」と考えるのではなく、未来に対する患者のレジリエンスと希望という観点で考えるのが、エリクソンのやりかたであった。

Clinical Strategies

第Ⅱ部

臨床上のストラテジー

Introduction to the Six Core Strategies

第6章

核となる6つのストラテジー

注意のそらし：想定外の展開は自己破壊行動を妨げる。
分割：すべてを正すことができないときには、修正できるものをもつといい。
前進：あらゆる病気を治すというのは不可能だが、苦しんでいる人のためにできることは必ずある。
暗示：あらゆる問題解決は、変化は可能だという考えから始まる。
新たな方向づけ《リオリエンテーション》：その人の心理的問題が複雑であればあるほど、シンプルな解決法を発見する機会は増す。
利用：その人を変化させようとすると反感を助長するが、機会を提供するのであれば、こちらのエネルギーが浪費されることはない。

右の六項目の説明は、ミルトン・エリクソンが教えたもっとも重要な教訓を反映している。これらの原則が簡潔に示しているのは、あらゆる事柄の機能的定義であり、本書ではこれからそれを説明していく。用語を選択したのはダン・ショートだが、その思想は精神医学および心理学における伝説的な人物のひとりから引いたものである。

複雑な仕事に熟達した、いわば技の匠《たくみ》は、問題を迅速に解決する強力な戦略を適用することができる。いったんあるスキルが身について自動的に使えるようになると、意識的に判断する必要は次第に減り、ごく自然な反応になっていく。したがって、効率は大幅に上昇する。意識的な判断はいずれも、無数に連鎖する暗黙の論理的思考の表象だからだ。これは、熟練の臨床医がしばしば自らの臨床的戦略をうまく説明できない理由のひとつである。あまりに熟練している場合、各ステップを意識的に判断しようとすれば、かえってつまずく原因になりかねない。

心理療法で一般的に「臨床的直観」といわれてきたものは、より正確には、暗黙の論理的思考だと理解されている。つまり、創造的推測や「運」とははっきり異なる論理的なプロセスとして区別されているのである。エリクソンがもっていたような問題解決のスキルを身につけようとする者は、天才の謎めいた戦略が解明されれば、多大な恩恵を受ける。

本書の第Ⅱ部は、エリクソンの臨床的な問題解決戦略のいくつかを詳述する設計になっている。各戦略は合鍵同様、新たな独自の解決法に到達するために、さまざまな問題状況に適用することができる。それによって明らかになるのは、特定の戦略の適用範囲を広げれば広げるほど、その有用性を高められるということだ。

臨床的戦略を平易に定義すれば、人間の問題を解決する基本原則となる。さまざまな臨床的戦略を用いることによって、熟練《エキスパート》の臨床医は多種多様な情動的な難題や心理的な難題との取り組みに特化したテクニックを設計することができる。テクニックと戦略の差異を知るためには、ダブル・バインドや症状の処方〔家族療法で用いられる技法。呈している症状をあえて出すように指示すること〕、逆説的指示など、特徴的な心理療法のテクニックは、なんらかの共通機能を示すカテゴリーに分類できることを正しく理解しなくてはならない。テクニックの機能に関するこのような理解があって初めて、プラクティショナーは戦略的に動くことができるのであり、だからこそ、テクニックのカテゴリーを支配する戦略について、理解を進めることがきわめて重要なのである。プラクティショナーが臨床的機能を完全に理解することなく闇雲に治療テクニックを使えば、リソースに満ちた状態は妨げられ、成功するかどうかは成り行き任せとなる。

臨床的戦略を理解すると、予め決められていた手順への依存が減少し、臨床的判断の利用が増加する。臨床的判断は心理療法に不可欠な要素としてほぼ例外なく受け入れられているが、その教授法を提供している心理療法はほとんどない。治療での対応がオートメーション化されている問題について語るなかで、エリクソンは以下のように説明している（1977/2001, p.3）。

治療する際には、つねに各個人の実際の性格特性を考慮しなくてはならない……やたらに人懐こくないか？　敵意があるか？　反抗的か？　外向的か？　内向的か？……セラピストはかなり流動的に自分の取るべき行動を変えなくてはならない。セラピストが柔軟さを欠くと、患者にもある種の融通の利かない行動を引き起こすことになる。

本書は治療テクニックを語るものではない。暗記して各セッションで使えるような固定化した手順はまったく掲載していない。本書の目的はそれよりもはるかに野心的である。エリクソンは新たな症例に取り組むたびに新たなテクニックを設計できたといってもいいほどだが、このあとに述べる臨床的戦略はその観点から、流動性をもつ臨床的判断の基礎を提供している。

エリクソンその他が使った一連のテクニックを各章で紹介しているが、こうした行動的プロトコルは無闇に真似てはいけない。数多くの特有の臨床的変数をうまく処理するためには、治療状況ひとつひとつに、さまざまなテクニックを設計あるいは修正するための充分な臨床的判断が必要である。

癒しというコンテクストにおいて、洗練された強力な精神治療法で、たったひとつの臨床的戦略しか必要としないものはめったにない。たいていは、変化は可能だとする考えを共に促進するさまざまな処置を巧みに組み合わせたものを必要とする。効果的なセラピーが複数のテクニックを提供すべきなのは明らかだと思われるのに、セラピー各派が提供できる戦略の数については、これまであまり考察されていない。ひとつの心理療法で、エリクソン式《エリクソニアン》アプローチほど数多くの癒し戦略を備えた心理療法を見つけるのは難しい。エリクソンのワークから発生した戦略的姿勢は少なくとも六つある。**〈注意のそらし〉**、**〈分割〉**、**〈前進〉**、**〈暗示〉**、**〈新たな方向づけ《リオリエンテーション》〉**、**〈利用〉**の六つである。

これらの戦略はけっして互いに相容れないものではない。これらは原色にたとえることもできる。それぞれの配列を決めて並べたり他と混ぜ合わせたりすることで、特定の問題に対して、多岐にわたりながらもきわめて正確な対応を創出することができる。このことを示す好例として、エリクソンが自分のふたりの子供のために使った、ある創造的な問題解決法を挙げることができる。

そのとき、ほんの五歳だったロキサンナ・エリクソン－クラインは兄ランスのせいで怪我をした。ランスがうっかりドアの敷居のところでロキサンナの足をつかまえたせいで、彼女は足の親指の爪をはがしてしまったのだ。ロキサンナは足にそのような怪我をしたことだけでなく、兄が自分のしたことをあまり悔いてもいないようだったことにも傷ついた。

足の怪我が治ったあと、エリクソンはロキサンナを診療室に連れてきて、慎重に娘に説明した。もしランスが肩車をしてくれたら、きみは天井にある秘密の「スイッチ」を見つけられるよ。ただ、きみが何を探しているのかをランスにいってはいけない。でも、もし見つけたら、好きなところにそれを取りつけていいいし、好きなやりかたでそれを使ってもいいからね。

ロキサンナがランスのところに行って肩車を頼むと、ランスは機嫌よく頼みを聞いてくれた。彼女は難なく想像上のスイッチを見つけたが、そのあと、それを自分の服のどこにつけるかを決められなかった。ロキサンナは爪先に煩わされることがなくなったばかりか、ランスのおかげで楽しい気分にもなり、それ以降事故のことを考えてもさほど悲しくならなくなった（Erickson-Klein, 1990, p.284）。この例は、きわめて個別化された手順を一般的なテクニックの形で再現することはできないことを示している。爪先の怪我で訪れたどの患者にも「肩車」のテクニックを使うというのは、想像するだに滑稽である。

しかし、この例はふたつの戦略——「注意のそらし」と「新たな方向づけ《リオリエンテーション》」——の組み合わせと見れば、もっと意味のあるものになる。ロキサンナは想像上のスイッチを探している間、痛みから気持ちがそれていた。いったん大切なものが見つかると、その取りつけ場所と使い方を決めなくてはならなくなり、気持ちは痛みからさらにそれていった。リオリエンテーションの根幹は、彼女が自分の痛みと兄を支配する可能性を新たに見つけたことだった。彼女はもはや兄より「一ランク下」の存在ではなくなった。さらにランスは、妹に親切にし、妹の気分を盛り上げるための介入に参加することによって、自分自身の罪悪感を解消することができた。上記の一連の出来事をこのレベルで理解すれば、その機能的要素は、無数のバリエーションを利用することによって戦略的に再現することができる。

本書の第I部同様、各戦略は症例を添えて紹介していく。症例のすぐあとに説明を加えていないのは、読者にぜひ、基本原則の説明とその一般的応用について読みながら、臨床的な物語をじっくり考えていただきたいからだ。「なぜエリクソンはそれをそのようにやったのだろう?」と自問していただきたいのである。

概観は、それぞれ詳述し、追加の症例もいくつか添えて、一般的な機能に役立つ多数のテクニックを説明している。各セクションが終わりに近づくと、再び冒頭の症例に注目していただき、その分析を提供している。各章末には、さまざまな臨床状況に応用するためのガイドラインとして役立つ一般原則（「一般的適用」）を提示している。これらの章の内容は、一種の新鮮味に欠ける原理として暗記してもらうことを意図したものではない。ぜひとも、想像と継続的発見を誘発するものとして役立てていただきたいと思う。

Distraction

第7章

注意のそらし

本章は、痛みに対処する際にもっともよく用いられる戦略を説明している。しかし、差し迫った手術など、強い恐怖を発生させる健康関連の試みも、やはり患者の協力を得るための戦略を必要とする。これは、とりわけ心理療法にいえることである。エリクソンがいうように（1977a）、「患者には、普段ならしないけれども今はしたいと思っていることがある。心理療法の秘訣は、それを患者にさせることにある」。本質的には、これが本章の内容である。

［事例▼エレベータを怖がった老紳士］

ある初老の紳士がエリクソンを訪ねてきて、長年にわたるエレベータに対する恐怖をなんとかしてほしいといった。彼は何年も前から高いビルの最上階で働いていて、いつも階段を歩いて上らなくてはならなかった。しかし、年を取ってきてそれも大変になってきたという。エリクソンには、彼がお堅い妻をもつお堅い男性であることがわかっていた。エレベータに対するこの恐怖をなんとかしてもらえるだろうかと彼が訊ねるのを聞いて、エリクソンは自信たっぷりに、「たぶん、別の方向で、あなたを怖がらせることになるでしょう」と答えた。紳士は、エレベータに対する恐怖以上の恐怖など自分にはありえない、と答えた。

これは一九四〇年代の話で、当時エレベータにはオペレータが乗っていた。この男性のビルでは、オペレータは若い女性だった。エリクソンは予め女性オペレータのひとりと会い、特別な準備をしておいた。彼女は協力に合意し、エリクソンの考えを聞いて、おもしろいことになりそうだと考えた。

翌日、エリクソンは紳士につき添って、オフィス・ビルにやってきた。紳士はすでに説明していたとおり、エレベータの箱に出入りするのは平気だったが、動き出すと、耐えられなくなった。そこで、エリクソンはエレベータへの出入りをまず練習させた。それから、自分と紳士が完全になかに入ったとき、エリクソンはオペレータにドアを閉めるようにいい、「上に行きましょう」といった。彼女はエレベータを一階分上昇させると、階と階の間でストップさせた。

紳士は、「どうしたんだ？」と大声を上げはじめた。エリクソンは、「エレベータ・ガールはあなたにキスしたいんです」といった。紳士はぎょっとして、「ばかな、わたしには妻がいる！」といった。彼女は、「そんなこと、どうでもいいわ」といって、彼のほうに近づいてきた。紳士はあとずさりしていった。「エレベータを動かしなさい！」

というわけで、彼女はエレベータを動かした。しかし、四階まで上がるには上がったが、再び階と階の間でストップさせた。そして、「ああ、もうキスしたくてたまらない」といった。紳士は「ちゃんと仕事を続けなさい」といった。彼はエレベータを動かしてほしかった。制止したままにしておかれるのはいやだった。

ところが彼女は、「じゃあ、下まで降りて最初からやり直しましょうよ」といい、エレベータを降ろしはじめた。「下じゃない、上に行くんだ！」と紳士はいった。また同じことを繰り返すのはご免だったからだ。彼女はエレベータを上昇させたが、再び階と階の間でストップさせると、紳士にいった。「お仕事が終わったら、またわたしのエレベータで下に降りるって約束してくださる？」紳士は、「わたしにキスしないと約束してくれるなら、なんだって約束する」といった。

それ以降、紳士はまったく恐怖を感じないでエレベータに乗ることができるようになった。

(Haley, 1973, pp.297-9)

昨今特に大当たりしたメッセージのひとつは、たぶん「ジャスト・ドゥ・イット」というナイキ〔アメリカを代表するスポーツ・メーカー〕の広告だろう。この簡潔な命令は、尋常でない要求に直面して苦しんでいるときに答えを与えてくれる。わたしたちは普通、すべきことをどのようにするのかを前もって知っていたいと思うが、新たな成果を得るには、第一に実行することから来る学びが必要となる。ルイス－クラーク探検隊が地図のない大陸の横断方法を知る手立ては、ほかにあっただろうか。第一歩は、とにかくすることだった。同様にして、セラピーを受けている患者も、まずはそれをすることだ。そうしなかったら、まったく異なる形で人生を生きる方法をどのようにして知りえるだろう。

しかし、実際の臨床現場では、恐怖で身動きが取れなくなっている人、馴れない行動を取るリスクは犯したくない人に出会うのは珍しいことではない。では、とにかくするという意志のない人を手助けするにはどうしたらいいのだろう。答えは、その人の目と心を別の何かに引きつけておくことである。基本前提は、高所恐怖症だが高い橋を渡らなくてはならない人に、眼下以外の場所を眺めさせるのに似ている。認識すべきは、視覚の注意をそらすことが重要なのではなく、自分を苦しめる考えから心の注意をそらすことが重要だという点である。

〈注意のそらし〉(distraction)という臨床的戦略を定義すれば、自動化の進んだ行動パターンへの依存度を高める思考や行動から一時的に引き離すこと、となる。身体がある重要なタスクに取り組んでいる最中に、心を別のことに集中させるのである。この行動が自然に発生する例としてもっとも一般的なのはたぶん、車で会社に出勤したが、途中のルートは特に意識していなかったというケースだろう。心は差し迫った別の問題にかかりきりになっていても、身体は自動的に手がかりに反応し、無事に車を誘導したのである。

「注意をそらす」戦略は、自己実現的予言の効果や、恐怖刺激に対する過敏な条件反応の効果を弱めるのに、特に有用である。たぶんもっとも典型的な例は、注射されるのを怖がる子供（あるいは大人）だろう。注射針を見るだけで、神経が過敏になり、筋肉が極端に緊張する。子供の場合は逃げ出そうとさえし、その結果抑えつけられることになって、さらに恐怖が増すという悪循環に陥る。結局、子供が味わう痛みは劇的に増加し、これが以降のトラウマとなる。

しかし、子供にキャンディを盛ったお皿を示し、どの色のキャンディがほしいか決めるようにというと、注射針は視界の外に置かれ、ほんの少しチクッとするのも気づかれずに済んだりする。エリクソンは研修医だったとき、同様の状況で注意をそらす賢明な方法を開発している。苦痛な医学的処置を座って待つ患者に、エリクソンはよく、「きみには、のろまな看護師が当たらないといいね。さっと済ませてくれる看護師に当たれば、痛みはものすごく小さいはずだよ」といった。こうすると、患者の注意は完全に注射針からそれ、どの看護師に当たるのか、やってきた看護師を見てエリクソンがどう反応するかに集中した。エリクソン先生はほっとしたみたいかな？　もしそうなら、患者はリラックスし、万一良くない看護師さんに当たっていたら、どれだけ痛かったことかなどと思えるのである（Erickson, 1966）。

精神的な苦痛のなかには、自己達成的な予言の効果によって長年の間に慢性化したり悪化したりする症状が数多くある。否定的な結果を強く懸念していれば、そうでなければ消えてしまう症状的行動も、その懸念だけで持続するかもしれない。

たとえば、会話中にどもってしまうのではないかと神経質になりすぎて、ほとんど話ができなくなってしまうというような悪循環が発生する。あるいは、ぜんそくの子供がまた発作が起きるのではないかと怖がるあまり、胸筋をすべて緊張させ、肺が膨らむ余地をほとんどなくしてしまったりする。うつ状態によくあるのは、絶望や倦怠を感じるようになった患者が、日がな一日ベッドでごろごろしたり、半日テレビを見つづけたり、ウォッカを一本空けてしまったりという例である。こうした行動は自分自身に関する感情を悪化させ、その結果、「自分はなんてみじめなんだ！」と感じて、うつ状態を悪化させる悪循環に陥る。

いずれの例においても、否定的な予想と相容れないなんらかの活動によって注意がそらされると、自己永続的なサイクルは中断することができる。否定的な予想が実現されなければ、より多くのエネルギーを新たな学びに使えるようになる。[☆1]

冒頭の症例に挙げたエレベータに対する男性の恐怖は、全体の状況によって生じる不快さが根底にあった可能性が高い。彼はずっとエレベータを避けつづけてきたため、おそらく急な上昇の動きによって生まれる内的な感覚に慣れていなかったのかもしれない。また、彼は「お行儀の良い」紳士であったため、若い女性が動かす乗り物の客でいることに慣れていなかったのかもしれない。狭い空間に若い女性とふたりっきりになることは、彼にとって大変不快でもあったろう。

エリクソンが強調するように、彼はエレベータを出入りすることは怖がっていなかったし、最上階に自分のオフィスがあることも怖がっていなかった。それゆえ、閉所恐怖症や高所恐怖症ではなく、上昇の動きが治療の対象になった。

エレベータのオペレータが全員若い女性であることを考えると、エリクソンが冒頭、「たぶん、別の方向で、あなたを怖がらせることになるでしょう」といっているのが興味深い。エレベータが上昇していくなら、そして、それが現在彼の恐れていることなら、別の方向はただひとつ、下である。エリクソンはこのようにして、なんらかの形で性的な暗示を含んだ介入を利用することになると予示していた。

エレベータ・ガールに頼んで、怖がっている紳士にキスを迫ってもらったことで、紳士の注意は不意に彼女のくちびるに引きつけられ、自分の体内の感覚から離れた。さらに、自分の足元と地上階との空間はもはや、自分と若い女性との空間ほど、気がかりの種ではなくなった。こうした注意のそらしにはほとんど抵抗できないため、結果的に、そのいつものエレベータの上昇には新たな意味が与えられたのである。

☆1　この考え方は、第10章の混乱技法のセクションでさらに詳しく説明する。

レッドヘリング

［事例▼見つめられるのが耐えられない少女］

大きな不安を抱えた少女がフェニックスにやってきて、エリクソンのセラピーを受けた。彼女の行動はきわめて硬直的かつ限定的だった。服を着るのに一定の儀式があり、特定のやりかたをしなくてはならなかった。郵便物を読むのにも厳格な儀式があった。特定のものにしか腰を下ろさなかった。特定のアパートにしか住むこともなかった。さらに彼女には、つねに自分を清潔にしておかなくてはならないという強迫観念があった。ときには、一九時間もシャワーを浴びることもあった。

エリクソンによれば、「わたしが彼女にまずしたのは、自分の体をきれいに洗おうとしているときに、どのような強烈な不安を感じているのか、わたしに話したいだけ話すように」という指示だった。彼女は自分がとてつもない不安にすっぽり飲み込まれてしまうことを、なんとかしてエリクソンに納得してもらおうと、けんめいに話しつづけた。

エリクソンは彼女に最後まで話をさせ、不安があまりにひどいせいで、それ以外のことにはまったく気づかないことを彼女が自分で確信するやいなや、それに同意した。それから、いかにも興味津々とばかりに、彼女に訊ねた。「そのとんでもなく恐ろしい不安にそこまで飲み込まれてしまったら、もしわたしがあなたのことをじっと見ていても気にならないでしょうね」。エリクソンはこの発言に対する彼女の反応を説明して、カタカタという大きな振動音が……「実に彼女の歯の間から洩れつづけた」と語った。

エリクソンがそのようなことをしようとしているとはいっていない点は、明らかにしておかなくてはならない。彼はただ、彼女の硬直したものの見方を広げるために妙な質問をしただけである。しかし、彼女はその可能性を考えることすら望まなかった。

彼女は結局、そのようなことには耐えられないと認めさせられたが、エリクソンは以前の彼女の立場を主張して、「いやきっと、それだけ不安に飲み込まれているんだから、誰がそこにいても気づかないはずですよ」といった。この時点で、彼女のシャワーにまつわる不安は、もはやそれほど心を奪われるものではなくなったように思われた。

つづいて、エリクソンは指摘した。「実は、不安にすっかり飲み込まれて、誰かが自分を見つめていることに気づかないっていうのは、そんなに悪いことではないですよ。そうはいっても、もちろんわたしは必ずシャワー室のドアをガタガタやるつもりですから、あなたは気づくでしょうけど」

さらに、「もしわたしが出かけていってドアをガタガタやれば、それだけで、これまで逃れようのない不安だと思っていたものからあなたの注意をそらしつづけることができるかどうか、ちょっと知りたいものです」といった。

(Erickson, 1958e)

「燻製ニシン《レッド・ヘリング》」という表現は、猟師がこのタイプの魚を自分の足跡と交差するように引きずって、犬の注意をそらしたところから来ている。心理療法では、なんらかの感情を掻き立てるおとりを使って患者の注意をそらし、注意の焦点を狭めて、そうでもしなければ圧倒されてしまうような状況の側面から注意を遠ざけておく。

エリクソンはしばしば、歯科医術の例を使ってこのテクニックを説明している。彼の患者の多くは、特に注射器が使われることになっている場合に、歯医者に行くのを怖がった。そこで、エリクソンが歯医者に与えたアドバイスは、太くて長い注射針の置いてあるトレイが見えるような位置に患者を座らせるというものだった。歯科医は診察室に入ると、患者にいった。「まず催眠を使うつもりです。痛みをブロックしてくれますからね。でも、あなたが落ち着かなくなりはじめたら、あそこのあの麻酔の注射を使うことができます」。注射針は、これからする歯の処置から患者の注意をそらしておくレッド・ヘリングである（Erickson, 1962c）。

このセクション冒頭の症例は、複数のレベルで注意をそらすことができることを示す好例である。少女にシャワーの習慣を詳しく語らせながら、エリクソンは体系的脱感作の処置に取りかかっている。少女はそれに抵抗しなかった。というのも、気づいていなかったからだ。彼女は裸体の自分について語っているのに、人目を気にすることを忘れている。シャワー中に自分がどれだけ強い不安を感じているかをエリクソンに納得させなくてはならなかったため、それが彼女の注意をそらしていたからだ。

やがて彼女は、自分がシャワーを浴びる行為——裸体を連想させるもの——について男性に何やら想像させていると気づいたが、時すでに遅しだった。その状況から抜け出すには、自分の不安はそこまで大きくはないこと、自分は誰かに見られていたらきっと気づくだろうということを、エリクソンに納得させる以外なかった。

彼女がギアを入れ替え、エリクソンの治療上のメッセージを論じはじめたとき、彼女が新たに口にしたひと言（たとえば、「わたしはそこまで不安じゃありません」）を強化し、拡大することによって、エリクソンは不安の程度をさらに下げることができた。

この介入を成功させたのは、エリクソンの患者に対する誠意と敬意であった点に注目しなくてはならない。もし患者が、自分は性的に悪用されているのではないかと疑っていたら、結果は悲惨なことになっていただろう。この簡単な症例には、エリクソンがいかにラポールを形成し、安全なセラピー環境を創り出しているかについての詳細が欠けている。

質問と前提

［事例▼エレベータ内に隠れていた殺人的傾向のある患者］

ある精神病院で深夜勤務をしていたとき、エリクソンは不意に危険な状況に陥ったことがある。殺人的傾向のある患者がエレベータのなかに潜んでいたのだが、エリクソンが彼に気づいたのは、エレベータに乗り込んで、ドアが閉まったあとだった。エレベータのドアには自動的に鍵がかかった。エリクソンは解錠するキーをもってはいたが、逃げ出すのに必要な時間がなかった。

殺人的傾向のあるその患者は穏やかにいった。「夜の回診をするあんたを待っていたんだ。みんながいるのは、この病棟の反対側の端の階下だ。これからあんたを殺してやる」

エリクソンの返事は非常にシンプルだった。「で、殺しはここでするつもりかな……それとも向こうかな？」

患者は、エリクソンが選んだ最初の場所を見て、次にふたつめの場所を見た。彼がそうしている間にエリクソンはドアを開き、さらにいった。「もちろん、向こうには、ことのあとで腰を下ろせる椅子がある……それがうそじゃないのは、よくご存知のはずだ。そうだ、まだあっちにも椅子はある」

エリクソンはそういいながら歩きはじめた。「さらに、別の椅子が向こうにもあって、廊下の反対側の端にも、もうひとついい場所があるなあ」。患者は、エリクソンが自分の終焉の場として選んだところをひとつひとつ見ながら、いっしょに歩きつづけた。そして、とうとう看護人が集まっている詰所に到着した。

(Erickson, 1959c)

即座に注意をそらすのにもっとも効果的な方法のひとつが、**質問をすること**である。質問をすると、相手はひどく注意をそらされ、通常、自分が問われたことについて考えざるをえなくなる。実際たいていの人は、何かを質問されたら、それについて考え、それに答えなくてはならないという考えに慣らされてきている。それゆえ、販売員は訓練を受け、複雑な一連の質問を使った抵抗に対応するのである。販売の見習いが教え込まれるモットーは、「質問をする人が、その会話の主導権を握る」である。

前提という用語は、ひとつの意見が別の意見の正当性を土台として必要としていることを説明するために用いられる。前提は、質問を使わなくても発生しうるが、質問の下に言外の意味を隠して使うと、特によく効果を発揮する。

たとえば、「あなたは、この最初の来診でご自分がどれだけ前進したかお気づきですか?」という質問は、前進があったということを明らかに含意しているが、患者は、気づいているかどうかという質問によって注意をそらされている。「その習慣を克服する覚悟ができるのは、今週ですか? それとも来週ですか?」という質問も、ダブル・バインドだとみなすことができる(Erickson, Rossi, and Rossi, 1976, p.65)。しかし、この質問は本質的に、それよりも望ましくない別の考え——「わたしは二度と治ることはないかもしれない」という思い——から注意をそらすものとして働く。興味深い質問、重要だと思われる質問に直面すると、患者はたぶん、その根底にある含意よりも、自分の出そうとする答えに注意を集中させるだろう。時間の問題に注意を集中させる質問は、望ましい結果に到達するという強い心理的含意を含んでいる(Erickson, Rossi, and Rossi, 1976)。

原則として、感情が絡んでくると、注意をそらすという方法にはよりパワーが加わる。エリクソンは必要とあらば、うわべは無作法だったり気恥ずかしくなったりするような質問をして、肝心の発言が含意している意味からさらに注意をそらしている。エリクソンが説明するとおり、「患者には、その危険な医療処置が始まる前に、いずれ帰宅したらなんとやらシチューのレシピをぜひ送っていただけるかと訊ねなくてはならない。そして、そのなんとやらシチューを自分がどんなに好きか説明しなくてはならない」。

患者は人生の危機的状況のさなかに、医師の身勝手さによって少しは注意をそらされるかもしれないが、自分が回復して退院するという確かな見込みがあることを、意識的には認識していない(Erickson, 1966)。自分が受け入れていることを認識していない意見は、拒否することが難しい。

エリクソンは同様のテクニックを使い、夜尿症の治癒について、よく声に出して推測したものである。「きみが乾いたままのベッドで朝を迎える最初の日は、月曜日だろうか？　火曜日だろうか？　それとも、金曜日だろうか？　確かに、この日曜では早すぎるなあ」。曜日を上げて注意をそらすことによって、患者は、ずっと治らないのではないかという悲しい考えから離れることができる。

そのほかにも、セラピーが必ず成功することを含意する発言の例として、エリクソンは、「最後の来診が春の前になるか、あとになるかは、ちょっとわかりませんね」という言い方をよくしている。患者はこうして、質問に答えてもらえず宙ぶらりんの状態になることで注意をそらされ、なおかつ、目標を選択する自由はもちつづける。

注意をそらすこの方法は、適切なやりかたで行なわれるとき、ペテンとしてではなく、正当な治療目的に通じる道として使われている。殺人的傾向のある患者は、エリクソンに自分の言い分をいったとき、間違いなく真剣に受け取ってもらいたいと思っていた。エリクソンは、自ら説明するとおり、「患者が自分を殺すつもりでいるという考えを受け入れた」。その後、自分の言い分を受け入れてもらった患者は、エリクソンの質問に対する答えを、心おきなく探すことができた。

この患者はそのほかに、質問されたことで何ができるようになっただろう？　彼は今や、精神科医に対してどこに行くべきかを指示できる立場にいた。もしこの患者の基本的な行動指針が、権威をもつ重要人物に真剣に取り合ってもらうことだとしたら、彼の任務は達成されたことになる。エリクソンならこういったかもしれない。「患者の態度を利用しない手はありませんよ」

エリクソンはこの患者とのワークを説明して、以下のようにいっている。「相手の思考を受け入れるのである。それと闘おうとしてはいけない。それと争ってはいけない。ひたすらそれを利用し、役立つ方法はすべて使って、患者の思考に入念に手を入れ、それを引き延ばすのだ」(Erickson, 1959c)。

詳細の強調

［事例▼大出血したアランの脚］

エリクソンの七歳の息子アランは、外遊びで転んだ拍子に、そこにあった割れたビンで脚に大きな傷口を作った。アランは泣き叫びながら家に入ってきた。脚はひどく出血していた。アランが次の叫び声を上げようと、一瞬泣くのをやめて息を吸い込んだとき、エリクソンは大急ぎで指示を出した。「アラン、大きなタオルを取ってくるんだ。小さいのじゃない。大きなタオルだ……大きなタオル！」アランがその指示どおりにすると、エリクソンは次の指示を出した。「頼むから、それをきつく巻いてくれ。ゆるくちゃだめだ。きつく巻くんだ。いいか、きつく巻くんだぞ」

アランが脚をタオルで巻き終えたとき、エリクソンは彼がとてもうまくやったことを認めてやることができた。タオルはしっかり巻いてあり、アランはもう泣いていなかった。

エリクソンはアランを外科に連れていく前に、どう振る舞うべきかを教えて、アランに心構えをさせた。アランは、外科医の診察室に入ると、大胆にもこういった。「一〇〇針縫ってください。お姉ちゃんはいつも、前に縫ってもらった針の数を自慢するんです。だから、ぼくはお姉ちゃんの数よりたくさん縫ってほしいんです」

外科医はアランを検査台に載せて脚を丁寧に調べ、「全身麻酔にしますか？」とエリクソンに訊ねた。エリクソンはさりげなく、「アランに訊いてください。どうしたいか、自分でいうと思います」といった。すると、アランは辛抱強く、一〇〇針縫ってほしいと再び外科医に説明した。外科医はアランの脚を洗い、麻酔はまったくしないで縫合を開始した。アランは痛みに文句はいわなかったが、代わりに、「ちょっと待って。そんなに間を開けて縫わないで、もっと目を詰めてください」と注意を促した。外科医は信じられない思いでアランの顔を見ると、アランは脚をもち上げて、もっと縫い目を増やすよう主張した。その後も処置の間ずっと、アランは行なわれていることを見つめつづけ、指図し、批評した。

(Erickson, 1955b)

たいていの人は経験があると思うが、なんらかの複雑な課題にすっかりのめりこんでいると、それ以外の目前の状況に向ける注意が残らない。その課題が非常に重要で、詳細によく注意する必要があるとき、それと両立しない他の刺激は無視される。エリクソンの息子アランの場合、父親からの細かい指示に注意深く耳を傾けている間、傷の痛みと恐怖がシャットアウトされていた。

エリクソンは、アランが自分の怪我のことを考えたり、出血を心配したりするのを望まなかった。彼が望んだのは、アランがその問題に関する何かを夢中になってすることだった。アランは適切なサイズのタオルを選び、それを正しく巻くことに集中していった。こうして注意をそらすテクニックは、能力《コンピテンシー》構築の機会を同時に創出したのである。

一方、外科診察室におけるアランの第一の関心は、縫合の縫い目をできるだけ多くしてもらうことだった。エリクソンはこの考え方の手ほどきとして、「ベティ・アリスが何針縫ってもらったって自慢するけど、これをやめさせようか」とアランにいっている。そして、「わたしはただ、今回の体験のある小さな側面にアランの注意を向けただけだ」と説明している。また、アランを励まし、姉を追い越すという自分の目標を達成するために、外科医がどんな処置をしているのか、詳細に注目するよういってもいる。

感情を強く込めて**詳細を強調**しながら、正確に細かく指示を与えると、相手は反応の仕方に集中するようになり、まったく反応しないという可能性に払われる注意は減少する。注意をそらす方法をこのように正しく使えば、患者は決意を強固にして、困難な治療の課題に向かうことができるようになる。したがって〈注意のそらし〉は、身体的な痛みや不安など、そうしなければセラピーへの集中が妨げられるような強い刺激を相殺するために特に用いられる。

この戦略の幅広い適用を考えると、現実のいずれの部分にしっかり注目し、いずれの部分から注意をそらすのかを認識することが重要になる。セラピーは、発生する可能性のあるふたつの結果のうちのひとつ——すなわち、成功か失敗——をもつものとして二分することができる。わたしたちは常識と日々の体験から、成功に注意を集中させたときに、成功の見込みが高まることを知っている。自分自身の欠点のほうに注目しすぎるようになった人は、成果が劣る傾向にある。スポーツでは、これは一般的に「過度の緊張による失敗《チョーキング》」と呼ばれている。セラピーでは、「自己達成的予言」と呼ばれている。セラピストは肯定的な自己達成的予言を創り出すために、変化が失敗に終わる原因ではなく、治療上の望ましい可能性、もしくは生産的な可能性について詳しく述べなくてはならない。

これは、起こる可能性のある否定的な結果について、セラピストは論じるのを避けなければならないという意味ではない。むしろ、その逆が真実である。ある話題を完全に避けると、患者は情報に基づいた指導のない状態で、自ら推測しなくてはならなくなる。しかしながら、問題の両面に取り組みつつも、いったん一方が患者にとって新たな可能性だと認識されたら、より役立つことになるそちらについて詳しく述べるのは当然である。

治療のための健忘

［事例▼自分の座る場所をじっと見た女性］

ひとりの女性がエリクソンの診療室に入ってきて、腰を下ろす前に躊躇《ちゅうちょ》した。彼女は部屋中の椅子をすべてチェックして、適切でない椅子に座らないようにしたのである。そして、これが、ここを訪れることになった彼女の問題だった。

彼女はあるタイプの椅子に座るのを避けなくてはならなかった。この点について、彼女はきわめて強い強迫観念に囚われていた。出かけた先では必ず念入りに椅子を調べなくてはならなかった。彼女はやたら自意識が強いだけでなく、のんびりくつろぐことで得られる自由を楽しむこともできなかった。

エリクソンは催眠を使い、心配から次第に解放されていくよう、これから少しずつワークを進めるつもりであることを伝えた。〈前進〉がこのセラピーの要《かなめ》だった（前進させる戦略については第9章で説明している）。しかし、エリクソンは注意深く、催眠による健忘の重要性を強調した。彼女には、自分が与えた暗示を憶えていてほしくなかったのだ。もっとのびのびするという課題から、彼女の注意をそらしておく必要があった。そうしないと、のびのびすることに対する自意識が前進を妨げるからだ。彼女は、セラピーがきちんと終わったのかどうか確信がもてない状態でエリクソンの診療所を去った。

ある日、彼女はふと、自分が椅子をチェックしないで腰を下ろしていることに気づいた。それから、このところしばらく自分がそうしていたことにも気づいた。それで少し考えてみると、最近は定期的に友人と映画を観に行っていたことに気づいた。そんなこと、ここ何年もすることができなかったのに……。それに、数年ぶりに交響曲も聴きに行ったんだった。

しばらくして、自分がそうできたことをエリクソンに報告したが、彼女はそのなかで、いつ椅子をチェックする必要がなくなったのか、まったく気づかなかったと伝えた。彼女の理解では、とにかくいつの間にか、のんきにリラックスして椅子に座るようになっていたのである。

（Erickson, 1962c）

エリクソンが患者に対して、セラピーを損なう可能性のあることを忘れてもよいと許可を与える症例は数多くある。数日間から数週間注意をそらしておく必要がある場合、エリクソンはその方法として**健忘**を利用したようだ。抗うことのできない子供時代のトラウマに苦しむ患者や、矛盾する強力な信念のせいで結局は自己破壊行為に走ってしまう者にとって、意識的に気づくのが早すぎる状況は、とりわけ厳しいものである。

健忘は、注意をそらすための戦略として見ると、永久に記憶を消そうとする手段というより、**新たな学びを制約なく進めるのを許可する手段**になる（Gilligan, 1987）。前進させる戦略には時間の経過が必要となるため、健忘はこの点に関してもしばしば有用である。この補完的介入がないと、患者はセラピーへの信頼を失いはじめるかもしれない。ことわざにも、「待つ身は長い」とある。

もうひとつ一般的なアドバイスを挙げると、「問題について考えすぎないことである。放っておけば、いずれなんとかなる」。そして、これはしばしば真実である。多くの問題は主に、誤った介入戦略の副産物として存在する。これが特に当てはまるのは、神経症的な執着を発展させつづけ、その結果、問題行動を強化するケースだ。

こうした現象は、認知的不協和の概念を使って理解することができる。大量の時間やエネルギーや努力が何事かに注がれれば、その何事かは必ず重要性を増す。日に数時間も椅子をチェックし、それを何年もしつづけていれば、どこに座るかはとてつもなく重要なことになり、あまりに重要すぎて、いい加減なチェックでは済まなくなる。それゆえ、その行動を完結する行為——たとえば、椅子に無事に座ること——はたまらなく魅力的な報酬となり、その結果、このサイクルは繰り返すのである。逆に、どこに座るかの決定にエネルギーを注がなければ、椅子の選択はどうでもいいことになり、注目に値《あたい》しなくなる。解決法は単純に見えるが、神経症的執着の根底にある循環性の力学は中断が難しい場合もある。

患者の注意が非生産的な関心からそらされれば、他の活動に利用できるエネルギーが増加する。問題予防とは無関係の、やりがいのある努力を続けていると、これまでとは異なる満足感が生まれる。これまでより大きな生きがいを人生に感じるようになれば、想像上の脅威から身を守ろうとする必要はさほどなくなる。危険に満ちた世界ではなく、機会に満ちた世界を体験できるのである。

催眠による健忘は、一見複雑なテクニックに見えるせいか、臨床医はときに失敗を恐れて避けて通る。健忘暗示を与えても、患者に「あなたのいったことは全部憶えています」といわれるような結果になるのではないかと懸念し——実際しばしば、そうなりもする。

しかし、この反応は、注意をそらす別の機会をさらに与えてくれる。懸念の話題に焦点を絞るのではなく、トランス体験に関する別の無害な詳細について、こと細かに患者に「クイズ」を出すのである。こうした課題を与えられると、患者は自分の正しさを証明し、それによってコントロール感を維持することができる。

二度試しても、患者が依然として、最初に健忘を目標としたことについて論じたがる場合は、注意をそらすことが必要かどうかを再考すべきである。健忘は患者に強制するものではなく、手元の課題遂行に不要な考えを捨てる機会を与えるものだからだ。

健忘の利用法のなかでもっとも思いやりにあふれているのはたぶん、心に傷を与えるような思考や記憶によって発生する激しい苦痛に適用するケースだろう。忘れる許可を与えられるだけで、患者は、気力をくじく刺激を一時的に脇に措いておくメカニズムを手に入れる。これは、催眠を必要としない自然な行動である。

人はしばしば、トランスを誘導されなくとも、好機には行動する。セラピーで論じられていることを忘れるという考えが気に入らなければ、忘れることを忘れるだけだ。なんといっても、忘れることを憶えておくというのは、あまりに混み入っている。で、そのようにして達成されることはなんだろう？　自由である。患者がどう反応するにしても、自由は増す。

一般的適用

［事例▼ニキビだらけの少年］

マサチューセッツに住むある医師がエリクソンに連絡してきて、「わたしの息子はハーバード大学の学生なんですが、ニキビがひどいんです。催眠で治療可能ですか？」と訊ねた。エリクソンはそれに答えて、「はい。でも、わざわざこちらに来るには及びませんよ。いつも、クリスマス休暇はどう過ごすのですか？」といった。医師は、「仕事を休んでサン・ヴァレーに行き、スキーをします」と答えた。

エリクソンはいった。「では、今年のクリスマス休暇は息子さんもお連れになってはいかがですか？　キャビンを見つけて、備えつけの鏡を全部取り除いてください。食事もキャビンで取るんです。バッグの安全ポケットにご自分用の手鏡を入れるのをお忘れなく」

母と息子はスキーをして休暇を過ごした。息子には、立ち止まって鏡をチェックする時間がなかった。二週間後、彼の肌は正常な状態に戻っていた。

(Rosen, 1982, p.87)

注意をそらす戦略の一般的適用についていっておくべきことはさほどない。この戦略は、一時的な生活状況に注意が注がれすぎて生じた副産物が問題となっている場合に、非常に役立つ。必死に痛みを取り除こうとしたり、自分の美しさに一点の不備もあってはならないと躍起になったりすると、その人のエネルギーは拘束され、硬直化が進む。

本質的に不可能なことの達成にのみ気持ちが向かう状態になると、その結果として、適応機能は著しく低下する。すべての心理学的問題についていえることではないが、症例によっては、外出し、忙しく日常を送り、せっせと人生を楽しむことこそ、患者にできる最大の癒しであったりする。充分な期間、注意をそらしておけば、そのあとは、変化と適応の自然なプロセスが発生するはずである。

一点、警告を追加しておかなくてはならない。注意をそらす戦略だからといって、あらゆる形のものが役立つとはかぎらないという点である。怖がっていたり弱っていたりする患者に、衝撃を与えるような言葉づかいや性的な申し入れをするのは適切ではない。患者の性格特性を慎重に調べてから、どういう形で注意をそらすかを決定しなくてはならない。

たとえば、エリクソンは、「あなたがシャワーするのをわたしが見ていたら、あなたは気づきますか?」と患者に訊ねたとき、患者が何を必要としているかを念入りに考察し、合意できない発言にどう反応するかも調べている。

どういう形で注意をそらすにせよ、**衝撃の大きさに匹敵するだけの安心と信頼がなくてはならない。**自宅に併設された診療室にいて、車椅子から離れられない弱々しい老人のエリクソンは基本的に安全であり、それゆえ、別の状況ではいえないようなこともいえたのである。

臨床医は、非倫理的ないかなる行動も取ってはならないし、ハラスメントだと誤解されるようないかなる発言や行動も避けなくてはならない。注意をそらす方法としてもっとも有用なのは、患者がいつか振り返ったときに、良かったと思えるもの、面白がることができるものである。また、注意をそらす方法というのは、たいへん捉えがたいものでありながら、深い効果をもつものでもあることを憶えておくのも重要である。

ニキビの少年のケースでは、治療のエヴィデンスはないかのように見えるかもしれない。しかし、これは、患者自身のリソースを認めて、その利用を促す好例である。少年は自らの治癒に必要なものを、自らのなかに、また、母親のケアのなかに、すでにもっているということを、エリクソンの対応は少年とその母親双方にそれとなくいっている。

態度は事実上あらゆる身体状態に影響する。神経症的なコンプレックスが皮膚の状態に現れる場合、何より必要なのは、それ以上自意識過剰にならないことである。したがって、少年には医学的治療は行なわれなかった。医学的な治療を行なえば、少年は薬をつけるために毎日鏡を凝視しなくてはならなくなる。少年は、前向きなことを考えるようにとも指示されなかった。前向きなことを考えようとすれば、自然に浮かんでくる自分の考えを退けなくてはならなくなる。行動の取り方もなんら指示されなかった。母親と休暇を過ごすことによって愉快に注意がそらされている間、少年の治癒力は良好に働くはずだと信頼されたのである。

この症例の結果はいくらか信じ難く思われるかもしれないが、回復のメカニズムはいたってシンプルである。ニキビができたことのある人なら、頻繁につぶしたり、石鹸や毛穴を引きしめる収斂《しゅうれん》化粧水でごしごしやったりすれば、皮膚はさらに皮脂を分泌して炎症が起きないよう自らを保護することを知っている。皮膚がそれまで以上に脂っぽくなり、吹き出物が増えれば、洗顔回数は増えがちになり、こうして悪循環が発生する。皮膚は、一〜二週間放っておけば、たいていは治る。

唯一の問題は、改善の証拠がはっきりするまでの期間、どのような方法で当人の注意をそらしておくかである。注意をそらすこのテクニックがこの少年に効かなかったら、エリクソンはたぶん、その体験を基盤にする方法を工夫し、良識が指示する別の介入へと進むだろう。しかし、彼はつねに、最初はもっとも侵襲性の低い介入——各人が自分自身のやりかたで回復できるような介入——を試みている。

Partitioning

第8章

分割

本章で説明するのは、打ちのめされそうな生活状況の情動的衝撃を軽減するのに役立つ戦略である。エリクソンは自分の講演でしばしば以下の症例を使って、分割の概念を明らかにしている。この例は彼のケースワークではないが、この基本戦略を非常にうまく説明している。本章のなかでおわかりになるように、耐えがたい状況を取り上げ、それを、より小さく、より消化しやすいパートに分割する方法は多々ある。

[事例▼ヒステリックな農夫]

ミネソタ州の一般開業医の診察室に、腕を骨折した農夫が走り込んできた。腕は曲がり、農夫は怖がってヒステリックになっていた。農夫は診察室のなかを慌ただしく動き周り、叫んだ。「なんとかしてくれ！　なんとかしてくれ！　なんとかしてくれ！」

医師はすぐに彼に近づいて、「そこ、ひどい痛みですよね？」といった。農夫は同意した。すると、医師はなだめるような声でいった。「でも、幸いなことに、手の指に痛みはありませんし、肩も大丈夫な感じです。そこだけがひどく痛むんです。でも、ここも痛くないし、こちらも痛くありません。そこだけですね。それだけです」

農夫は再び合意せざるをえなかった。痛みと苦しみを絞り込まれた数秒後、農夫は静かになり、椅子に座った。彼の恐怖は小さくなった。そこで医師は腕の手当てをした。

(Erickson, 1960a; Erickson, 1962c)

心理療法の治療を求める人の多くが臨床的な問題を克服不可能だと思うことがあるのは、その問題の継続期間や複雑さのせいかもしれない。癒しが発生しないのは、今利用できる問題解決のリソースでは、どうあがいても問題の大きさに太刀打ちできないように思われるからだ。簡単にいえば、希望がないのである。

しかし、小枝の束と同じで、問題の実体を分解すれば、その人の全エネルギーは、束全体は無理でも、たった一本の小枝になら耐えられるようになる。問題を分割し、いっときにひとつの小部分と取り組むようにすれば、障害は最後には乗り越えることができる。

同様の概念は有名な軍事上の「分割征服」戦略に反映されている。心理療法では、分割されるのは臨床的問題であり、分割することによって患者には希望――この問題も最後には征服できるかもしれないという気持ち――が与えられる。

〈分割〉(partitioning)は、ほぼ無限の応用法があり、幅広く使える戦略である。際限なく発生する問題ある現実を、もっと小さな、もっと簡単に消化できる部分に分けることによって、否定的な結びつきを解体することができる。この戦略について、エリクソンはさまざまな用語を使って説明しているが、なかには、分割法《フラクショナル・アプローチ》という名称で言及している者もいる(Wilson, 2001)。

これはまた、重度のトラウマのケースで見られるように、打ちのめされている人に自発的に発生しうる自然な対処戦略でもある。離人症や健忘、乖離などの症状は、自発的な分割の例であり、そのようにして、人は刺激の過負荷から自らを守っている。全体験の一部を遮断する自然な能力は、意思によるコントロール下にあれば、治療上の戦略となる。日々の暮らしに立ち入ってくる不本意な反応としてではなく、ひとつのツールとして利用することができる。

意思のコントロール下にある健全な分割は、日常生活ではたとえば、「仕事は会社に置いたままにしておけるようになりました」という言い方に現れている。この場合、就業日に発生するストレスに満ちた出来事は、家庭での家族との出来事から分割されている。翌日仕事に戻ったとき、心は現実のその側面と結びついている必要な情報をすべて思い出す。別の例としては、ストレスだらけの状況をあまりに数多く処理するよう頼まれた人が、「今すぐそれについて考えるのはちょっと無理です」といって対応するさまを挙げることができる。いいかえると、その人は全現実のなかの小さなある部分と取り組んでいる最中なのである。

治療効果のある〈分割〉をやり遂げる方法は多々ある。情報を知覚する手段、処理する手段はどのようなものであれ、それ以外の意識や記憶、アイデンティティ、感覚機能などといったものから潜在的に切り離された状態になる可能性がある。知覚能力もこうして区分されるものに含まれているため、患者の性格特性が分割の対象となるという想定は不正確かもしれない。むしろその逆が真実であることのほうが多い。患者のリソースとスキルはひとまとめにされて統合され、問題状況の小さな一部に関わるようになる。ゆえに、分割対象は、患者が定義した臨床的な問題である。誰しも一度の食事で牛一頭をひとりでたいらげる覚悟はない。同様に、プラクティショナーはセラピーの材料を薄く切り分け、不健全な現実を、いっときにひと口ずつ消化できるようにするのである。

症状の定義

何かが定義されると、そのとたんに、それはもはや流動的な現実ではなくなる。それがもつ他の潜在的徴候から切り離されたものとなる。なんらかの疾患に起因する行動が定義されると、それは、意思とは無関係の広汎な性質を失う。いつ起こり、どこで起こるのか、その徴候の強度や継続期間、その他の詳細が明確に描写されることで、その行動はそれ以前より予測しやすくなり、コントロールもしやすくなる。

このようにして、「正確には、いつその問題が発生するのですか?」といった評価用の単純な質問は、より大きな臨床的戦略と一体化した一部分となる。名称がなく、コントロールの利かない問題を抱えている人との取り組みの場合、前進するのは、不可能とはいわないまでも難しいだろう。いったんその問題が「性関連のこと」と定義されれば、それは、その人の生活状況全体の小さな一部となる。さらに、「早漏」であることが明らかになれば、それはもっと小さな一部となる。その後、「これはさらに細かく分類できるだろうか?」という疑問が湧いてくるかもしれない。

エリクソンは、同様の状況にあった男性に、射精するまで何分セックスを続けられるかを正確に説明してもらうことで、早漏をさらにもう一歩先まで分割している。こうしてプロセスが分割された結果、全体としてのセックスは問題ではなくなった。問題だったのは、セックスをしている間の、ある特定の時点だった。

エリクソンはその後、射精切迫と取り組み、定刻になったら「一部のみ射精」し、残りはその後の長いセックス用にとっておくよう暗示を与えた。こうして射精そのものまで分割されたのである。男性は、それならできそうだと感じ、結果として、彼のセックスは実質的に改善した（Erickson, 1959d）。場合によっては、患者はずっと症状がなくならないのではないかという気持ちに打ちひしがれる。とりわけ症状が痛みや深い苦悩の場合にその傾向がある。こうした状況では、「その問題はどのくらい頻繁に起きるのですか？」といった当たり障りのない質問が驚くべき結果をもたらすことがある。症状のないときのことを考えはじめた患者の表情が即座に変化することもある。

この評価用の質問は、症状となっている苦悩の分割を巧妙に開始する。これと同じテクニックが解決志向セラピーのコンテクストで非常に詳しく説明されている（de Shazer, 1994）。この方法では、問題に対する例外を特定することによって、評価が一介入として行なわれる。患者はそのあと、問題行動が起きないときの例を説明するよう勇気づけられる。その結果、問題は患者の生活全域を包含するものから、そのほんの一部を表わすものに変化する。

どのようにすれば解決志向セラピーになるのか。エリクソンは一九六二年のある講演で、その本質をものの見事に説明した。足首の捻挫を調べる適切な方法を概説して、症状の定義の仕方が重要であることを説明したのである。捻ったのが左の足首なら、まず右の足首を見せてもらう。右足首をよく調べて、患者の正常な足首がどう見えるか、理解を深めるのである。そうしてから捻った足首を見れば、それの何が問題なのかを指摘できるだけでなく、正常な状態がどういうものであるかを伝えることができるというのだ（Erickson, 1962a）。このような評価の仕方をすると、問題のサイズを細分化するのに役立つだけでなく、患者にある程度の希望を与えることもできる。

正式な診断

［事例▼精神に異常のある女性］

あるとき女性がエリクソンを訪れて、「イライラするんです」といった。そして、「本当に忌々《いまいま》しいご近所さんでしてね、ブロックの一番向こうのお宅だから、かなり離れているのに、声が不愉快でたまらないんです。あの人たちのせいで、わたしは苦痛で苦痛で、よく眠れないし、イライラしっぱなしです」と訴えた。夫は妻に反論しようとした。通りの一番向こうの人の声が聞こえるはずはないと、妻に気づいてほしかったのだ。しかし、妻は、少なくとも二ブロック先にいても、あの人たちの声は聞こえるといい、たとえささやいていても聞こえるといいはった。夫がそうではないと説得しようとすればするほど、妻はいきりたった。

彼女の話を聞き終えたエリクソンは、「あなたは病院に行くべきだと思います。わたしのところであれ、ほかの精神科医のところであれ、外来患者として診察を受けるべきではないと思いますね」と彼女にいった。彼女はこれに対して、「わたしの頭がおかしいと思うのですか？」と訊ねた。エリクソンは真剣な口調で、「頭がおかしいという言い方をするのは、わたしだったら恥ずかしく思います。わたしは医者ですし、そういう種類の言葉づかいはしません。しかし、あなたは確かに精神に異常があると思います」と答え、身体に異常があればそう伝えるのと同じように、このことは伝えなくてはならないのだと説明した。そして、さらに詳しく、「身体に異常があれば、身体の異常をケアする病院に行きます。あなたは精神に異常があるのですから、精神病院に行かなくてはなりません」と説明した。

このケースの結果について、エリクソンは以下のように報告している。「このことについて、女性はわたしとかなり理性的に話し合ったが、彼女は、家に帰って夫とじっくり話し合わなくてはならないといった。彼女の夫は、「ぜひとも別の精神科医の診察を受けるべきだ、こんな希望のない見方をする医者はほかにいない」と反論しようとした。

女性は夫にいった。「あの先生はわたしに本当のことをいってくれたわ。わたしの精神には異常があるっていったの。あなた、いつもわたしにいってるじゃない。二ブロックも向こうの人の声が聞こえるはずがないって――。わたし、声のことを考えるのをやめようとしたけど、どうしても無理で、とうとうこうしてイライラするようになったのよ。だから、たぶん先生のいっていることは正しいわ」

数日後、彼女は精神に異常のある患者として病院での治療を受けるために入院させてほしいと力説した。

(Erickson, 1962a)

以前ショートは心理学者として複数の学校で依頼された評価を行なっていたが、生徒の両親に診断的印象を話した際、「やっとこのことがわかって、ほっとしています」という返答を受け取ったことが何度もある。しかし、何ゆえにほっとするのか？　たとえば自分の息子が自閉症だと聞かされて、なぜ両親の見せる苦痛は、診察室に入ってくる前よりも減るのだろう?

診断名をつけることは、過度に還元主義的かつ非人間的なものとして、ポストモダン文学のなかで攻撃を受けつづけてきた。臨床上のラベルという形で人に烙印を押していることが懸念されているのである。しかし、この種の理由づけは、社会的に適応していない人がつねに自らの失敗によってラベルを貼られ、自分だけがこうした困難を体験していると考えて怯えているという事実を認識していない。

それでも、もし適切なラベルを貼るのが、人に対してではなく、問題に対してなら、新たな実体――個人のアイデンティティという核から切り離しうるもの――が創造される。繰り返しになるが、そういう形で定義されることによって、問題は流動的な現実ではなくなる。

興味深いことに、精神病理学の標準検査を行なうことによって、肯定的な結果を得ることもできる。最近では、MMPI(ミネソタ多面人格テスト)を行なったのちにフィードバックのセッションでその結果を伝えるだけで、心理学的症状や心身症の症状が大きく軽減したことを示すデータが研究者のもとに次第に多く集まるようになってきている(Finn and Tonsager, 1997)。どうやら正式な治療的介入を行なわなくても、治療効果が上がるらしい。この精神病理学検査の結果を伝えることによって、患者には、新たな展望と、自分が感じている苦痛を効果的に細分化して表現する言葉が与えられる。

数多くの症例において、**正式な診断**が下されると、それまで感じていた患者の苦しみや混乱は軽減する。特定された精神疾患由来の問題を日常生活の問題から分離できるようになるからだ。分割戦略が組織化される以前は、どのような課題に対してであれ、問題解決のエネルギーはあまりうまく配分されていなかった。「自分は人生にうまく対処できない人間だ」とか、上記例の「わたしは頭がおかしい」などのような一般化されすぎた考えのせいである。汚名を着せるようなこうした考えはアイデンティティ全体を封じ込め、回復のためのリソースを残しておくことはない。しかし、臨床的な懸念を非臨床的な懸念から分離したあとは、「つまり、これはちょっとした病気なんだわ。じゃ、これ、この先どうしようかしら」と考えられるのである。

先の症例で、女性は隣人の声にすっかり参っていた。自分の言葉を夫に信じてもらえず、ひどく腹を立ててもいた。しかし、エリクソンはこの問題を、容認できる含意をもつ単純なラベルに縮小することができた。正式な診断は、敬意をもって用いられるとき、患者に方向性と目的と希望を与えることができる。

予測分割

［事例▼キャシーのがんの痛み］

エリクソンは、がんの激痛に苦しんでいる女性を診てほしいと頼まれた。女性は、肺と大腿骨と骨盤に腫瘍が転移していた。耐えがたい痛みは、モルヒネや鎮痛剤のデメロール、その他の麻酔薬などでやわらげてきた。エリクソンはキャシーの主治医と一緒に病室に入った。彼女はふたつの言葉を執拗に繰り返し唱えていた。「わたしを傷つけないで。わたしを怖がらせないで。わたしを傷つけないで。わたしを怖がらせないで。わたしを傷つけないで……」

キャシーはまだ三六歳で、三人の子供がいる。一番上の子はたった一一歳だ。彼女は自分の余命があと二ヵ月しかないことを知っていた。

エリクソンはすぐに彼女の注意を引きつけて、いった。「でも、わたしはあなたを傷つけるに違いありません。わたしはあなたを怖がらせるに違いありません。わたしはあなたを傷つけるに違いありません。わたしはあなたを怖がらせるに違いありません。でも、ほんの少しです」

つづいて、エリクソンはキャシーに、首から上は目醒めたままにし、体は眠らせるように暗示を与えた。そして、差し迫った感じの口調でいった。「どうしてだかわかりません。それが何を意味しているのかわかりません。でも、あなたは足の裏のかゆみを感じるに違いありません」

キャシーは、何がなんでも痛みから解放されたいと思っていたが、その暗示には抵抗した。「すみませんが、わたしにはかゆみを感じることはできません。わたしが感じられるのは、かかとのしびれだけです」

エリクソンは彼女がかゆみを感じられなかったことについて丁寧に遺憾の意を表したあと、かかとのしびれが足から脚部、骨盤へと徐々に広がって、最終的には首まで到達するという暗示を与えた。しかし、それが胸に達したところで、エリクソンはいった。「手術をした部位にはまだ潰瘍化したままの部分があります。残念ですが、わたしにはその痛みを取り除くことはできません」

キャシーは彼の遺憾の気持ちに感謝し、彼の「失敗」を許した。ふたりは、残っている痛みはごく小さなもので、彼女はそれにうまく対処できるという点で合意した。エリクソンの報告によれば、彼女を診察したのは二月二七日で、それ以降彼女は痛みからほぼ解放された状態が続いたが、ついに八月二五日に昏睡状態に陥り、その後すぐに亡くなったとのことである。

（Erickson, 1962a）

あらゆる戦略と同様、〈分割〉も、「治療」を行なうというコンテクストではなく、患者を支援するというコンテクストで理解されなくてはならない。そうすることで、完全性を欠く余地が生まれる。ある症候群のあらゆる側面を解決しなくてはならないというより、問題の九〇パーセントが排除できれば、患者は上出来だと感じるかもしれない。ひょっとしたら、もっとも厄介な症状が緩和されるだけで、そう感じるかもしれない。患者を「治す」のではないという考えに懸念を感じているプラクティショナーには、「部分的にでも成功が得られるなら、まったく進展がない状態よりも望ましくありませんか?」と問いたい。

癒しは、オール・オア・ナッシング思考から、何が達成可能かという考え方にシフトしたとき、もっともよく発生しやすい。本書では、この考え方と達成可能なことについて共に検討することとの導入を、**予測分割**と見なしている。目的は、**可能なことと不可能なことを分離する**ことである。患者と協同で取り組むのは、最終的に、何が達成可能かを判断するのは患者だからである。

これと同様の治療戦略は、ＡＡ（アルコール中毒者更生会）から援助を受けようとしている多数の人びとが利用している。一見頑固そうな問題と闘う力をつけるとき、ニーバーの祈りが援用される。この祈りは、「神よ、変えられないものを受け入れる平静と、変えられるものを変える勇気と、そのふたつを見きわめる叡智をお与えください」と念じる。[☆1] こうした自己評価は、実際のところ、自分の状況に関する予測分割である。

予測分割を利用する別の一般例としては、段階の概念を導入して達成するものがある。キューブラー－ロス（1969）などの段階理論の研究者による先駆的な活動のおかげで、死に直面した人も、孤立と否定が永続するような状況に置かれることはなくなっている。それはほんの第一段階に過ぎず、そういうものだと気づけば、それは最終的な結果から切り離されたものになる。怒りの段階、取り引きの段階、抑うつの段階も切り離され、患者は最後の受容の段階を楽しみに待てるようになる。

長距離ランナーが五マイル地点の標識が見えるのを期待しながら走り、次に一〇マイル地点の標識が見えるのを期待しながら走るように、苦悩と痛みを体験している患者も、問題全体の一部分について前進を示す標識を設定することができれば、その恩恵を受けるだろう。「その問題はわたしには大きすぎて、全体について考えることはできませんでした。わたしに必要だったのは、一部の小さい範囲に集中して、それがいくらかでも前進するのを見ることでした」といった発言をよく耳にする。

問題を段階に区分することには、もうひとつ利点がある。そうすることによって、問題解決という「最終段階」に到る地図を与えられるという点である。新たなこの方向感覚をもつことで、希望が生まれる。

☆1　この祈りは、ラインホルド・ニーバーが作者とされ、最初に公にされたのは一九五一年だといわれている。

この戦略は、患者が各段階を示す標識を予想し、認識できるとき、大きな効果を発揮する。標識が見えるのを期待しながら前進していくプロセスは、プラクティショナーが予測する達成目標を正当化する。産科の患者とワークをするとき、エリクソンはよく、出産と分娩の各段階を説明して、妊婦は陣痛の一部をしっかり味わっておく必要があることを示していた。彼はしばしば、陣痛には三段階あると説明し、第二段階と第三段階では何かと忙しくて痛みに充分注意を払えないので、第一段階でそれを感じておかなくてはならないと指摘した。そして、このテクニックを説明して、「妊婦の不安をあまり掻き立てない程度の痛みのときに、子宮の収縮を感じ取れるよう、状況を設定した」といっている。

エリクソンはいくつかの症例では――とりわけ妊婦が複数の段階で子宮の収縮を体験する必要があると思われる場合に――陣痛には五段階か六段階あると説明している（Erickson, 1959a）。エリクソンにとって、問題を何段階に細分化するかはどうでもよいことだった。重要なのは、どうしても感じなくてはならない不快は目標全体のほんの小さな一部分であることを示すことだった。周知のとおり、現実の生活は理論的な構築概念とは異なり、整頓もされていなければ、完璧に配列されてもいない。

予測分割について、もうひとつ別の説明が「心－身」の分離を使って行なわれている。重度の身体障害に苦しむ人びととのワークを行なうとき、エリクソンはしばしば、臨床ワークの前に以下のようにいっている。「あなたの痛みには器質的基盤があります。それについては、わたしにできることは何もありません。しかし、心理的要素もあり、その部分なら、わたしたちにもなんとかすることができます」

問題の器質的側面と心理的側面とを切り離してしまえば、患者は、自分がいくらかコントロールできる領域で慎重な行動を取れるようになる。たとえば、ぜんそくで苦しんでいた少年とのワークでは、「きみのぜんそくの一部は器質的なもので、一部は恐怖によるものです」とエリクソンは説明している。そのあとで、神経質になって胸の筋肉を縮めると、呼吸するのがいかに難しいかを明示している。問題のその部分を多少なりともコントロールできると知って、少年の感じる恐怖は薄らぎ、その結果、ぜんそく発作の頻度と重度は軽減した（Erickson, 1960c）。

予測分割のもっとも基本的なものは、良質の治療計画に必須の本質的要素である。セラピーを受けることに合意した患者には、治療に関して既知のリスクと利点を告知してもらう権利がある。もし患者の希望する時間枠内に一〇〇パーセントの改善を引き出せそうにないなら、患者が期待できるのはどういう利点で、それが発生するのに要するかなりの時間はどういうものに配分されているのかを、患者はある程度説明してもらうべきだ。この手続きは頑固なオール・オア・ナッシング思考を切り離しつつ、同時に希望を提供する。

治療計画を立てていく間に、回復の順序について、ある程度の話し合いも行なわなくてはならない。最初にいずれの症状に取り組みたいか、いずれの症状が最初に和らぐと思うかを患者に訊ねることで、患者に敬意を示し、取り組みに関わってもらうのである。患者のなかには、自分がセラピーにどんな反応を示すか、目的達成までにどのくらいの時間を要するかについて、非常に正確に説明できる者もいる一方、まったく何もわかっていない者もいる。

回復への自らの道をまったく思い描けない患者にとって、臨床医から同様の状況に直面したほかの人たちとの体験談を聞くのは、おおいに助けになるだろう。そういう形で回復への道が明らかにされるからだ。どれくらいの回復が望めるのか、それまでどれくらい時間を要するのかを、患者はそこからつかみはじめる。いかなるプラクティショナーも未来の出来事を完全に知ることはできないが、こうした予測評価は、希望を構築する構造を生み出す。

キャシーのがんの痛みの症例では、エリクソンは非常にわかりにくいエレガントな形の分割を組み入れている。予測分割は、彼女が今後体験することになる苦しみの量に関して行なわれている。エリクソンがセラピーを始める以前は、痛みはキャシーの心身すべてを消耗させていたが、最終的に痛みは分割され、身体の一部――潰瘍化した胸――のみに集中した。

彼女の痛みを細分化する作業は、エリクソンが足のかゆみを示唆したときに始まった。これによって、新たな不快が加わるはずだった。単純に考えれば、痛みをひとつ加えられるなら、あとでそれを取り除けるはずである。「かゆみを暗示したのは、ただキャシーに、自分自身の内面で働きはじめてほしかったからだ。身体の学びを利用しはじめてほしかったのである。自分の反応パターンに従ってそうした学びを利用してほしかっただけである」とエリクソンは説明している。

彼女がどう反応するかわからないまま、エリクソンはその後、〈前進〉戦略――まず小さなものを取り上げ、次第にそのサイズを大きくしていく戦略――を使って、彼女が無意識に発生させたしびれを利用している。彼は賢明にも、キャシーの状況は痛みのない暮らしとは結びつきえないものだと認識し、それゆえ、それまでの痛みのなかから、一部の小さな痛みをもちつづけるという選択肢を与えた。こうした考え方のお陰で、彼女は苦痛で厄介な症状をほとんど乗り越えることができた。このような細分化を行なうと、途方もない試練ですら我慢することができる（Erickson-Klein, 1990, p.280）。このケースで使った戦略は、確かに予測分割のみではなかったが、介入を追加するための重要な第一歩となった。

意識の分割

［事例▼学生のトラウマ的な記憶］

エリクソンが医大で教えていたとき、彼に接触してきた学生がいた。学生は長く忘れたままになっている記憶を取り戻すことに興味をもっていた。エリクソンはデモンストレーションの被験者として彼を使うことに同意した。

トランス状態に深く入り込んだ学生は、「だんだん怖くなってきました。すごく怖いです。何も考えられません」と大声で知らせた。数分もしないうちに、学生は恐怖の表情を浮かべ、デモンストレーションを観ていた学生たちをひどく動揺させた。

学生はたじろいだ様子で、「怖くて、気分が悪くなりそうです。でも、理由がわかりません」とあえぐようにいった。学生は吐き気を催しはじめた。呼吸は苦し気で断続的になり、両手は発作的にぐっと握られたり開かれたりした。彼は今にも卒倒しそうだった。エリクソンは何度か小休止を入れ、その間、彼はトランスから連れ戻されたが、その後、さらに催眠のワークは続いた。

学生は、「それは大きすぎて、ぼくにはできません。どうやるか教えてください」ときっぱりいった。エリクソンはそれに答えて、いった。「それは大き過ぎるといいましたね。全部いっぺんにしないで、こっちで一部、あっちで一部というようにしたらどうですか？　あとでそれらを全部集めて、元の大きな全体にしたらどうでしょう？」

その後学生はトランスから戻されるとき、休息を取ってトランス状態のなかで起きたことについてはすべて忘れるようにという指示を受けた。彼は目を醒まし、顔の汗をぬぐうと、「何か悪いものを食べたのかもしれません。胃がむかむかするんです」といった。のちに再び催眠状態に戻ったとき、彼は微笑んで、いった。「おかしいなぁ。ある光景が頭にぱっと浮かびました。まるでそこにいるみたいに鮮明です。ぼくは今、オクラホマに戻っています。う〜ん、だいたい八歳くらいかな」。彼はその後、ひどくトラウマ的な記憶が意識に到達したとき、恐怖の発作を体験した。発作はそれが最後だった。

子供のころ、彼はジョニーという名前の少年と納屋のなかで遊んでいた。あるときけんかになり、干し草用の三つ叉をもって取っ組み合いをしているさなかに、彼はジョニーの脚をそれで刺してしまった。ジョニーが叫び声を上げ、彼は刺さった三つ叉を引き抜いたが、どくどく流れ出る血を見て震え上がった。

医者を呼んだあと、彼の父親は彼を捕まえ、いやというほど彼の尻をぶった。父親の膝に寝かされていた彼は、馬のかいば桶のなかにあった緑藻をにらみつけていた。父親はそれから彼を家に引きずっていき、医者がジョニーの治療をする間、彼をそこに立たせて治療を見守らせた。

医者は抗破傷風の血清を打ち、その理由を説明した。理由を知った父親は再び息子をぶった。

医者が帰る直前、ジョニーはアナフィラキシー性のショック状態になった。両まぶたが腫れ上がり、舌が膨らんで口からはみ出し、ジョニーは「ぞっとするような緑がかった色」になった。彼は、医者がもう一本注射を打ち、ジョニーの口にスプーンを差し込み、外科用メスを取り出すのを見た。たぶん、気管切開の準備だったのだろう。子供の理解力しかなかった彼は、ジョニーが「豚のように殺される」と考えてさらに震え上がった。

その夜、彼は一晩中、ジョニーの肌が「馬のかいば桶のような恐ろしい緑」に変わる夢を見た。翌日は、医者が傷口の包帯を交換するところを見守らなくてはならなかった。傷は「緑色で、ぞっとするような不快な色」に囲まれていた。その日彼は、そのあとで馬に水を汲んでやるのを怠り、再びいやというほど同じ体勢で尻をぶたれ、再びかいば桶の緑藻を凝視した。

この記憶を取り戻したあと、学生は疲労困憊して教室を去った。彼以外の学生たちは、この問題について話し合わないようにという指示を受けた。

一週間後、彼はエリクソンのところにやってきて、「あの記憶を回復したおかげで、自分自身について驚くようなことがいくつかわかりました」といった。ひとつは、自分がもう精神医学にさほど関心がなくなったということだった。代わりに、彼は内科の勉強を始めていた。今ひとつは、皮膚科学に対する姿勢が変わったということだった。それ以前、彼はどんなに繰り返し努力しても、皮膚科の教科書を勉強することができなかった。皮膚科の臨床講義に行けば、そのたびに気分が悪くなって、退出せざるをえなかった。また、しばしば教授陣から警告があったにもかかわらず、彼は皮膚科学について行なわれる授業は一貫して避けていた。それが今は、関心をもって皮膚科の勉強をしているし、臨床講義も楽しんでいるとのことだった。

(Erickson, 1955/2001)

〈分割〉の利用は、ほとんどすべての心理療法においてさまざまな形で見ることができるが、もっとも劇的な例は催眠療法によるものといえよう。催眠では、**意識を分割する**もっとも普通の手段は、意識と無意識という言葉を使って話すことである。実際、「トランス状態に入る」という基本概念は、知覚と情報処理の分割を示唆している。

エリクソンはもっとも用途の広い臨床ツールとして催眠を使っていた。彼の催眠誘導は、種類も形式も継続時間もさまざまだった。しかし、いずれの催眠誘導も、意識と無意識とを分離させていた。意識的な気づきをいったん分離すると、エリクソンは注意の焦点を癒しのプロセスに導きつづけた。たとえば、トランス状態にある患者を励まし、「無意識の心」を使って、とてつもなく苦痛な考え——それまではあまりにも恐ろしくてコミュニケーションを取るどころか思ってみることもできなかったような考え——とコミュニケーションを取れるようにした。情報の検討が済むと、エリクソンは患者に、意識レベルで思い出す覚悟ができるまでは、それを無意識のうちに置いておくという選択肢もあることを伝えている。

エリクソン催眠には大きな利点が多々あるが、そのひとつは、患者が自分自身を信頼するようになるのに役立つということである。本人が自分の考え方や判断にどれだけ批判的であろうとも、無意識の心はつねに、未開発のリソースとして利用可能な状態にある。自動的に腕が浮揚するなどの催眠現象をはっきり見せられると、患者は自分自身の無意識の学びや無意識の力の強みを認めようという気持ちになる。意識的な気づきという境界の外側に隠されているこのリソースは、自らの心の一部分を完全に信頼できるものとして見る機会を患者に与える。この概念を臨床に応用すれば、自己効力感の上昇が促されるだけでなく、自制の内的根源の働きも促される。これらは双方とも、さらに有望な治療結果と結びつく要素である。

分化された意識的な気づきを促進するためにしばしば用いられる有名な催眠テクニックはふたつある。観念運動信号法と自動書記である。エリクソン（1961/2001b）がこれらのテクニックを開発したのは、ポリオの発作後の揺り椅子体験に続く一連の発見のあとだった（13頁参照）。一九二〇年代から三〇年代の間に、自動書記、腕浮揚、最後に観念運動信号法を発見している（Erickson, Rossi, and Rossi, 1976, p.79）。

観念運動信号法では、「イエス」と「ノー」の合図を、頭か指の特定の動きと結びつけて設定したのちに、無意識の心に対して直接質問していく。この操作では、被験者の注意をどこかにそらして、自動運動が観察されないようにする必要がある。そのため、被験者は目を閉じるなり、自分自身の思考の世界に入っていくなりするよう指示される。自意識の全体量を減らすためにエリクソンが好んだのは、意思の力を使わずにかすかに頭を縦あるいは横に揺らすよう頼むことだった（同書同頁）。これは、トランス誘導の有無にかかわらず、しばしば自動的に発生する行動である。この自動行動の意味はきわめて信頼に足るもので、以前から嘘の発見に利用され、大きな成功を収めてきた（Ekman, 1992）。

自動書記は観念運動信号法よりもう少し手続きが複雑で、被験者は手にペンか鉛筆をもち、自動的に指を動かすよう訓練を受ける。エリクソンはこのテクニックに大変熟練していて、自動的に文字を書く能力など自分にはあるはずがないと疑ってかかる相手でも、非常に良い結果を出していた(Erickson, 1958e)。

自動書記で得られるのは、意識的な注目を求めず文字や文を書いてもらう、一種のいたずら書きのようなものである。場合によっては、描写されるのは一連の絵やシンボルになることもある(Erickson and Kubie, 1938/2001)。観念運動信号法と同様、被験者はいくつか質問をされるが、それらの質問に答えられるのは、心のほんの一部分のみである。「あなたは、それが何かわからなくても、それを書くことができます。そのあとで、過去に遡り、自分がそうしたのだとわからなくても、それが何かを知っていると気づくことができます」(Erickson, Rossi, and Rossi, 1976, p.70)。

脳損傷患者の研究から明らかになったことだが、返事を書くというタスクは、返事をタイプしたり口頭で返答したりするタスクとは別の脳の部位を作動させている(Carlson, 2004, p.509)。この点に関して、心理的な分割戦略は、脳の構造にある生理的境界の存在を浮き彫りにする。意識もしくは無意識のいずれか一方からの情報を求めることによって、脳のもつ非常に複雑なプロセスはさらに刺激を受けることになる。

「意識」と「無意識」という用語は現代の認知研究では一般的ではないが、昨今ほぼ同一の概念を表わしているのが、「顕在」記憶と「潜在」記憶という用語である。これらは、「陳述記憶」、「非陳述記憶」とも同義語である。簡単にいえば、顕在(もしくは陳述)記憶は出来事の記憶で、話題にしたり論理的検討の対象にしたりできるものである。そこには、思い出された情報と結びついた具体的な詳細がすべて含まれている。対照的に、潜在（あるいは非陳述）記憶は情報の想起力であり、それには、気づいていなくても存在する知覚学習や刺激反応学習、運動学習のさまざまな例が含まれている。これらの記憶は自動的に働き、理性の助けを借りることなく行動をコントロールする。人がこの手の想起力を使って、自分の反応につながった事実や体験にアクセスすることはない。同様に、潜在記憶は強い情動反応を引き起こすことができるが、その感情が属する特定の出来事を認識することもない。

エリクソンはこれらを意識と無意識として表現したが、この二元性は心の生物学的区分を映し出している。顕在記憶が海馬の構造に依存しているのに対して、潜在記憶はそうでないことが、研究によって証明されている（Carlson, 2004）。脳の異なる部位が異なるやりかたで情報を処理しているという事実は、行き当たりばったりにではなく、戦略的に認識して用いるべき生物学的な現実である。先ほどの症例で明らかなように、プラクティショナーはただ、別々に情報を処理する機会を提供するだけでいい。

医学生とのワークのなかで、エリクソンはどのようにしてトラウマ的な記憶を回復させたらいいかについてコメントしている。彼はあのプロセスを誘導するために、以下を訊ねた。すなわち、この学生は、すべてのことを一気に意識上に噴出させたいと思っているのか、それとも、部分ごとに断片的に浮かび上がらせ、ときには進行を止めたり勇気を奮い起こしたりできるようにして、新たな展開にもっと楽に耐えられるようにしたいと思っているのか、また、認識的要素と情緒的要素は、それぞれを分離して、いずれかを先に体験したいと思っているのか、あるいは、元の体験と同じ展開をたどり、同じ時系列で記憶を回復することを望んでいるのかを問うたのである（Erickson, 1955/2001）。

この症例が示すように、人を圧倒する現実をさまざまなやりかたでバラバラにすると、トラウマ的な記憶はより簡単に消化できるようになる。また、今回の想起は安全な環境で行なわれているという点に注目するのも重要である。最近の研究結果は、催眠を使って取り戻した記憶の正確さに異議を唱えているが、本考察の目的を考えれば、エリクソンが手助けした情報の再処理は、患者にとって有意義なものであった。

この方法はトラウマ的な記憶を処理するのに役立つだけでなく、変化に対する患者の恐れと取り組む際にも使うことができる。結婚を恐れ、子供をもつことを恐れ、あるいは、それ以外の形で生活状況を変えるのを恐れている人びとは、トランス状態に入っている間だけ、無意識を使ってそうした可能性を話し合うことで助けが得られるかもしれない。これらの恐ろしい考えは、トランス中の話し合いに対して催眠による健忘を許可すれば、トランスから出たあと「通常の意識」から分断される。

エリクソンの一般的な行動原理は、「思い出したいと思うことは意識的に思い出したらいい。だが、無意識内にあってこそ本当に役立つものは、無意識内に残したままにできることも憶えておかなくてはならない」であった。ここでは、トランス状態という現実や無意識という現実の是非をめぐる議論は重要ではない。認識すべき重要なことは、安心だからこそ〈分割〉は達成できるということ、〈分割〉の結果として恩恵が発生するということである。

詳細な分析

たいていの臨床医が「見当識《けんとうしき》が保たれている」という言い回しはよく知っている一方で、人・場所・時間に対する患者の見当識を〈分割〉によって意図的に操作することを認める者は多くない。しかし、これはよく行なわれていることである。

精神分析医のところにやってきて、自分のかつての全人格が今やイドと自我《エゴ》と超自我《スーパーエゴ》との組み合わせだと知った患者は、人に対する新たな見当識を体験することになる。交流分析の訓練を受けた臨床医の診察を受けに来た患者は、セッションを終えて帰るときには、たぶんこれまでよりはっきりと自分のもつ横暴な親のエゴステートに気づくだろうし、それのせいにできるあらゆるトラブルに気づくだろう。精神力学のマッピングには心理的現実の〈分割〉が必要であり、数多くあるさまざまな流派の心理療法が気づいているように、それは、患者が目標を設定し変化の対象を特定する過程で広く役立っている。

行動分析家は、学習理論を哲学的基盤として利用しながら、「機能分析」と呼ばれるテクニックを使って**行動を詳細に分析する**体系的な方法を開発してきた。〈分割〉をこのように利用することによって、行動パターンを理解するための論理的枠組みを得ることができる。

機能分析は、環境内の何が問題行動を継続させているのかに注目させるためのものである。行動の詳細な分析を行なうには、先行事象、行動、結果の三要素を見きわめなくてはならない。これはＡＢ

C理論としても知られている（Shapiro and Kratochwill, 1988）〔三要素の頭文字〈a〉ntecedent discrete〈b〉ehavior〈c〉onsequence から〕。行動（B）を修正するために、臨床医は先行事象（A）か結果（C）、もしくはその両方を変えようと試みる。

たとえば、ショートは最近、駄々をこねる息子に悩まされている母親を目撃した。公園で過ごす間に、母親はしばしば、強行するつもりもないことを息子に頼んでいた。「ジョニー、そろそろおうちに帰りましょ。公園のお遊びはおしまいね」。すると、予想可能な行動が発生した。息子は地面にひっくり返り、手足をばたばたさせながら泣き叫びはじめたのである。母親は参って、「泣くのをやめるなら、あと一五分ここで遊んでいいわ」と息子にいった。駄々をこねた結果、ジョニーは自分の望むものをさらに与えられた。母親は、みっともなくも駄々をこねられて、今後は自分の思いを主張するのがもっといやになっただろうと想像がつく。こうして、これは、次に駄々をこねられたときの先行事象となる。

行動をこのように詳細に分析して初めて、いつまでも終わることのないこの悪循環を脱する手段が明らかになる。やや機械的な感じがするかもしれないが、このような形の詳細な分析の有用性は、過小評価されるべきではない。マイケル・ヤプコが主張するように（2003）、エリクソニアン・セラピーの先頭に立つ学者は「……症状の機能を理解し、その症状に内在する要求を満たす代替物を用意して、有害な症状が現れずに済むようにしなくてはならない」（p.408）。

詳細な分析のもっとも劇的な例は、ゲシュタルト療法やサイコドラマ、催眠などの経験的セラピーに見ることができる。患者は、空いている椅子を見て、母親に話しかけるよう指示される。すると、患者が日常的な自己認識体験から切り離されるにつれて、非常にはっきりした〈分割〉が発生する。同様にして、患者はドラマを構成しながら、これまでの人生のさまざまな時期を生きている自分自身の役を演じるよう指示されるかもしれない。この〈分割〉では、アイデンティティの一側面が別の側面と争うことになるため、新たな選択肢を生み出す。こうしたテクニックはいずれも、管理された治療用エクササイズというコンテクスト内において、一般的な現実見当識の三領域（人・場所・時間）すべてを同時に変化させるかもしれない。

理論的な精神力学に沿ってある人を詳細に分析できるのと同様に、身体の各部分を調べることによってアイデンティティの小さな各部分を検討することも可能である。混乱したボディ・イメージをもつ人や、セックスなどの生物学的機能を恐れる人との取り組みで、エリクソンはしばしば、「小宇宙的自己診断（microcosmic self-examination）」と自ら呼んでいたテクニックを使っている。

たとえば、性的不感症を訴えていた女性との取り組みでは、自分の医学書を何冊も引っぱり出してきて、女性の生殖器官を構成する各繊維や各組織を、その患者が勉強できるようにしている。彼女の解剖学的構造のそうした小部分のひとつひとつについて考察し、各器官や各組織の個々の機能について論じたあと、エリクソンはオーガズムの話に移った。そして、もし手の甲か手のひらの一方でしかものを感じ取れないとしたら、手はどのくらい有用だと思うか、彼女に訊ねた。彼女は、感覚は両側になくてはならないという意見に同意した。そこで、エリクソンは彼女を励まして、性交のある時点では大陰唇の左側でオーガズムを感じるようにし、別の時点では大陰唇の右側で感じるようにしてごらんなさいといった。

このやりかたなら、オーガズムという体験をひとつの大きな塊りとして消化する必要はなかった。小さないくつもの状態が時間の経過と共に広がっていくものとして捉えればよかった。彼女はこの面談のあと、すぐに大変満足できるオーガズムに達することができるようになったと報告してきた（Erickson, 1960b）。

セックスと結びついていた否定的な考えの情動的なパワーは、この〈分割〉と解剖学的構造の小宇宙的診断によって弱まり、彼女は自分自身と自分の性行動について、新たな理解を深められるようになった。

時空の分割

［事例▼町の外に出られなかった男性］

強いパニック発作に苦しんでいた男性が、エリクソンのところに助けを求めてやってきた。彼は、外出はできたが、決まった道路しか運転することができなかった。恐怖性回避が悪化しつづけるにつれて、活動力は着実に低下していった。何よりも、市境を越えようものなら、ハンドルを握ったまま気を失ってしまうことが自分でもわかっていた。

エリクソンはこうした状況を理解した上で、夜中に人けのない道路を通って、砂漠まで車を運転するよう、男性に指示した。市境では車を停め、道路脇の溝に横たわることになっていた。そして、処方した時間が過ぎたら、車に戻って、次の電柱まで車を走らせ、車を停めたら再び溝に横たわるのである。男性は上等なスーツを着るよう指示されていて、警察に見つかったときのために、医師が用意したメモをスーツの襟の折り返しにピンで留めておくことになっていた。男性は指示どおりに行動した。しかし、しばらくするとこの試練にうんざりし、なんの制限もない通常の方法で車を運転して隣町まで行った。

(Erickson, 1958f)

現代的形態のセラピーは、評価と介入は相容れない出来事として存在しなくてはならないという考えを退ける傾向にある。行動的セラピーと最先端のセラピーで用いられる評価法はたいてい、介入の開始と見られている。分割戦略を明確に理解すれば、この点はさらにはっきりする。

たとえば、「どういうときに、その問題を特に強く感じますか?」、「普段その問題が発生するのは、あなたがどこにいるときですか?」などといった質問をすれば、評価のプロセスは同時に、問題を分解して治療を促す力としても働き、患者は、四六時中問題に圧倒されているのではなく、重要な例外があることを認識できるようになる。

たとえば、ショートが、苦痛で顔をゆがめている少年と面談したときのことである。「とにかくもう我慢できません。こんなストレスはもういやなんです!」と少年がいった。そこでショートが、どういう状況のときに一番ストレスが生じやすいのか説明してほしいというと、少年の顔と肩の緊張がすぐにほぐれていくのがわかった。少年を実際に苦しめていた出来事は、週に二度か三度しか発生しなかった。このことが少年の問題をすべて解決したわけではないが、彼の心理的な負担はもう以前ほど大きくはなくなっていた。

汎用性のあるこの戦略には、従来のセラピー以外にも利用例がある。デイル・カーネギーは〈分割〉の価値を認め、「一日をひと区切り」と考えて課題を分割するよう、悩み苦しむ人びとに指導している。ＡＡはこの戦略を導入し、「一日一日着実に」というマントラを創っている。この単一戦略は、多くの人々の人生において重要なターニング・ポイントになる力のあることを自ら示している。

身体の痛みに取り組む場合、現在の痛み、記憶に残っている痛み、今後予測される痛みの違いを話し合って痛みを細分化すると有益であることを、エリクソンは発見した（Erickson, 1959b）。エリクソンはそれぞれが生じる間隔を等しいものとして扱い、その後、記憶に残っている痛みについての健忘と、今後予測される痛みについての健忘を暗示することで、問題の「三分の二」を削除した（Erickson, 1958c）。当然ながら、達成されるべき痛みの正確な削減量は、いくらか痛みが削減されるはずだという希望ほどには重要ではない。

このテクニックは痛みが周期的に生じる場合によく効果を発揮する。そうした症例のなかに、がん末期の男性のケースがある。男性の苦しみは耐え難く、刺すような鋭い痛みが一〇分おきに襲い、そのあとにきつい鈍痛が続くという具合だった。刺すような痛みに襲われると、男性は抑えきれないというふうに叫び声を上げた。

エリクソンは、催眠による乖離や注意のそらし――「あそこにいる若いナースを眺めて楽しみましょう」（幻覚によるナース）――など、多くの方法を使った。しかし、もっとも重要な介入は、男性の痛みを時間で分割することだった。エリクソンは男性に、あなたの痛みの三分の一は痛みの記憶だといった。そして、別の三分の一は、次に起きる痛みの予測であり、残った最後の三分の一が、実際に体験している激痛だと説明した。鎮痛剤には彼の痛みを止める効果がなかったため、催眠で痛みをすべて止められると期待するのは求めすぎだとも説明した。結局、痛みは最初の三分の一に減った。男性は相変わらず痛みに襲われて、頻繁に叫び声を上げてはいたが、過去の痛みは思い出さなかったし、未来の痛みを予測することもなかった（Erickson, 1959b）。

この方法が痛みとの取り組みに向いているのは、最悪の痛みは終わりのない痛みだからである。時間が区切られれば、レジリエンスは高まる。そして、もしその痛みが永遠に続くようには思われなければ、希望も生まれる。

人の現実の見当識を分割するとき、エリクソンはしばしば、同時に三つの領域――人、場所、時間――に取り組んでいる。レベッカと、悪い犬に繰り返し襲われたときの彼女の反応を紹介した症例〈46頁参照〉で、〈分割〉は癒しのプロセスの中心的役割を果たしている。エリクソンはこのケースを評して、トラウマをもつ人にはよくあることだが、危害を加えられるのを避けなくてはならないというレベッカの気持ちが過度に一般化され、結局、彼女は安全な家を離れることに強い恐怖を感じるようになったのだと指摘している。

セラピーでは、エリクソンはまず、彼女自身の良い点について意見を述べている。彼女が笑顔を見せ、怖くないと感じられるよう、手助けしている。次に、犬に襲われたあとに彼女がどんなに怖かったかと、今彼女がどういう気持ちでいるかについて、その違いを指摘することによって、時間を細分化している。つづいて、今いる場所で彼女が機嫌よくしていることと、もしあの犬のいる家にいたとしたら震え上がっているだろうということを指摘し、空間の細分化に取り組みはじめている。同様にして、彼女はどんな場所にもいることができ、そこに犬がいないかぎり、怖がることはないはずだといっている。彼女はこれに同意することができた。

さらに、エリクソンは、自分自身の無害なバセット犬について説明して、犬という実体も分割した。レベッカがエリクソンの優しい犬と会って、それをなでるのを楽しんだあとには、すべての犬が彼女を怖がらせるわけではないと指摘した。彼女を怖がらせたのは攻撃的な大型犬だった。こうした発言はすべてレベッカにとって好ましいものであり、それゆえに、新たな現実の見当識として受け入れられるものだった（Erickson, 1963）。

このセクション冒頭の症例――ドライブを怖がる男性――は、それまで克服できないと思われていた問題を細分化する方法として、エリクソンがいかに空間を利用したかを示している。人がもっとも圧倒されるように感じるのは、無限の空間という現実である。そこでエリクソンは電信柱を利用し、市境の外側にいくつも区画を創った。ある電柱から次の電柱までうまくやり終えたあと、男性は自分が町から町へと移動できることに気づいた。それは簡単にいえば、エリクソンが導入した戦略の一般化であった。見逃してはならないのは、男性が「どこにも行くところはないのに、きちんとした服装をしていた」ことである。そして、彼はアリゾナ州北部のフラッグスタッフへと車を走らせた。残念ながら、そこに到着した彼が何をしたかについては、これ以上の情報はない。

一般的適用

本章のいたるところで述べてきたとおり、〈分割〉は特定のテクニックではなく、一般的な癒しの方法の型と機能の基礎を成す戦略である。テクニックは細かく定義された行動的なプロトコルで、その応用には限界がある。各テクニックは特定の問題、特定の性格特性にうまく機能する。一方、〈分割〉などの戦略は、臨床的判断を引き出し、介入法を生み出すための原則である。

〈分割〉の論理は、患者のなかに存在するリソースを認識しようとするいかなる努力にも当てはまる。換言すれば、その人がその状況全体にうまく対処できないというなら、小さく分割したどの部分であればすぐにも挑戦できるのか、ということだ。この種の論理からいえば、もうひとつ、「いつ、どこで、どのようになら、その人は十二分にその問題に対処できると感じるのだろうか？」という同様の問いかけもできる。これは一種の内的対話で、間違いなくエリクソンが暗黙のうちに行なっている理由づけの一部である。この論理的な枠組みを使えば、プラクティショナーは患者のなかにあるリソースを特定する準備をし、問題全体に一気に取り組むのではなく、心を苛《さいな》んでいる変数にひとつずつ取り組む用意をすることができるようになる。

本書で説明しているいずれの臨床的戦略にもいえることだが、分割戦略も、プラクティショナーが誤った使い方をして、治療上の人間関係を損なうことがある。この戦略の主な禁忌は、自分の懸念を真剣に受け取ってもらっていないという思いを患者に抱かせることだ。苦しみを味わう患者の権利、もっといえば、そういう患者の希望を尊重しないと、そのつもりはなくても、患者の苦しみを軽視することになるのかもしれない。こういう状況が特によく起きるのは、プラクティショナーが患者の苦しみを目の当たりにして動転し、「実際、そこまでひどくはありません」とか、「別の見方をするだけで、ずいぶん気分は良くなりますよ」というようなメッセージを込めた対応をしたくなる場合である。

これは、〈分割〉の真の形ではない。

患者の苦しみの正当性を軽視しようとするのは、いかなる形であれ、無礼かつ高慢であり、怒りを助長することになるだろう。「予後は良好です」というような希望を与えるはずの発言ですら、患者の考え方を考慮に入れなければ、そのつもりはないのに、同様の結果を引き起こしかねない。

エリクソンは、患者が惨めで悲しくてたまらないといえば、その発言を認め、それを事実として受け入れるよう注意していた。患者は自分の現実を尊重してもらって初めて、等しく受け入れ可能な新しい考えに向かって前進できるのだということを、エリクソンはよく理解していた。

たとえば、エリクソンは、「今、ものすごく痛いよね。この痛いのは、ひょっとしたらもう少し続くかもしれないんだ」といったが、これは三歳の息子ロバートが階段から落ちて、歯を上あごに打ちつけたときに息子にかけた言葉である（Erickson, 1958/2001）。この発言は時間を分割している。苦しみが一生ずっと続くのではなく、「ひょっとしたら」と「もう少し」という言葉を使うことによって、息子に希望を与え、痛みはそんなに長く続かないだろうと息子が思えるようにしている。彼の発言は誠実であり、高慢でもなければ無礼でもない。

Progression

第9章

前進

本章では、前進戦略と、セラピーにおけるその機能について説明する。この戦略は、他のあらゆる問題解決戦略が実行される基本的なコンテクストを提供する。治療的前進は数多くの形で達成されるが、ここに挙げた五つのテクニックは、そうした〈前進〉(progression)の形のささやかな実例である。最初に紹介するのは、エリクソンが前進の概念を説明するために使った症例であり、お読みいただけばおわかりのとおり、どのような壮大な旅も最初の小さな一歩から始まる。

[事例▼人生を呪った男]

第2章で説明したとおり、激痛を伴う関節炎のために一一年間車椅子生活を送った男性がエリクソンの元に連れてこられた。彼は本当に気の毒な状態で、膝や腕どころか、身体の多くを動かすことができなかった。わずかに動かせたのは、片方の親指と首のみだった。ひがな一日卑猥な言葉を吐きつづけ、自分の哀れな状態に怒りつづけた。

何ヵ月間かエリクソンとの面談を続けた結果、彼は少し足を引きずったり、たまにしばらくベッドに縛られることはあったが、再び歩く力を取り戻した。この男性の癒しの過程を説明して、エリクソンはこういっている。「わたしが思ったのは、もし親指の末梢関節を動かせるのなら、それにつながっている関節も動かせるだろうし、その関節を動かせるのなら、それにつながっている隣の指も動かせるだろうということ、そして、そのようにして少しずつ動かせる部分を増やしていけるだろうということだった」

エリクソンの仕事は、男性をその気にさせて、癒しを目的としたある種の行動を取らせることだった。そうして引き出された行動の治療力は、元々備わっていた能力をゆっくりと徐々に伸ばしていった。エリクソンは、未来に関しては自分でもよくわからなかったことを認めつつ、以下のように告白している。「一年後に彼が車椅子を降りて、トラックを運転できるようになっているかどうか、わたしにはまったくわからなかった。しかし、彼は、それまで悪態をつくことに無駄に費やしてきたエネルギーをすべて、親指を動かす練習、その他の指、腕を動かす練習、しまいには体を動かす練習に注いだのだ」

(Erickson, 1957)

「始まりは、作業のもっとも重要な部分である」
——プラトン（前四二八－三四八）

臨床的な目標が手の届かないところにあるように思われるとき、〈前進〉はなさそうだ。患者によっては、きっと失敗するだろうと堅く信じるあまり、治療上の手続きを無視したり、消極的になって手続きに抵抗したりするかもしれない。否定的な予想の克服は困難なこともある。というのも、患者は経験を通して、疾患に起因する行動の激しさを知っている上に、実際に繰り返し失敗を重ねてきているからだ。しかし、どれだけひどいダメージを受けている患者の場合であれ、その治療課題のなかには、あまりに簡単で小さなことだから、ちょっとやってみようかと思えるようなことがある。

れんがの階段は、れんがをひとつひとつ、ゆっくり積み重ねて作っていく。たいていの心理的リソースは、それと同様ゆっくり構築され、さりげなく意味のある前進を続けていく。〈前進〉の新たな徴候がひとつ見えるたびに、その人は力をつけ、次の難題に立ち向かう用意ができる。そして最後には、ふもとの出発点と頂上の臨床的目標との距離は取り除かれる。

同様の概念が現れているのが、よく知られた「着実に一歩ずつ」という言い回しだ。プラクティショナーは臨床的問題の解決というコンテクスト内で、たくさんの小さくて単純なタスクを積み重ねて、一見不可能に思えるものを完成させることができる。

エリクソンが行なうセラピーの基本前提は、治療上の変化の中に、遠く未来へと発展しつづけるよう設計された直近の成功体験を導入しているということであった（Robles, 1990）。エリクソンは、「今ここ」と未来の双方に焦点を絞って臨床問題に取り組んだ。双方が互いに役立つよう機能するために、これらふたつの見当識の間に橋を架けるのが、前進戦略である。その他のあらゆる問題解決戦略は時間の推移のなかで行なわれているが、前進戦略は、時間を機能的要素として組み入れている。

簡単にいえば、プラクティショナーは前進戦略を使うことで次々と小さな前進を積み重ね、継続して成果を上げたいという希望を次第に大きなものにしていくことができるということだ。この治療プロセスは、小さな変化を累積させていく「適応」という周知の概念といくつかの点で同義である。

自然に関する研究が明らかにしているとおり、いかなる生物も環境の変化に適応するには時間を必要とする。あらゆる種が時代を越えて漸次進化していくプロセスには、さらに膨大な時間を要する前進を見ることもできる。したがって、徐々に前進していく出来事こそ、最終的に持続可能な変化となる。

このことに関する論理的必然性は、エリクソンを訪ねてきた男性の例を考察すれば明らかだ。その男性は診療室に入るなり、「わたしは体重が一三六キロある。ここを去るときには六八キロにしたい」といった。エリクソンは、「いつ六八キロでここを出ていきたいのですか?」と訊ねた。彼は自分の要求を繰り返し、さらに加えて、「今日だ」といった(Erickson, 1962c)。男性は回復のプロセスに時間をかける気はさらさらなかった。自分の要求がいかに馬鹿げたものであるかについて、まったく理解していなかった。

器質性疾患については、各患者には各患者なりの前進のペースがある。患者によって、非常に短期間で回復する者もいれば、長い時間をかけて回復する者もいる。精神的疾患の癒しとなると、その前進は通常、新たなスキルの開発と希望の生成に関連している。セラピーを行なうことになったら、患者は、回復にはそれなりの時間が必要だと認識することが肝要である。エリクソン(1958b)はこの概念を、以下の対話で明示している。

患者:わたしの問題は、治るのにどれくらいかかりますか?
エリクソン:ええと、あなたのこの問題がこうなるまでにどのくらいかかりましたか?
患者:一〇年です。
エリクソン:ふむ、問題がこうなって、わたしを訪ねるまでなったほどの時間は、治療にかけたくありませんね。一〇年よりはるかに短い時間でなんとかするべきでしょう。でも、まあ、妥当な線を探っていきましょう。それなりの時間をください。

なんらかの形の前進に結びつく現実的な期待は、患者にもプラクティショナーにも必要だ。ぱっと治るのを期待するのではなく、前進の証を用心深く観察し、それによって成功への期待を徐々に高めていく必要がある。

トラウマに関するワークでは、失敗を恐れる患者の気持ちを認めることが特に重要だ。ドラン（2000）は、一般的に抵抗や意欲の低さだと考えられている不承不承の行動は、実際には失敗に対する恐れだと考えている。ヤプコ（2003）も、抵抗はひとつのコミュニケーションの型だと説明して、同様の指摘をしている。このタイプの行動は、患者がもっとも深く感じている限界を明らかにしている。

ドランはこの問題への、特にセラピー開始時におけるアプローチとして、きわめて小さなステップ——小さすぎて患者が多少苛立ちを感じはじめるくらいのステップ——を患者に見きわめさせ、患者をそれに集中させている。これは、いったん促されて利用されるようになると前進しつづける動きの始まりである。ドラン（2000）は**きわめて小さなステップに集中する**ことの重要性を強調する。概して、患者のトラウマが深ければ深いほど、その患者に自らを語らせたり、未検証の行動をあえて取らせたりするとき、セラピストはより優しく患者に接しなくてはならない。各ステップは非常に小さいため、患者が失敗する危険性は低い。

「時間はすべての傷を癒す」とよくいわれるが、これは必ずしも真実ではない。しかし、どのような傷も癒えるためにある程度の時間を要するというのは真実である。そして、病気が時間と共に進むように、癒しも徐々に始まり、それから何事かに発展し、広範囲に及んでいく。

同様に、行動の変化も学びを必要とし、学びには時間がかかる。開発された新たなスキルのひとつひとつが、さらに洗練された行動形式の基礎となる。変化は、最初は微細だが、やがて、じょうごのように次第に範囲を広げていく。前進戦略は、持続可能な変化の大半における重要な構成要素だと見なすことができる。しかし、このプロセスは始まりがわかりにくく、簡単に見落とされる可能性がある。人が病気の進行に気づくように、臨床医は癒しの進行を見きわめて、正しく評価しなくてはならない。

前進戦略は、恐怖を効果的に処理するために欠くことのできない戦略である。セラピーでは、患者は変化に備え、未知のものと取り組む覚悟をしなくてはならない。変化も未知のものも、人を怯えさせる心理的要因であり、配慮が必要だ。エリクソンはセラピーのペースを調整し、速く進みすぎないようにすることの重要性を説いて、以下のようにいっている。「……もしそれをこれ以上速く進めたら、わたしは彼をひどく怯えさせてしまうだろう。そうなったら、なんの結果も得られない。相手をただ怖がらせるだけで、わたしは患者を失うだろう。時間は節約できても、患者には何ひとつ役に立つことをしてあげられない」(Erickson, 1962c)。

エリクソンが説明するように、時間はプラクティショナーが特定の成果を達成するために利用するものである。前進するためには、進んで患者との時間を過ごし、質問に答え、心配ごとに耳を傾け、段階的に恐怖にさらすことによって恐怖を減らしていこうとする姿勢が必要だ。

〈前進〉は必ずしも、何かを構築するプロセスとして理解されなくてはならないというわけではない。この戦略は、痛みを縮小させるなど、何かを崩壊させるのにも役立つ。患者は最初、一時間以内に気づかないレベルで――たとえば〇・〇〇〇五パーセントほど――痛みが減る可能性があると伝えられるかもしれない。これがいったん受け入れられると、さらに痛みを縮小させていくことによって、その勢いは継続する。このようにして長い時間をかけ、痛みは次第に消えていく（Erickson-Klein, 1990, p.277）。

患者は生涯にわたって、これこそが物事の進み方であることを示す体験をしてきている。しかし、そのプロセスのスピードを上げ、現在進行中の不快に対する患者の立ち直る力《レジリエンス》を高めるのは、希望の導入である。

エリクソンはこの戦略を説明する際に、しばしば、腫れのある器官の触診法を医学的なアナロジーとして利用している。医師はいきなり痛みのある部位のどまん中を押したりはしない。まず周辺に触れ、それから指を痛みのある部分へそっと進めていく（Erickson, 1963）。前進戦略として以下にリストアップしたいずれのテクニックについてもいえることだが、簡単な問題――患者が前進できると自信をもっている部分――から始めるのは、一般的に良い考えである。腫れた器官を調べる医師のように、プラクティショナーは周辺の問題から始めて、痛みのより大きな部位、より過敏になっている部位へと進んでいかなくてはならない。

数多くの種類の心理療法が前進戦略を利用しているが、催眠、それも特に催眠誘導では、その構造自体に前進戦略が組み入れられている。催眠に反応する状態にすばやく達することは期待されていない。被験者は、段階的なリラクセーションや雲に向かって少しずつ上昇していくイメージ、腕をゆっくり一インチずつ浮揚させていくなどの方法を使って、ゆっくりトランス状態に誘導されていく。これらの方法に共通するのは、漸次的前進の要素である。

実際、トランスの深化はたいてい、小さなステップを連続させて行なわれる。「わたしが一から二〇まで数える間に、あなたは次第に深く、深く、トランスに入っていきます……あなたは新たにトランスに入るたびに、それまでよりうまく暗示に反応できるようになるでしょう……あなたは一回一回呼吸をするたびに、ますますくつろいでいきます」

催眠で利用される〈前進〉は、セラピーにおける継続的前進の縮図になる。「自分はトランスに入ることができるだろうか?」という疑問の次に来るのは、より大きくより広範囲な「セラピーでわたしの回復は進むのだろうか?」という疑問である。最初の疑問に対する答えがイエスなら、癒しへの小さな第一歩は踏み出された。

心理療法は全体がひとつの前進的プロセスである。患者の参加と協力を引き出すことの重要性を論じつつ、エリクソンはしばしば、「もし相手を一インチでも動かすことができれば、あとでその相手をひっくり返すこともできる」といっている。変化するには、時間と、それに参加する心構えとが必要だ。この概念は、「いかなる一千マイルの旅も、それぞれ小さな一歩から始まる」という言い方に似ている。心の癒しでは、患者は通常、自分が成功だと思う方向へ小さな一歩を踏み出すよう励まされる。このようにして段階的に前進することによって、患者は、変化の維持に必要な神経学的構造や生物学的構造、社会学的構造を発達させる時間を確保することができる。

等比級数的前進

【事例▼難治性皮膚炎のケース】

難治性の皮膚炎をなんとかしてほしいといって、男性がエリクソンを訪ねてきた。全身の皮膚に発疹があり、男性は大変不快な様子だった。不眠に苦しみ、顔や脚、腕、背中の痛痒に苦しんでいた。男性を診察したあと、エリクソンは、「まったく目立たない改善でも、やってみようと思いますか?」と訊ねた。

エリクソンの説明によれば、もし一週間で一〇〇万分の一パーセント改善したら、二週間で改善率は倍の一〇〇万分の二パーセントになり、三週間後にはさらに倍の一〇〇万分の四パーセントになるが、ほぼ間違いなく、変化は目立たないままだろう。男性はすぐ、その考えに夢中になった。

エリクソンは二一週間後には完全に一パーセント改善しているといい、ただし、それもやはり気づかない程度だと指摘した。しかし、「さらにもう八週間、倍の改善率で進んでいくと、一二八パーセントになってしまいます。それだと、一生続く症状の減少度としては早すぎます」と警告した。男性は、それでは早すぎるという点に合意し、その後も大きな関心を抱いて、前進はゆっくりのままがいいというエリクソンの主張のロジックを追いつづけた。

男性が初めてエリクソンを訪ねたのが、三月一七日だった。二度めの面談は四週間後で、そのとき彼はエリクソンに、自分が改善していることはわかるが、それはまったく目立たない状態だと報告した。三度めの面談は五月の半ばで、男性の報告は前回と同じだった。

五月三一日、エリクソンは緊急の電話を受け取った。電話は男性からで、彼は以下のように報告した。「髭を剃っているとき、不意に気づいたんです。いつもなら顔が血だらけになるのに、なっていないじゃないか、って。それどころか、この一週間ずっと、以前のように血が出ることがなかったことにも気づきました。もう、びっくりしたのなんのって。で、ふと胸を見ると、引っ掻き傷がなくなっていて、肌がほとんど治っているじゃありませんか。脚を見ると、そっちも良くなっていました。その後、先週は毎晩よく眠れていたことにも気づきました。不眠なんて、どこへやら、です。わたしは着替えて妻のところへ飛んでいき、肌が良くなっていたと妻にいいました。妻は、そのとおりよといいました。そういえば、先週は二度、妻をディナーに連れ出したのです。何年もできなかったことです。これを妻にいうと、妻は、外食は特別なことだったけれど、そういわなかったのは、せっかくの幸運が台無しになるのはいやだったからだといいました」

(Erickson, 1960c)

こうして大きな進展があったあとも、エリクソンは男性の前進をモニターしつづけた。男性の肌は改善しつづけた。加えて、彼は読書などの趣味ももつようになった。妻を外食に連れ出すようになり、週末には旅行に出かけるようにもなった。そうして、結婚生活ははるかに幸せなものになった。

「ラクダは、いったん鼻をテントに突っ込んだら、すぐに体も入れてくる」
――サウジアラビアの格言

前進戦略を説明するとき、エリクソンは頻繁に、自分で**「等比級数的前進」**(**geometric progression**)と呼んでいるテクニックに言及した。このテクニックでは、最初に、未来の成功に向かう小さなステップ――ばかばかしいほど小さいので拒否することもできないようなステップ――を導入する。たとえば不眠症患者には、一週間の全睡眠時間をもう二分だけ増やすことが可能かどうか考えるよう、エリクソンはいうかもしれない。今週、偶然にも先週より二分多く眠る可能性を否定できる者がいるだろうか?

次のステップは、倍加計画の導入である。エリクソンはしばしば患者に訊ねている。「一セントから始めて、毎日金額を倍にしていったら、一ヵ月だけでいくら貯まると思いますか?」その総額が五〇〇〇万ドルを越えると知ると、たいていの人は衝撃を受ける。

等比級数的前進は、たくさんの小さな単純なステップが最終的には大きな価値になるという考え方を伝える現実の概念である。エリクソンはこれを、患者が前進に向けて最初の重要な一歩を踏み出せるようにするためのツールとして利用した。

すでに定義したとおり、〈前進〉とは、望ましい行動の量もしくは頻度を、漸進的かつ体系的に増加させていくプロセスである。このプロセスは、ごく小さなステップでゆっくり始まったときにもっとも効果を発揮する。治療根拠を説明する際に初期の過大な変化を約束すべきではないことは、研究が明らかにしている（Kirsch, 1990）。ある程度の変化は達成できるということを患者に受け入れてもらうことのほうが重要であり、患者がそれを受け入れれば、問題状況の小さな変動は改善の証拠だと判断されうる（p.51）。

等比級数的前進はエリクソンによって設計された認知的なテクニックで、患者が初期に癒しのプロセスに投入したエネルギーを正当化する。これは、ささやかな始まりから最終的に何を達成しうるかについて、前向きの期待を生み出すのに役立つテクニックである。一セント硬貨を手に握らせ、一日めにはそれを二倍にし、二日めには二セントを二倍にし、三日めには四セントを二倍にするというようにして、それを一ヵ月続けたら何セントになるかを推測するよう指示すれば、このテクニックは衝撃的にもなりうる。なんと、五億セント以上になるのだ。必ずしもすべての人が多額のお金を想像することで興奮するとはかぎらないが、多くの人びとにとっては、興味をそそられるテクニックである。

先の症例の男性はたぶん自分の肌が非常に気になっていて、なんとかして全身を覆っている状態をできるだけ人の目に留まらないようなものにしてほしいと思っていたのだろう。思い出していただきたい。彼は医師から難治性の皮膚炎だと告げられた大人である。したがって、彼の思考は「全身にその状態が広がる」という考えに向かおうとし、いつかは治る可能性があるという期待に満ちた考えには向かわない。

エリクソンは、自分の皮膚の状態を人に知られないようにしたいという男性の要求を満たすために、たとえ改善しても目立たない前進を提供した。エリクソンの説明によれば、患者は改善したかどうかを絶えず細かく調べない場合、改善の事実をなかなか受け入れようとはしない（細かいチェックをすれば、余計に神経症的な自意識過剰に陥り、心身症的な症状が増すだけである）。そこで、等比級数的前進を使い、前進はあっても気づくことはないだろうという巧みな期待のもたせ方をして男性の注意をそらし、この神経症的パターンを跳ね返したのである。

漸進的脱感作

［事例▼歯科医に平手打ちを喰わされた女性］

二一歳の女性ジェイキーは恐る恐る歯科医院に入り、「歯を診ていただきたいのですが、歯科用の椅子のあるところでは先生とお話ししたくなくて……」といった。その歯科医はエリクソンから催眠の訓練を受けていた。歯科医は返答した。「わかりました。理由をお話しいただけますか？」

彼女は説明した。「最後に歯医者さんに行ったのは、まだ小さいときでした。その歯医者さんはわたしが泣きやむまで、わたしの顔を平手で打ちつづけました。今ちょっと治療が必要になったのですが、わたし、怖くて……。本当に怖くてたまらないんです。でも、治療が必要なんです。口のなかを診ていただいて、どのくらい治療が必要か、いっていただけますか？　でも、どうか顔は叩かないでください」ジェイキーは八歳のときからずっと、歯を磨いてもいなかったし、歯医者にかかってもいなかった。

歯科医はジェイキーを診療室に招き入れ、ドアの脇の椅子に座らせた。「あなたには、その椅子に深くもたれていただき、わたしは、このデスクの向こう側で自分の椅子にもたれるというのはどうでしょう?」

彼女は見るからにひどく緊張していたため、歯科医は、「どうやらわたしのことをひどく怖がっているようですね。わたしたちの間にはこれだけ距離があります。嬉しくありませんか?」といった。

少し時間をかけて彼女がリラックスすると、歯科医は彼女に指摘した。「そこから廊下を覗くと歯科用の椅子が見えますが、あなたのいる位置からは、あの椅子より出口のほうが近いので、椅子も、ただ見るだけなら怖がらずに見られますね」。そして、今日はこれだけすれば充分だと彼女に伝えようとして、「さて、次の予約はいつにしましょうか? あまりすぐではまずいので、好きなだけ間を空けてください」といった。彼女は、「明日まで延ばしても大丈夫でしょうか?」と訊ねた。歯科医は先に延ばしたいという彼女の気持ちを認め、もう少し先に延ばすことで彼女の要求を尊重した。「では、明日の遅い時間にしましょう」

ジェイキーは次の予約時間にやってくると、ほかに人のいない部屋で歯科用の椅子に座る機会を与えられた。歯科医は前もって彼女に、くつろいで、シートのクッションも試し、ちょっと部屋を見回してみるようにといっておいた。しばらく時間をかけてくつろいだあと、彼女は抜歯の予約を取りたいといったが、歯科医は、「抜歯の前に、口のなかを調べたいので、開けたいと思うだけ口を大きく開けてください。でも、あなたが開けたいと思う大きさより、ほんの少しでも大きすぎてはいけません」といった。彼女は微笑んでゆっくり口を開け、それを次第に大きく開いていった。歯科医はそれをただ見つめつづけ、彼女の顔に向けた動作は何ひとつしなかった。しばらくして歯科医は口を閉じるよう彼女にいった。彼女の歯はすべてひどい虫歯になっていた。歯科医はジェイキーに、入れ歯が必要になるでしょうと説明した。そして、その処置の計画を立てる前に、以下のようにいった。「わたしはこれからあなたの頬とあごに触ります。わたしの手が頬とあごに触れる感じに慣れていただきたいのです。というのも、抜歯をするときには、あなたの顔に触れることになりますから」

やがて抜歯は完了した。ややこしいことはいっさいなかった。その後、彼女は入れ歯の調整のために別の歯科医のところに送られたが、それもスムーズに済んだ。ジェイキーの姉とワークをしたことがあったエリクソンは、その後ジェイキーにも会い、大学に入るための将来的調整や男性との交際、最終的には結婚についてまで、力を貸している。ジェイキーは大学を出たあと、歯科衛生士になった。(Erickson, 1963; Erickson, 1958a)

前進戦略は、数多くの効果的なテクニックの中心的原動力である。これが特に当てはまるのが、「段階的リラクセーション」として知られている催眠のテクニックだ。患者はいきなり全身が緊張から解放されるわけではない。リラクセーションは、足のいずれかの指など、末端の小さな部位で始まり、それが隣りの指にゆっくり移り、やがては膝へ、腰へ、肩へといった具合に移っていく。段階的リラクセーションのこのプロセスは瞬時の治癒をもたらすことはないが、最初の一歩の役割を果たす。不安やストレス、高血圧などの克服に向かって大きく前進するときの第一歩になる。

段階的リラクセーションはしばしば、有害な刺激に段階的に曝《さら》していくやりかた――結果的にウォルピ（1969）が当初「系統的脱感作」と呼んだものをもたらすもの――と結びつけて用いられる。あらゆる種類の前進にいえることだが、たとえ威嚇的なものであっても、安全な環境内であれば、それに曝すことによって、治療効果が引き出される。

精神分析の最盛期に、心理療法でもっとも広く用いられていたツールは感情的カタルシスである。感情的カタルシスの原則は、スチーム・エンジンの技術になぞらえられた。故障を避けるために、エンジンには圧力を放出する手段が必要だった。同様にフロイトは、解放されていない興奮の異常な使い方（転換）を避けるためには、忘れられている記憶事例（トラウマ）はなんらかの手段（カタルシス）によって思い出されなくてはならないと信じていた（Freud, 1912/1966, p.934）。この単一テクニックは心理療法の発達にとってあまりに重要であったため、今でも数多くの専門家がふたつの用語（カタルシスと心理療法）を同義語として扱うほどである。

エリクソンがこのテクニックを使うときは、つねにゆっくりと許容的なやりかたをした。彼は患者をけっして急《せ》き立てたりせず、小さく細分化されたステップや象徴的なしぐさを使って、患者がカタルシスに向かえるようにしている。エリクソンは自分がどのようにカタルシスを利用しているかを説明して、「人間が生きていく上で必要なことのひとつは、苦痛なことを安全な環境で繰り返し体験することだ」といっている（Erickson, 1964b）。

したがって、治療的なカタルシスは漸進的脱感作の観点から評価することができる。もし、ある苦痛な出来事を意識に浮上させることができれば、その力はほんの少し弱まる。さらに、別の基準枠を使ってその出来事について考えられるようになれば、その力はさらに弱まる。その出来事について話せるようになれば、より一層その力は弱まる。最後に、催眠でよくあるように、その出来事を直観的に再体験しとおすことができれば、同化への前進は完成する。

このプロセスは、トラウマ的な記憶をもっていた学生の症例（127頁参照）によく現れている。干し草用の三つ叉で一緒に遊んでいた少年を刺してしまい、その少年の命が危うくなっていく様子を見つめた記憶、その後、父親から容赦ない体罰を受けた記憶は、あまりに圧倒的だった。幸いなことにエリクソンは学生の情動的な要求を明確に理解し、安全な環境と、その出来事をゆっくり漸次的に再体験する手段を提供した。

漸進的脱感作は、過去の出来事と取り組むための手段だけでなく、現在の恐怖や自主制限と取り組むための有用な手段も提供する。それは、一歳前後の子供なら皆ごく自然にしていることである。よちよち歩きの幼児は、慣れない環境に置かれると、安全な母親の脚元から一メートルほどのところを慎重に動く。そして、自分が安全かどうかをじっとうかがう。母親が見てくれていることを知り、自分の周囲で起きていることについて、母親は何も心配していないのだと感じられれば、さらに二〜三メートルまで行動範囲を広げるだろう。幼児は、しばらく遊んでは一時的に母親の元に戻ってチェックするが、それが済むと、すぐにもまた母親から離れて、さらにもっと探検しようと思うのである。

リスなどの野生動物も、わざわざ人間に近づいて、その人間の差し出す食べ物を手に入れるかどうかを決定しようとするとき、同様の行動を取る。エリクソンは、心理療法的戦略を使った最初の実験のひとつとして紹介したもののなかで、同じやりかたを使っている。

マサチューセッツ州ウスター市の州立病院で、ある男性患者が自分の病室のドアに鍵をかけてほしいと要求した。彼は自室の窓の柵の周りにぐるぐるとひもを巻きつけ、何かに怯えて不安そうに時間を過ごしていた。いつか敵がやってきて自分を殺すのだ——彼にはそれがわかっていた。そして、窓が唯一の開口部だった。窓の柵は分厚い鉄だったが、彼にはまったく頼りなさそうに見え、それをひもで強化したのである。

わたしは彼の部屋に入っていき、鉄の柵をひもで強化するのを手伝った。そうする間にわたしは床にいくつか割れ目があるのに気づき、敵に捕まらないようにするためには、これらの割れ目も新聞紙でふさぐべきだと提案した。その後、ドアの周辺にも、新聞紙でふさぐべき割れ目が見つかった。

わたしは彼に、ここが病棟の数ある部屋の一室に過ぎないこと、敵から身を守る方法のひとつとして看護人を受け入れるべきであることを、少しずつ理解させていった。つづいて、病院自体が敵から彼を守るものでもあること、さらには、マサチューセッツ州の精神衛生委員会もそうであること、また、警察も、ひいては州知事もそうであることを、少しずつ理解させていった。やがて、わたしはそれを隣接する州に広げ、最終的にはアメリカ合衆国まで防御システムの一部にした。

これで、彼には鍵のかかった病室が不要になった。ほかにこれだけ多くの防衛線があったからである。

(Erickson and Zeig, 1977/2001, p.1)

この介入はほんのいっときの間に行なわれたことのように思われるかもしれないが、エリクソンは間違いなく長い時間をかけ、この患者が〈前進〉の各ステップを受け入れ、それらを積み重ねていくことができるようにしている。部屋の外に出て動いてもいいのだと伝えるだけで、あとは患者に任せきりにするのではなく、エリクソンは患者と一緒に病棟を歩き回り、彼が快適ゾーンを広げるのを手伝ったと考えてまず間違いないだろう。

この介入のおかげで、患者は病院敷地内での特権を受けられるようになり、敷地内については自由に動き回れるようになった。彼は死に物狂いで自分を守ろうとするのもやめ、病院の売店で生産的な仕事もしはじめた（同上）。

先に挙げた「歯科医に平手打ちを喰わされた女性」の例では、女性が時間をかけて歯科用の椅子に近づいていく部分で、最初の漸進的テクニックが用いられている。彼女は、文字どおりいっときに一歩進むこと、それに手間取ることも許されていた。これは如実に〈前進〉を表わす実例であり、このことから、子供のころに野生動物について学んだことを思い出す人も多いだろう。野生動物には必ずゆっくりと、次第に相手が安心感を抱くようなやりかたで近づかなくてはならない。さもなければ、またたく間に逃げ去ってしまう。歯科治療が必要だったこの女性はひどく怯えていた。歯科医は安全な環境内で、彼女がもっとも恐れていたものにゆっくり前進していくことができるようにしたのである。

パターンの中断

【事例▼排尿にチューブが必要だった男性】

第二次世界大戦の徴兵があった時期に、軍隊に入りたいと思っていた男性が、当時検査官を務めていたエリクソンに大変厄介な問題を打ち明けた。男性は亀頭部分に八〜一〇インチ（二〇〜二五センチ）ほどの長さのパイプを装着しないと排尿ができなかった。エリクソンは徹底的な精神鑑定を行ない、男性は職場においても社会的な面においても充分適応していると判断した。彼の排尿問題は子供のころのトラウマと結びついているようだった。

彼は子供のころ、ゴルフコース近くの木の塀にあった節穴から排尿していた。しかし、あるとき不運なことに、行為中につかまってひどく罰せられ、辱められた。膀胱を空《から》にするというタスクを終えることができなかった彼は、チューブを見つけてそのなかへ用を足すことで問題を解決した。以来、彼は排尿用に金属製や木製のチューブをたくさん集め、どこへ行くにもそれらを携行するようになった。

エリクソンは後催眠暗示で、排尿用に一二インチの竹をぜひ見つけるよう、彼に勧めた。その竹の表面には、四分の一インチごとに目盛を振ることになっていた。エリクソンは彼にチューブのもち方と陰茎のもち方とを正確に教え、「一日か二日かしたら、あるいは、一週間か二週間かしたら、竹はどのくらいの長さでなくちゃいけないのだろうかと思うかもしれませんし、四分の一インチか、半インチか、あるいは丸々一インチか、切り落とすことはできるだろうかと思うかもしれません」といった。そして、これは全然急《せ》いてやる必要はないといい、何曜日に竹の長さを縮めることになるんだろうと、ただ思うだけでもいいと説明した。

　エリクソンは男性に、現時点では軍隊に入れないだろうといい、しかし、三ヵ月したら特別な精神鑑定を受けるための呼び出しが行くよう手配しておくと伝えた。そして、そのときにはきっと軍隊に受け入れてもらえるはずだと請け合った。その後、このトランス体験については完全な健忘の暗示を与えた。

　三ヵ月後、男性は地元の徴兵委員会からエリクソンの元に送られてきた。男性の説明によれば、彼は自分が竹を買ったことに気づいてびっくりし、当惑したという。その後、不意にエリクソンから与えられた指示を思い出し、ばつの悪い思いをすると同時に、問題を解決できるという希望が湧いてきたそうだ。一週間後、初めてチューブを一インチ切り落とした。木曜までに、さらに二インチ切り落とした。ひと月が過ぎようというころには、四分の一インチ幅の竹のリングが残っているだけだった。そして、ある日それを使っているとき、陰茎の周りの指がチューブの役割を果たしていることに気づいた彼は、残っていた竹のリングを捨て、自由に心地よく用を足すことに大きな喜びを感じた。

(Erickson, 1954/2001)

　エリクソンのワークのユニークな一面は、なぜ問題が存在しているのか、何が原因で問題が発生したのかを必ずしも知る必要はないと考えていたという点である。エリクソンは、多くの行動的問題は行動の習慣的パターンに過ぎず、元の目的はもはや失われていると考えていた。この考え方は、問題行動の背後にある原因変数を理解しようとした当時の精神分析的セラピーからの根本的な離脱を示している。精神分析的仮説は、問題の根本原因が無視されると、別の症状がそれまでの症状に取って代わるとしていたが、エリクソンの結果研究はそれを支持しなかった（Erickson, 1964a）。

また、エリクソンは行動主義者とも異なり、あらゆる行動は状況が規定する機能を果たすという考え方はしていなかった。ある行動に関する具体的な状況的先行条件はよく探していたが、必ずしも目前の環境的結果事象を、行動を維持する第一の力とは見ていなかった。代わりに、その行動のもつ主観的な意味を理解しようとした。エリクソンが説明するように、「行動は、当人に役立つ目的に照らして判断しなくてはならない」（Erickson, 1941/2001a, p.4）。この見解には、多くの問題行動は幼いころに起きた偶発的な出来事に基づく学習行動に過ぎず、それが習慣の力によって維持されているという事実の認識がある（Erickson, 1940a/2001）。

エリクソンは一九三〇年代初期に、ある種の問題行動――目前の状況内にその問題を強化する要素がない、あるいは、はっきりわかる二次利得〔否定的に見える行動のもつ肯定的役割〕を生じない問題行動――と取り組むテクニックを考案している。問題行動を直接取り除こうとするのではなく、行動の配列のなかにごく小さな変化を徐々に取り入れていき、最終的にその症候群を完全崩壊に至らしめるテクニックである。一九三六年にウェイン州立大学の医学部で行なった講演で彼が説明したとおり、「疾病が、心因性のものであれ器質性のものであれ、なんらかの明白なパターンを伴っている場合……このパターンの中断が、非常に効果的な治療手段になる可能性がある。そして、充分早い時期に中断するのであれば、それがいかに些細な中断であるかは、たいてい問題にならない」(Erickson, 1936/2001, p.3)。このテクニックはのちにパターンの中断として知られるようになる(O'Hanlon, 1987)。

パターンの中断は、確かに〈利用〉(第12章参照)も関係しているが、前進戦略の観点から捉えると、もっともよく理解することができる。パターンの中断は、元のコースから徐々にはずれていくボートと同じで、即座に完全にその行動をやめる必要はない。患者はこれまでどおりにその行動を取りつづけるよう励まされるが、そこにほんのわずかな変更を加える。パターンのなかのその変化は、時間の経過と共に次第に大きくなっていき、やがてパターンそのものが変化する。

エリクソンが説明するように、「患者に変化をもたらすようなことを何かすることだ……どんなに小さな変化でもかまわない。患者は、どんな小さな変化であれ、それを求めているのだし、それを変化として受け入れるからだ……そして、その変化は患者自身の要求に従って大きくなっていく」(Gordon and Meyers-Anderson, 1981, pp.16-17)。エリクソンはこれを、「雪だるま効果(snowball effect)」と呼んだ。雪玉が坂を転がり落ちるとき、それがどこに行くか、それが何を拾い上げるかは、誰にも正確にはわからない。しかし、雪玉が大きくなっていき、落ちる方向が変化していくことだけは確かである。

患者は通常、時間をかけて少しずつ前進していくこのやりかたを歓迎する。問題行動をやめられるかどうかには確信がなくても、それをしつづける力があることには自信をもっているからだ。先ほどの症例は、これをよく示している。患者は自分がチューブを使って排尿しなくてはならないことを事実として知っていた。そこで、エリクソンはチューブを使った排尿を指示したが、そのチューブは彼が慣れ親しんできたタイプのものではなかった。エリクソンは、彼がそれまで使っていたチューブよりも長い竹筒を使うことにしたのだ。これらの小さな変化はやがて、きわめて重要な調整につながっていく。すなわち、患者は竹の長さを次第に縮めていくのである。患者は、竹に四分の一インチごとに目盛を振ることによって、自分のパターンを漸進的に変える機会を与えられた。彼はけっして、自分が心地よいと思うレベルを越えてまで何かをするようには指示されなかった。この新たな治療上の方向が保たれるかぎり、前進は必然的に発生する。

　このテクニックについて考えるとき、問うべき重要な質問は、なぜいずれの問題行動も、中断されたときにいきなり崩壊しないのか、である。結局のところ、わずかな習慣のずれは日常的に発生している可能性がある。**パターンの中断は、体系的な前進プロセスと結びついて初めて、治療効果をもつ**。もうひとつ、パターンの中断に関するきわめて重要な要素は動機づけである。もし、その疾患に起因する行動から抜け出そうとする充分な動機が患者にあるなら、パターンの中断や治療的前進を導入するのに先立って、先行条件やその結果事象を研究する必要はない。プラクティショナーの仕事は、理性もしくは感情に訴えるようなタイプの介入を提供することである。もし患者が、問題行動の新たな「実践」法に関心をもつなり、変化するほうがいくらかでも有益だと気づくなりすれば、元のパターンはたぶん消えていくだろう。壁に広がる亀裂同様、治療介入は次第に大きくなり、定着したパターンを崩壊させていく。

　ここでよく考えなくてはならない重要な問題は、いつ、どこで、パターンの中断を開始するか、である。たいていの場合、診療室で始めるのがベストである。エリクソンは、可能なときには、患者に当の問題行動を実際にしてもらって、それを観察するのを好んだ。それができない場合にも、少なくとも言葉による詳細な説明を得ようとした。それを分析することによって、エリクソンはそのパターン、すなわち、条件づけされて非常に予測しやすくなっている反応を正しく理解することができた。その行動を充分に理解できたと判断すると、エリクソンは次に、その行動をうまく処理するかもしれない種々のちょっとした方法をテストしている。たとえば、問題が片頭痛なら、別の解剖学的な部位に痛みを発生させるよう暗示をかけられるかどうかをチェックした。位置を変えられない場合は、開始を一〇分でも、五分でも、たとえ一分でも遅らせることが可能かどうかを調べたかもしれない。遅らせることができない場合は、頭痛を普段より一分長く発生させておけるかどうかを調べたかもしれない。

患者が、ほんの些細な変更——たとえば、日にタバコを八二本吸う人に一本減らしてもらうこと——ですら維持する可能性を拒絶しつづけた場合は、変化に取り組む患者の姿勢をもう一度調べる必要があるかもしれない。たぶん二次利得があったり、別の領域を調べる必要があったりするのだろう。プラクティショナーのケアと指導のもと、いったん患者がある程度の成功を体験すれば、前進的介入を普段の環境に導入することによって、変化は日常生活にも広がっていく。

行動の習慣的パターンを取り除くと、患者はそれまで気づかずにいた潜在能力を発見しはじめる。いかなる反応も有意義なものとして受け入れられるような発見と実験の環境を創出すれば、患者の失敗体験の危険性は減る。変化のタイプは、なんらかの中断が達成されたという事実ほどには重要ではない。さまざまな出来事に対してさまざまに対応する自由があることや選択の自由があることに患者が気づいたとき、より大きな制御が始まる（Erickson-Klein, 1990)。エリクソンの弟子たちが一般的に使う行動の変化には、行動の頻度を下げたり変えたりすること、強迫的な儀式で用いられる物を変えること、パターンの順序を変えること、行動の場所を変えることなどがある（O'Hanlon, 1987, pp.36-7)。結局のところ、希望の創造と新たな機会の発見こそが何よりも重要なのである。

認知的前進

【事例▼「モー」】

エリクソンは、医師になって間もないころに、「モー」という名前で通っている七〇歳の老女の診察を頼まれた。彼女は一八六〇年に、女に教育は要らないと考えていた両親のもとに生まれた。一四歳のとき、一六歳の少年と結婚したが、少年がまともに受けた教育は、小切手へのサインと「けーさん」だけだった。

結婚後六年間は、農場の仕事と妊娠で忙しかった。モーは、自分で説明するとおり、「頭のなかでけーさんすることはできるようになった」。しかし、どの数字を書くことも、署名することもできないことに気づいた。モーは自分が教育を受けていないことを腹立たしく思い、字が読めるようになりたいと思った。

二〇歳のとき、家具と賄いつきの部屋を地域の学校教師向けに貸そうと考えた。そして、下宿代を安くする代わりに、読み書きを教えてほしいと提案した。その後五〇年間、何人もの教師が来ては去っていった。いずれの教師も熱心にモーに読み書きを教えようとしたが、最後には誰もが、どうしようもないと見かぎって、指導を断念した。

モーは何がなんでも読み書きができるようになりたかった。四人もの教師を一度に下宿させたこともあったが、誰ひとりモーにうまく教えることはできなかった。彼女の子供たちは小学校から、高校、大学へと進み、彼らもまた母親を指導しようとしたが、うまくいかなかった。

この行き詰まりの本質は心理的なものだと思われた。エリクソンが説明するとおり、「モーが知力を欠いているということではなかった。彼女は、記憶力にも判断力にも優れ、人の話をよく聴く上に、非常に物知りだった。文法には間違いがあったが、彼女のことを知らない人からは……よく大卒だと思われていた」。

しかし、レッスン中は、まるで頭がまっ白になって怯える小さな子供のように反応した。彼女を教えた教師の何人かはエリクソンにこういった。「あなたが何をいおうとも、何をしようとも、彼女はただじっと座って、熱心な目をおどおどさせ、まるであなたがまったく意味の通らないことを彼女に話しているかのように、必死であなたの話に意味をこじつけようとするだけです」

エリクソンとの面談で、モーは説明した。「工業学校を出た息子の話では、わたしには読み書き用のちゃんとした歯車があるけれど、それぞれサイズが違っていて、だから噛み合わないんだそうです。ですから、大きすぎるものは削るなりして、サイズを合わせていただけませんか？だって、わたしは読み書きができるようにならなくちゃいけないんです。三人も先生を下宿させて、あの人たちのためにパンを焼き、料理を作り、洗濯をし、アイロン掛けもしてるっていうのに、ろくにわたしの役には立ってくれやしない。何もすることがなくて座っているだけなんて、もううんざりです。先生、わたしに読み書きを教えてくれませんか？」

エリクソンは彼女を患者として受け入れ、あなたは三週間以内に読み書きできるようになりますよ、と約束した。ただし、今現在も知らないことや、ずっと前から知っていることは、いっさい教えません、といいそえた。彼女はこの発言に当惑したが、いわれたとおりにする気は満々だった。

エリクソンは、今現在も知らないことやずっと前から知っていることはいっさい教えないという重要ポイントを強調しつづけた。それから、彼女に紙と鉛筆をわたして、こういった。「書いてはいけません……これまでどおりに鉛筆を手に取り、これまでどおりにそれを握ってください。あなたとわたしは、あなたがそうできることを知っています。どんな赤ちゃんだって、これまでどおりに鉛筆を手に取ることができます」

彼女がそのようにすると、エリクソンはいった。「では、紙に何かしるしをつけてください。字の書けない赤ちゃんがするような、これまでどおりの意味のないしるしでいいんです。どんなものでもかまいません。これまでどおりに、ぐにゃっと曲がったようなしるしをつけてください。そういうしるしは、勉強なんてしなくてもつけられます。そうです。では、次は、まっすぐなしるしをつけてください。木をまっすぐに切るときに爪で印をつけたり、庭に棒切れで筋を引いたりするときのようにすればいいんです。短くても長くてもかまいません。まっすぐ上に向かうしるしでもいいし、下向きや横向きのしるしでもいいですよ」

この練習が済むと、エリクソンは説明した。「あなたが今つけたしるしは全部、大きさを変えることができるし、紙のどこにどういう順序でつけることもできるし、あるしるしを別のしるしの上に重ねることもできれば、隣に並べることもできます」。それから彼女を家まで送っていき、もっとたくさんしるしをつける練習をするようにいい、「これを書きものだと思う必要はありません」といった。

翌日彼女は、前日に自分がつけた「たくさんのしるし」をきちんとコピーしたものを見せられ、側面の長さが四〇フィートの納屋の「おおざっぱな設計図」を縮小版で作るのに使えそうなものを選び、そういう図を示す「しるしをつける」よう指示された。つづいて、「それを中央で分け」たあと、「側面が二〇フィートの納屋を同じサイズのもう一方の上に載せた図を示すしるしをつける」ようにいわれた。当惑しつつも、彼女はいわれたとおりにした。

エリクソンはこうしたやりかたで指示を出しつづけ、彼女を慎重に誘導して、すべてのアルファベットの形を彼女に作らせていった。さらには、それらをいくつか並べて、簡単な単語も作らせた。エリクソンが不意に彼女のしるしを子供用教科書と比較したとき、彼女は興奮すると同時に大喜びした。彼女の文字を本の文字と比較するのではなく、本のなかの記号が彼女が作ったものに似ていることを示すことによって、そうした記号の正当性を認めたのである。これは小さいけれども、きわめて重要な差異だった。

その後の何日かで、彼女は「アルファベット作り」と「単語作り」と「名づけ」を学んだ。読み書きへの言及はいっさいなかった。エリクソンはいった。「これらの直線や曲線をいくつか使って、わたしに別のアルファベットを作ってください。じゃあ今度は、アルファベットをいくつかくっつけたものを作って、その単語に名前をつけましょう」

彼はモーに、「辞書は読むための本ではありません。言葉を調べるための本です。絵本は読むためのものではなくて、いろいろな絵を見るためのものですよね。それと同じです」と教えた。モーは辞書のおかげで、縦や横や斜めの線や曲線を使えば、そのなかにどんな単語も「作る」ことができるのだと気づくことができた。

そこでエリクソンは彼女に、辞書から選んだ単語をいくつか「作らせ」た。モーは、それらの単語は行き当たりばったりに選ばれたと思っていたので、それに「名前をつける」ようにいわれたときにはびっくりした。並んだ単語は、「モー、そろそろテーブルに食事を並べてよ」だった。モーは大きな声を上げた。「あら！　父さんがいつもいってることだわ――そんなの、話すのと変わらない、って」

モーは三週間レッスンを受けたあと、空いた時間は必ず辞書と『リーダーズ・ダイジェスト』を読んで過ごした。読書が大好きになり、子供や孫たちに頻繁に手紙を書くようになった。そして、さらに一〇年以上生き、脳内出血で亡くなった。

(Erickson, 1959/2001)

幼児が、「『事故』ってなあに？」と訊いてきたら、親は、「わざわざしたんじゃないってことだよ」と答える。しかし、その答え方だと、「わざわざ」を説明する仕事がまだ残っていて、子供がその反対概念を理解していない場合、説明は難しい。子供が「わざわざ」や「そのつもりで」の意味を理解できれば、「事故」の意味も理解できる。とはいえ、出発点としていずれかがわかっていない場合、どうやってもう一方の概念を伝えたらいいのだろう?

新たな概念がどのような要素によって構成されているか構成体を明確に理解するには、よく知っている背景知識から始めることによって、頭脳の受容能力を訓練する必要がある。新たな洞察は、本来、経験的なそれまでの理解の上に構築される。父親は子供に、こういうかもしれない。「昨日、アイスクリームを床に落としたよね。あれは事故だったんだ。床に落ちてほしかったわけじゃないだろ? そのあと、アイスクリームを床から拾ってコーンに戻したけど、あれは、わざわざそうしたんだよね、アイスクリームが食べたくて」

つまり、過去の体験から複数の出来事を引き出して使っているのである。各個人の人生の学びをいくつか使って、新たな理解を漸進的に構築しているのである。

ソクラテス式問答法は新たな認識を導入しようとする前進戦略の好例で、このテクニックが時を超越していることをよく示している。ソクラテスは、まず相手に質問をして、その返答を得たら、その返答を出発点にして自分の論理的主張を巧みに展開した。このようなやりかたをすれば、最終的な結論はソクラテスの背景知識ではなく、相手の理解に基づいたものになる。同様に、熟練の教師はしばしば、学生がよく知っている概念を使って新たな考えを導入する。これは、相手の背景知識を認識することが最初の重要なステップになるタイプの前進戦略である。

セラピーでは、出来事について別の説明の仕方をしたり、まったく新しい現実を創作したりすることが、しばしば役に立つ。しかし、プラクティショナーの言葉は、適切な認知構造が未だ整っていなければ、ほとんど意味をもたない。年少の学習者と同じく、ときに患者は、自分の体験した過去からよく知っている要素を引き出して利用し、新しい考え方に対して準備を整える必要がある。キーワードを導入するだけの場合、そうしたキーワードを反映する考えに対する患者の受容力は著しく高まる。エンジンに燃料を注入して準備し、余裕をもって始動させるのと同様、言語的な下地を作って準備しておくと、新たな連想ネットワークの展開ははるかに容易になる（Wann and Branscombe, 1990）。

このことは上記例によく示されている。エリクソンは言語と農場のイメージを利用してモーの下地を作り、単語を解読するという課題に備えている。モーは頭のなかで計算することはできたので、エリクソンは納屋の切り妻の寸法を説明して、アルファベットの「A」を作らせた。彼女は本のなかの写真や絵を見て、それが何かを特定できたので、エリクソンは辞書にある記号の組み合わせを、名称をもったイメージとして説明した。こうした新しい活動はすべて、彼女の経験的な学びの枠内で提供され、ゆっくりとした漸進的なやりかたで導入されている。

動揺させられるような考えを聞くことに対して、患者に心の準備ができていない場合、治療の進行を妨げる別の問題がしばしば発生する。よくあるこの現象は、「話をしても耳を貸してもらえなかった」といった発言を引き出すことになる。拒否などの心理的構成概念は、処理する用意のない現実はいかなるものも頑なに締め出す心の力を説明するのに用いられてきた。しかし、この種の障壁を回避する方法はいくつかある。

エリクソンは、情報を徐々に取り入れる方法を考案して、それに「種蒔き（seeding）」という名前をつけた。将来の収穫を見込んで畑に種を蒔くように、エリクソンはセッションの早い時期、もしくは、セッションを始める前にすら、関連する概念をそれとなく挿入することによって、治療上の重要な考えの基礎を固めはじめる。このテクニックは「予示」に似ている。予示というのは、文字どおりの働きをもつツールで、ストーリー中のある劇的な時点に備えて、心の準備をするために用いられるものである。

ある患者は、たとえば、愛する人が病気の末期だと知るというような恐ろしい現実が差し迫っているのを見抜いているのかもしれない。あるいは、自分がもうじき親になることを知るというような人生が一変する出来事が差し迫っているのを見通しているのかもしれない。そのようなとき、ゆっくり時間をかけて行なう前進戦略は、感情に負荷のかかる考えの同化をよりよく進めてくれることが多い。その間に別の連想をすることによって、新たな現実が支えられ、有用な形で影響されるようにするのである。

なんらかの記憶や考えを無理やり患者に押しつけようとするのではなく、慎重に種蒔きをすることで、患者は自分自身の思考を展開していくことができるようになる。これは、適切に用いるならば、患者に優しい、患者を尊重するテクニックである。以下の例は、ショートが催眠を使うようになって間もないころのものである。

著者が催眠を使うつもりで準備をしていた女性は、催眠を誘導してもらうときに床に横になっていてもいいかと訊ねた。ショートは承諾した。そして、仰臥した女性が、両脚をこわばらせ、両腕はまるで棺のなかにでもいるかのように胸の上で交差させているのに気づいた。

ショートは患者に、トランスに入っている間、何を視覚化したいと思うか訊ねた。患者は、「休暇に夫と川下りをしているところです。毎年していたことです」と答えた。ショートは彼女の依頼に応じ、楽しかった川下りの記憶や大切に思う人、わたしたちの誰もが永遠に続いてほしいと思う時間の体験に焦点を絞った。トランス状態はだいたい二〇分ほど続いた。ショートはエクササイズの締めとして、以下のようにいった。「これは実に心地よい、すばらしい体験でしたが、すばらしいことには必ず終わりがあるものです」

これを聞くと、女性患者はワッと泣き崩れ、おびただしい涙を流した。同じ部屋にいた聴衆は途方に暮れた。というのも、彼女はトランス状態にいる間、ずっと微笑んでいたからだ。やがて女性は落ち着きを取り戻し、おかげで差し迫った夫の死を受け入れられるようになりましたと、感謝の気持ちを丁寧にショートに伝えた。彼女の話では、夫の心臓はもう長くはもたないだろうと医師たちからいわれていたが、そのような恐ろしい喪失が差し迫っているという現実を、彼女は受け入れることができずにいたという。しかし、トランスに入ることによって、生身の夫はそこにはいなかったけれど、再び夫と川下りの旅をする機会をもつことができた。そして、今はもう否定の状態は脱したので、必要な手配に取りかかることができるだろうとのことだった。経験的なエクササイズを通して、「覚醒」の瞬間へと徐々に、かつ、安全に前進することができたのである。

先取前進

[事例▼浮気を考えていた女性]

つい最近夫の浮気を知った女性がアドバイスを求めてエリクソンを訪ねてきた。彼女は、夫が同じ集合住宅に住む女性と肉体関係になっていることを知ったばかりで、ひどく傷つき、ひどく怒っていた。彼女は仕返しを考えていて、エリクソンには、通路の向こう側に住むハンサムな男性が自分に色目を使っていることに前から気づいていると話した。夫に「復讐する」ために自分が浮気をすべきかどうかを、エリクソンに教えてほしいと思ったのである。

エリクソンは、答えはすでにあなたの無意識のなかにあるので、それがどういうものであるか知るために催眠を使うつもりだと説明した。そして、彼女に時間の歪曲を教えたあと、目論見どおりに浮気をした未来の時点まで、彼女を前進させた。そこで彼女が描写したのは、恐ろしく気が滅入り、絶望感に苛まれている自分の姿だった。彼女の説明によると、浮気後、自尊心がはなはだしく欠如し、夫も自らの不適切な行為に苦しんでいるけれども、彼女は自分の不適切な行為に夫以上に苦しんでいるという。さらに、自分も同じ過失を犯したため、夫はもう自らの行為に罪悪感を感じる必要がなくなっていることにも気づいた。

トランス状態のなかで、女性はエリクソンに、こんな浮気をしてはいけないと自分の意識に悟らせてほしいと懇願した。そこで、エリクソンは彼女をトランスから目醒めさせ、トランス状態の彼女が語ったことをすべて話して聞かせた。女性はエリクソンに感謝した。そして、答えは出たといい、夫の罪を役立てて、自分自身の怒りの感情に折り合いをつけたいと思うといった。

(Erickson, 1977a)

決断できなかったり激しい感情に打ちひしがれたりして立ち往生してしまった人を、治療によって前進させるには、意思の活性化が必要だ。しかし、まず何よりも、患者は自分が何を望んでいるのかを知らなくてはならない。望ましい目標について考えるよう、プラクティショナーが患者を説得できれば、患者にそれを現実化させる方向に有意義な前進が生じる。それゆえ、昨今では、心理療法の数多くの流派が治療契約を結ぶのである。これは、治療目標を明確にするテクニックだ。前進の観点から見れば、肯定的な目標を具体的に明らかにすることでいかに改善が促されるかは、簡単に理解できる。

先取前進のテクニックを使うと、患者は特定の望ましい目標を認識するために、心のなかで未来に向かって前進できるようになる（「時間のリオリエンテーション」287頁も参照）。これをやり遂げるには、問題が解決したのちのことまで患者に考えてもらい、詳細を推測してもらうといい。これに催眠的要素を加えると、エクササイズの経験的性質が強くなる。

たとえば、一〇年後には家族をもちたいと望む患者は、「この家族のなかにいると、どういう気持ちになりますか？　子供たちはどんな様子ですか？　家はどんな様子ですか？　家のなかにいるとどんな匂いがしますか？　家のなかではどんな音がしていますか？」などと質問されるかもしれない。

患者はこの種の観念と感覚を結びつける体験をすることによって、方向感覚が得られる楽しい未来図を手に入れ、意欲も高まるため、立ち往生したままでいることは少なくなるだろう。

解決志向セラピーと認知行動療法でしばしば用いられるテクニックに、セルフ・アンカード・スケーリングがある。この計量的テクニックは、主観的現実に数を割り当てるために用いられる。たとえば、恐怖を体験した人には、その恐怖を一〇段階で評価するよう指示する。次に、それを一ポイントだけ、もしくは、半ポイントでも上げる（あるいは、下げる）ために患者には何ができるかを訊ねる。その結果、患者はわずかにでも改善を味わう機会を想像しようとして、その間にゆっくり前進する。

ほんのわずかな前進も想像できないという重い神経症状を呈している患者と取り組む場合は、セラピストは出発点として、負の整数を使ってスケーリングを開始することもできる。そして、「マイナス5からマイナス4になるには何が必要ですか？」と質問する。この質問によって患者は、「現実の」変化に本格的に取り組むことなく、ごくわずかに前進した未来を考えることができるようになる。どのような未来になってほしいかについて、患者が何もいえない場合は、情報がそこにあるふりをするよう患者に頼むといい。この方法でも、現実に取り組む量を減らしつつ、多少は前進することができる。患者は、この初期段階をやり遂げてそれまでより落ち着いてくると、次の小さなステップ――通常、なんらかの形の具体的な行動――への心構えができる。

夫に浮気をされた女性のケースでは、別の情動状態にアクセスするために催眠が用いられている。復讐が成ったあとの未来なら、今彼女の判断を曇らせている激しい怒りはなくなっているだろう。もっとも重要なのは、何をすべきかの決定が、医師の判断ではなく、彼女の自己認識でなされたという点である。先取前進によって、彼女が自分の行動に対する責任を維持するための適切な状況が設定されたのである。そして、エリクソンが好んでいっていたように、自立は人生のもっとも重要な喜びである。

一般的適用

〈前進〉のロジックは、新たな行動や考え方を導入しようとするいかなる取り組みにも適用することができる。体の柔軟性と同様、心の心理学的構造は造り直しが可能で、新たな行動を生み出すことができるが、いっときにできるストレッチには限界がある。心にも体にも調整時間が必要だ。

臨床的判断に関する質問で、このタイプのロジックが命じるのは、「現時点で患者はどのくらいの変化なら受け入れられるようになるだろう?」、もしくは、「どのようなペースなら、この患者を圧倒することなくセラピーを進められるだろうか?」だろう。これらの重要な質問の答えは、状況は複雑であっても、ときに明白である。

たとえば、配偶者との関係が健全でなくなった女性が、そういう事情にもかかわらず、「彼と別れる可能性なんて、想像できません」と訴えるかもしれない。そのような場合、セラピストは適切に臨床的判断を行ない、彼女がその関係から離脱することについては、必要だと思われる議論も後回しにするだろう。出発点として適切なのは、彼女が想像できる事柄である。

第一ステップでは、問題の関係に直接焦点を絞るのではなく、彼女が人生で必要とし人生に望んでいるさまざまなことを、詳細に説明してもらうようにするといいだろう。次のステップは、子供たち

がまだ幼く、家で暮らしている場合、子供たちが彼女から必要としている事柄について説明してもらうことかもしれない。[☆1]

こうした思考の前進は、ときには一時間のうちに発生するかもしれないし、何ヵ月もかかるかもしれない。理想的には、変化が発生するペースを決めるのは患者であるが、ときには状況が、医師の伝えようとすべきことを決定することもある。プラクティショナーは、大きな抵抗を感じはじめたときには必ず、それを機に、患者の差し迫った必要を再評価すべきである。

この戦略の含意は、明白であると同時にわかりにくくもある。腰を下ろして人と話をするときは、あまり脅迫的にならない話題から始めて、次第に厄介な話題へと進んでいくのが賢明だ。これは、ほかのさまざまな状況にも適用できる重要なスキルである。

たとえば、小児科医のサンガヴィ（2003）は、青少年から情報を引き出す半ば構造化された方法を説明している。頭字語「ＨＥＡＤＳＳ」は、プラクティショナーが取り上げるべき話題の順序を思い出すのに役立つ。まずは、家庭（home）での生活について話し合う。二番目はその青年の教育（education）体験もしくは職業（employment）体験を話し合い、三番目は特に好む活動（activities）について話し合う。四番目には薬物（drug）の使用について質問し、五番目は性（sex）行動について質問する。そして最後に、自殺（suicide）もしくはうつ状態について取り上げるのである。

この単純な段取りで行なわれる半ば構造化された面談は包括的であり、かつ、情報も引き出しやすい。サンガヴィは、このテクニックを使った症例を説明して、「わたしたちは漸進的に、ジャスパーの危険な行動を探っていった……驚いたことに、彼に話をしてもらうのは簡単だった」と書いている

(pp.197-8)。話してもらうのが「簡単」だったのは、それが巧みな方法で行なわれたからだ。

システムを圧倒しそうな考えから意識的な気づきの流れをそらしておこうとするのは、心の自然な機能である。ゆえに、患者に話しかけるときは、患者が確実に耐えられることから会話を始めなくてはならない。患者が苦痛を伴う子供時代の体験を話さなくてはならない場合は、まずは幸せな思い出から始めるよう促すべきである。もしくは、エリクソンがいうように、「患者がすべてを思い出すことに耐えられないなら、どの部分なら今日思い出すことに耐えられるかを訊ね、どの部分なら明日思い出すことに耐えられるかを訊ねることだ」(Erickson, 1955a)。

前進戦略について理解は深まりつつあると思うが、先に述べたように、この戦略にはわかりにくい一面もある。適切な評価がどう重要なのかという点である。この戦略を成功させるには、症候群のうちの比較的よく安定した側面を特定して、それにねらいを定める必要がある。患者がすでにいくらでも変えられると感じている行動分野で少しずつ進めていこうとしても、セラピーが有用だと認められる可能性は小さいだろう。しかし、つねに一定の形でその問題が発生していて、それが変化したなら、セラピーは有用だと認められる。

☆1　当然ながら、もしパートナーが子供たちの幸せを脅かしている場合は、通知の義務が発生する。残念ながら、セッションを受けている間にそういう事情が明らかになった場合、患者はこの現実を免れえず、児童保護局に報告が行く。

たとえば、片頭痛との取り組みで、エリクソンはそれが確実に一〇日置きに、しかも午前中に起きると知ったとしよう。その場合、彼なら、その発生を一～二時間遅らせようとするかもしれない。頭痛がいつも左目の奥で発生するのなら、発生部位を変えようとするかもしれない。頭痛がいつも丸々五時間続くのなら、それを四時間五五分に減らそうとするかもしれない。

換言すれば、評価には、症状の強度、頻度、継続期間、開始時刻についての質問が含まれていなくてはならないということだ。患者が否定的な予想に関する考えを変更しはじめると、それまで認識されていなかった能力を発見する新たな機会が生まれる。

もうひとつ、前進戦略を繊細な形で適用できるのが、所定の治療が功を奏していないと思われる場合である。いかなる癒しの儀式の有効性も、「用量」を増やしたり、より大きな効能を患者に暗示する形で介入を繰り返したりすることによって高められることがある（Kirsch, 1990, 0.51）。

本書で説明しているいずれの臨床的戦略にもいえることだが、前進戦略も誤用されることがある。セラピストが患者にとってほとんど価値のない目標に向かって取り組んでいれば、たぶん効果は出ないだろう。また、この戦略では進みが遅いこともあるため、前進の成功には動機づけが非常に重要である。患者は、小さな歩みで向かおうとしている最終目標に、なんとしても到達したいと思わなくてはならない。

さらに、その患者にとって次の適切なステップは何かという点について、慎重に考えなくてはならない。再び、虐待される立場に陥った女性の例を使うと、仮に彼女が過度に用心深くなって何日も眠れなくなり、不眠のせいで今や気も狂いそうだというなら、最初のステップは、彼女が眠る力を取り戻せるようにすることである。何日も具合が悪くて食事も水も胃に収めておけないというなら、最初のステップは、医師に診てもらえるようにすることだ。これらの例が示すのは、最初のステップは、心理療法の目的に直接結びつかないように思われることもあるという事実である。

しかし、エリクソンがしばしばいうように、医師は患者が一個の人間であることに留意しなければならない（Erickson, 1955a）。「この人は次に何ができるようにならなくてはならないのだろう？」と問いかけつつ、心理的なものであれ、身体的なものであれ、社会的なものであれ、患者の差し迫った必要に対する意識を高めていかなくてはならない。プラクティショナーは最終目標に目を配りつつ、前進の手段を考慮することを忘れてはならない。

Suggestion

第10章

暗 示

エリクソンが〈暗示〉(suggestion)の達人であることは、誰もが認めるところだろう。本章では、その〈暗示〉についてざっと見ていく。エリクソンが〈暗示〉を利用したことに触れずに、医学や心理療法の分野への彼の貢献を語ることは不可能に近い。残念ながら、〈暗示〉はしばしば催眠に関する考察内に組み入れられ、個別には取り上げられない。まるでその価値と催眠のプロトコルとが解きほぐせないほど絡み合っているとでもいわんばかりだ。本章はほかのどの章より多く催眠の利用を扱ってはいるが、焦点はつねに、エリクソンの方法体系の基盤にある、より広範な原則に絞っている。以下の症例に見られるとおり、〈暗示〉はけっして単一の処理手続きに留まるものではない。

[事例▼ぜんそくの少年]

慢性のぜんそくに苦しむ少年がエリクソンのところに連れてこられた。少年は常時吸入器を携帯する必要があった。エリクソンは少年と話しはじめてから、彼が何度も手を延ばして吸入器を取り、楽に呼吸ができるようにしていることに気づいた。

少年は見るからに不安そうだった。そこで、エリクソンは思いやるように、「きみはぜんそくのこと、どれくらい怖いと思っているのかな……その恐怖はどれくらいの強さだい?」と訊ねた。エリクソンは静かに耳を傾け、少年に何事かを請け合うことはしなかった。代わりに、ぜんそくに関する少年の主観的体験を詳しく説明させた。「呼吸が止まるかもしれないと思ったときのきみの恐怖はすごいだろうなぁ。それがどんなか、話してくれるかい?」

少年は見た目にわかるほどほっとした様子だった。死や呼吸停止をどれだけ恐れているか詳しく聴きたいといわれたのはこれが初めてだったのだ。少年はエリクソンとの会話に夢中になった。彼は、いきなり呼吸ができなくなる恐怖について、実に事細かに説明した。また、胸が締めつけられる恐ろしい感覚や、以前に見た恐ろしい死の幻影を描写した。そのようにして自分のことを語りながら、少年はついに素晴らしい聞き手に出会えたことに心からうっとりして、いつもより楽に呼吸しはじめた。

エリクソンは、少年に暗示を受け入れる準備ができたと感じて、「ねぇ……恐怖のことを話すと、呼吸が前より楽になるね」と指摘した。少年はそのとおりだと認めた。そこでエリクソンは続けた。「きみのぜんそくの原因だけど、一部は恐怖で、一部は花粉だってこと、わかってもらいたいんだ。飲んでいる薬は、花粉が原因のぜんそく用だね。それはちゃんと飲むんだよ。ところで、たとえば、きみの今のぜんそくを一〇〇パーセントだとして、もしわたしがそれを一パーセント減らしても、きみはその変化に気づかないだろうね。でも、そのとき、きみのぜんそくは一パーセント減っているんだ」

つづいてエリクソンは次のように推測を語った。「たとえば、わたしがきみのぜんそくを二パーセント、いや五パーセント……いやいや一〇パーセント減らしたとしたら、どうかな？　きみはまだ変化に気づかないかもしれないけれど、ぜんそくはすでに軽くなっているんだ」。エリクソンの語り方は、量は特定できなくても少しずつぜんそくを減らしていくという考えに少年が関心をもてるよう工夫されていた。

エリクソンはそのあと、今後少年がこのぜんそくをどれだけ残しておくつもりかについて、少年と話し合った。「五パーセント……それとも一〇パーセント……いや二〇パーセント……あるいは三〇パーセント……いやいや四〇パーセントかな？」少年はきっぱりいった。「花粉から来るぜんそくは二〇パーセントにしておきます」

こうして、少年は吸入器の使用を以前より八〇パーセント少なくする自由を得た。

(Erickson, 1965b)

「わたしとあなたと病気は互いに敵対する三因子であることを知っておかなくてはならない。もしあなたがわたしの味方をし、わたしの命じることを無視せず、わたしの禁ずることをやめるなら、わたしたちは二対一となって病気に打ち勝つだろう」

——無名の医師（一二〇〇年）

〈暗示〉は太古から癒しに利用されてきた。古代のギリシア人やエジプト人、東洋文明は、通常の意識の支配を越えた行動的反応を引き出すため、さまざまな儀式を使ってきたことで知られている。これらのなかには、たとえば、病気の治療と悪魔祓いが含まれていた。現代の基準でいえば、健康と正気の回復ということだろう。予想に違わず、〈暗示〉によって達成される劇的な結果はしばしば、深い敬意を払われる一方で、激しい不信の念も引き起こしてきた。現代文明では、臨床的暗示のテクニックを、不誠実だとか、巧みに操作しているだけだなどと批判する者も珍しくはない。

セラピーで安心して暗示を使えるようになるまでに、医師はまず、手に負えない苦しみにつきものの孤独と絶望を受け入れなくてはならない。この観点からいえば、臨床的暗示の本質的機能――意識的にはひとりで到達できない目標を、患者が達成できるよう手を貸すこと――を正しく認識するほうが簡単である。

一九九四年、臨床催眠ノース・テキサス・ソサエティのメンバーは、熟練の一般外科医ダブニィ・ユーインの話を聴く機会をもった。講演のテーマは、工場で火傷を負った患者との取り組みだった。以下は、その二年後に行なわれたインタヴューの一部である。

火傷患者に催眠を使いはじめた当初、彼らの火傷は自分が最初に診断を下したほどひどくなかっただけだと思い込みました。しかし、それからすぐ、アルミニウム工場で融けた金属のなかに脚を滑らせた患者を治療することになり、わたしは催眠を使って、火傷から半時間の患者を「ひんやりと心地よく」［なるように］しました。しかし、一八日後、彼が皮膚移植もせず、麻酔薬も使わずに退院したとき、わたしは催眠の真の信奉者になりました。

（Ewin, 1996, p.18）

ダラスでの講演で、暗示を使って痛みを和らげ、炎症を軽減し、回復を早め、重度のケロイドを減らしたことを記録した一連の興味をそそるスライドを観たあと、聴衆のひとりがいきなり、「あなたはどういう方法を使って催眠誘導を行なうのですか？」と質問した。これに対して、ユーインは以下のように答えた。

「わたしは通常、救急救命室の出入り口で患者に会います。患者は車輪つきの担架にベルトで固定されていて、体のあちこちを氷で冷やされている状態です。わたしは患者に、自分が医者であることを告げ、『苦痛をどうやって止めたらいいか、ご自分でおわかりですか?』と力強く訊ねます。答えが「ノー」なら、『わたしにはわかっています』と患者に伝えます。そして、わたしが指示することをなんでも進んでしてくれるかどうか訊ねます。答が「イエス」なら、体中で冷たい感覚を味わい、病室まで運ばれる間、ずっとその冷たい感覚を維持するようにといいます」

ユーインは、これは特別な暗示ではないことを指摘した。というのも、患者はそもそも氷で冷やされているからだ。しかし通常は、さらに暗示が補足され、必要な鎮痛薬をはるかに減らし、癒しを大きく促進する(Ewin, 1996)。このようにして、患者が自分にはできないとわかっていることを受け入れ、直接暗示を使って希望を与えると、患者は恐怖や苦痛の対処に必要な味方を得る。

前世紀、治療における暗示の利用は、催眠と密接に結びついていた。一八四二年、ジェームズ・ブレイドがギリシア語のhypno《ヒプノ》(睡眠)から「催眠術《ヒプノティズム》」と「ヒプノシス《催眠》」という用語を導入し、暗示に対する高い反応性と結びついていると考えた特殊な意識状態を説明した。その四〇年後、イポリート・ベルネイムは、暗示がヒプノティズムにおいて唯一適切に作用する力であると認定することになる(Hughes and Rothovius, 1996)。

現代では、催眠がもたらす結果は暗示によって達成されたものであることをたいていの人が認めている。ヴァイツェンホッファー(1989)が試みた一般的定義によれば、ヒプノティズムは、「暗示を手段もしくは媒介として、ある者が別の者に対して働かせる一種の影響力」である(p.13)。したがって、催眠に関する文献の多くは、高度の被暗示性をもっともうまく発生させる当のその手段を、言葉で詳細に描写しようと努めている。しかし、これを除けば、意見は広範囲に分岐し、催眠とは正確には何かという点について、今も論争が続いている（Short, 1999）。

ブレイドは現代催眠の創始者のひとりとして、目を疲労させる光る物体を使った催眠誘導の重要性を強調している。当時、眠りは被暗示性の中核的役割を果たしていると信じられていた。ブレイドは以下のように提案している。「患者は、その物体をじっと見つめつづけ、その物体だけについて**考えることに心を集中させる**のである［強調は著者］。このことを患者に理解させなくてはならない」（Hugues and Rothovius, 1996, p.136）

ベルネイムはのちに、治療上の**暗示が効果を発揮するためには、必ずしも催眠による眠りに誘導する必要はない**ことに気づいている。一九世紀におけるベルネイムのこの発見によって、心理療法での暗示の一般的な使用は早まったが、これがセラピーの一形式になるには、二〇世紀の心理療法家たちの創造の才を待たなくてはならなかった。

エリクソンは大学生時代、基本的には催眠に関するブレイド派の説明を受け入れていたが、ほどなく外的な物事や誘導用の形式的な儀式を重視しないようになる。代わりに彼がとりわけ重きを置いたのは、ただひとつの考えに注意を引きつけておくことだった。エリクソンは暗示に対する彼独自の臨床上の取り組み方を明らかにして、以下のようにいっている。

著者はこれまで幾度となく、耐えがたい痛みを軽減したりその他のさまざまな症状を矯正したりするのに役立つ催眠技法の詳細を、ぜひとも活字にしてほしいと依頼されてきた。こうした数

> 多くの要請に対して口頭で説明はしてきたが、それらは一度として充分なものだと思えなかった。というのも、そうした場合、必ず前もって、あることを真剣にいっておかなくてはならなかったからだ。この技法は本来、**患者の注意をしっかり集中させ、患者のなかに敏感に応答する受容的な心的状態を創り**、それによって患者が、種々の行動について、**未だ実現されていない、あるいは、部分的にしか実現されていない可能性から恩恵を受けられる**ようにするために役立てられるべきものであり、それ以外の目的に用いられるべきものではないという点である［強調は本著者］。催眠技法によってこの主張がしっかり患者に届けば、次に、患者が望みどおりの目的を達成できるよう、暗示や指示を提供して患者を助け、方向づけをする機会が生まれる。換言すれば、有益なセッティングを誘導し、患者自身の潜在的な行動力をより有効に利用できるような形で患者に指示を与えることにのみ、催眠技法は役立つのである。
>
> (Erickson, 1966/2001, p.1)

エリクソンがどのように〈暗示〉を利用したかについて徹底的に研究する前に、〈暗示〉の概念は催眠理論に不可欠だが、〈暗示〉の利用は催眠の形式的手順に限定されるものではないことを知っておくことが重要である。

臨床的暗示の概念を創り出したベルネイムは治療効果のある暗示の定義を、非常に広義の言葉を使って、「考えを作用に変換しようとする傾向」［強調は著者］だとしている（エリクソンが十代のころ、移動という考えを、自分が縛られていた椅子を揺り動かす行動にごく自然に変換して、観念運動性の運動を発見したことを思い出していただきたい）。癒しへの暗示の活用に関するベルネイムの書物が初めて英訳されたのは一八九七年で、**暗示療法**（Suggestive Therapeutics）というタイトルで出版されている（Hughes and Rothovius, 1996, p.173）。しかし、〈暗示〉が中心的戦略として機能するセラピーは催眠のみではないということをこの分野全体が認めるようになるのは、それより半世紀以上経ってからである。

プラシーボ療法は一九五〇年代に始まり、暗示療法の別の形態として研究されるようになった。プラシーボとは活性成分や証明可能な医療処置を含まない治療法のことで、錠剤の形を取ることもあれば外科手術の形を取ることもある。ごく初期の研究では、出血性胃十二指腸潰瘍のプラシーボ手術は通常の外科手術よりはるかに治療効果があったことが発見されている（Volgyesi, 1954）。同様にトムセンら（1983）は、メニエール病のプラシーボ手術の成功率が七七パーセントであるのに対して、通常の外科手術の成功率は七〇パーセントであることを発見している。錠剤にせよ、外科手術にせよ、プラシーボは単に、治癒が起こりそうだという考えに向かう傾向を生み出しているに過ぎない。プラシーボによる治療は現在、本物の治療効果をもたらしうるものとして広く認められている（Kirsch, 1990）。

社会的影響に関するジェローム・フランク（1973）の画期的な書物のなかでは、心理療法を受ける患者の大半が無力感や絶望感、気力の喪失に苦しんでいることが観察結果として明らかにされている。フランクによれば、効果的なセラピーは、患者の肯定的な期待を高め、未来を信じる気持ちを回復させ、達成感と自信を育む。希望の回復は、心理療法が治療効果を発揮するための重要な要因だとフランクはいう。この観点から、希望や達成感をベースにしたセラピー・モデルに暗示を組み入れる道が拓かれたのである（Snyder, 2000: Waters and Lawrence, 1993）。結局のところ、少くとも、事態は良くなりうるという暗示が含まれていない希望は希望といえるのかということである。

コミュニケーションは、たいていどのような形のものも暗示に終わりうるため、その正確な境界を設定するのは難しい。セラピストが患者から引き出した反応が、セラピー以前に患者が可能だと考えていた限界をなんらかの方法で越えている場合、必ず臨床的な暗示が行なわれているとまで主張する者もいるくらいだ。はっきりしているのは、臨床医の言葉と行動はすべて、患者に対して何事かを潜在的に暗示する可能性があり、そうした暗示は強力な効果を発揮する可能性があるということである。したがって、この戦略はよくよく注意して適用すべきものだと認識することが肝要であり、エリクソンも以下のように述べている。

> 器質性疾患もしくは心因性疾患をもつ患者に対応しようと思うなら、**自分の発言の内容、自分の発言の含意を知っておくこと**は、非常に重要である［強調は著者］。自分が発言した際に発生する患者自身の思考という観点から、それらがどのように未来に広がっていくのか、どのように過去に手を伸ばし、どのように現在を修正するのか、自然に生じる推敲によって理解をどのように伝えるのかを知っておかなくてはならない。
>
> （Erickson, 1965c）

ぜんそくの少年のケースで、エリクソンが〈分割〉（partioning）を利用して臨床的暗示を与えているのは明らかである。エリクソンは、ぜんそくはある程度軽減する可能性があるという考えを伝えたが、この考えはほどなく作用に変換された。この〈暗示〉の利用は催眠だったのだろうか？　エリクソンは催眠誘導についてなんの言及もしていない。しかし、彼はきわめて入念にこの状況を構築しており、少年にその考え――少年には自分では気づいていないぜんそくをコントロールする力があるということ――を伝えるタイミングを慎重に見定めている。

エリクソンはまず、内面に注意を集中させることから始めている。ぜんそくについてこれまでどういう感情を味わったかを真剣に調べさせることによって、少年を自らの思考に没入させた。エリクソンは少年が語る恐怖にしっかり耳を傾け、共感を込めて、彼の状況がよく理解できると伝えた。エリクソンの提示した臨床的暗示はきわめて直接的だった。「きみはもう、前より楽に呼吸するようになっているんだから、そのぜんそくの一部分はコントロールできるんだよ」

ユーインの絶対確実な暗示――体のあちこちを氷で冷やされている患者に与えられた、冷たい感覚を味わうことができるという暗示――と同様、エリクソンは少年のそのときの体験にぴったり合った考えを提示している。少年は、エリクソンと話をしているとき、いつもの恐怖を感じていないことに気づいていて、その結果、いつもより楽に呼吸をしていた。少年は今や味方を得たのだから、これは予測できる反応である。エリクソンが共感を込めて耳を傾けはじめるや、そして、ぜんそくについてわたしたちにできることを思案しはじめるや、少年はもうひとりでぜんそくに向き合わなくてもよくなったのである。

最後に、エリクソンの暗示は症状の緩和を狙ったものであったが、これが唯一の成果ではなかったことを認識しておくべきである。少年はあの恐ろしい症状を克服することによって、自分自身の立ち直る力《レジリエンス》について多くを学んでいる。エリクソンの問題解決への取り組みは、通常、症状の改善を「雪だるま効果」のあるものとして利用し、自分自身や他者、環境に関する考えの再編につなげていくというやりかたをする（Zeig and Geary, 1990）。この症例でエリクソンがコメントしているとおり、「それによって、人生に対する少年の姿勢はすっかり変わった」（Erickson, 1965b）。

協力 vs 支配

［事例▼エリクソンを平手打ちしようとした女性］

若い女性がエリクソンの診療室に入ってきて、彼をにらみつけた。予約を取ったのは彼女の夫だった。エリクソンは彼女に挨拶して、「もしわたしがここでたった、たった、たったのひと言でも間違った言葉を口にしたら、あなたはわたしに平手を喰らわせて出ていくだろうと、ご主人から伺っています」といった。彼は真剣な口調で、「ひとつだけ、困っていることがありましてね……どちらに身をかわしたらいいか、わからないんです。あなたは右利きですか？　それとも左利きですか？」と続けた。

女性はびっくりしてエリクソンを見た。そして、「どうやらあなたは間違ったことはいいそうにありませんね」といった。エリクソンは「たぶんいわないでしょう」と、彼女の言葉を認めた。しかし、そのあと、こうもいった。「ところで、あなたはわたしと身長が変わりません。とても良い体格をしていいます。体重はわたしよりほんの少し軽いでしょう。といっても、わたしもそんなに重くありませんがね。あなたはわたしと背の高さが同じですが、それでも、本当に平手打ちはできそうです。で、あなたは右利きですか？　それとも左利きですか？」

女性は、「右利きですよ」と答えた。それ以降、エリクソンは治療に必要な情報をさらに集めることができるようになり、平手打ちされることはなかった。

（Erickson, 1962d）

何にもまして明確に認識すべきは、エリクソンが〈暗示〉を戦略的に利用するのは、患者を支配するためではなく、患者のエネルギーを集中させ、その消費を方向づけるためであったという点である。エリクソンは催眠を利用して患者が内面に注意を集中できるようにしたあと、患者を誘導して、患者が自らの潜在的な癒しの力を確信し、その力を事実として認めつづけられるようにした。

「昼間、空中にあるものだけを使って火を起こすにはどうしたらいい？」というなぞには、この治療法と似ている点があることがおわかりだろう。日光でものが燃えることはそうそうないのに、なぜそうなると考えるのか？　しかし、虫めがねを使って紙の一点に日光を集中させ、じっと動かさずにいれば、炎が上がる。これとまったく同様に、人もいったんエネルギーを集中させ、手元の課題にそれを注ぎつづけると、日常のなんでもない行動を使って驚くべき結果を生み出すことがよくある。

〈暗示〉を戦略的に利用すると、息を飲むような結果をもたらすことができる。一見ありそうもない結果が権威のある人物の活動と結びついている場合、支配という錯覚が生じてしまうのは驚くべきことではない。エリクソンが説明しているように、「暗示を受け入れて、それに反応することによって、被験者は心理的に耳が聞こえなくなり、目が見えなくなり、幻覚を起こし、記憶を失い、感覚が麻痺し、乖離できるようになる。あるいは、その状況において被験者が妥当もしくは望ましいと考えるさまざまな種類の行動を取ることができるようになる」(Erickson, 1961/2001a, p.5)。その行動は、**被験者が妥当だと考えるものでなくてはならない**。したがって、暗示を与える側は実質的には支配していない。この点を明確に理解することが重要である。

さらに、催眠行動はすべて自然に発生する現象であるとエリクソンは主張している。たとえば、スポーツの熱狂的なファンは、サッカーの試合がテレビで放送されているときには心理的に耳が聞こえなくなる。恐怖映画を見たあと、その映画がもたらした恐怖に結びつく光景や音声を幻覚として体験するのは難しいことではない。人に紹介されたのに、五秒後には相手の名前を思い出せなくなっていたという経験は、たいていの人にあるだろう。また、体を激しく使うスリル満点の活動をしたことのある人なら、ひっかき傷や打撲の跡はあるけれど、いつどうしてそのような傷がついたかわからないという状況もよく理解できるだろう。

すでに述べたとおり、こうした日々の行動は、いずれも呼び起こして、その焦点を、特定の臨床的問題に徹底的に集中させることができる。その結果として得られるのは、支配の産物ではなく、協力的な努力の成果、すなわち、臨床問題に立ち向かう患者と臨床医との提携の成果である。

支配という幻想を満足させるために催眠を利用してはならないと警告する一方、エリクソンは以下のようにも戒めている。「催眠を使う実験やセラピーで失敗するのは、被験者をロボットのように扱い、ヒプノティストの理解に従って命令を実行することを被験者に期待するためであることが多い。被験者は、独自の反応パターンや行動パターンをもつ一個の人間として扱わなくてはならない」

（Erickson, 1961/2001a, p.3）。

ヒプノティストはときに「挑戦」の暗示を使って、大きな臨床的成果を出したいという患者の期待を高めようとするが、この場合にも、成果はやはり協力の所産である。たとえば、女性の被験者に向かって、「あなたはこのあと、自分の両脚が動かなくなることに気づきます。ともあれ、立とうとしてみてください。そして、何が起きるか見てください」ということがあるかもしれない。その状況の状態が適切なら、患者は自分が立てないことに気づくだろう。しかし、これは彼女の選択によるものであり、したがって、彼女自身の行動指針と一致していなくてはならない。一方、患者は挑戦をはねつけようとして、すっと立ち上がってしまうかもしれない。エリクソンが説明するように、「……被験者がそうした刺激をどう利用するのかを、完璧に予想することはできない。どのような利用法があるかを示すことはできるが、被験者は自分の学びに従って行動する」（Erickson, 1964/2001b, p.28）。それゆえにこそ、セラピーで〈暗示〉を使う際には、暗示の目的と、その暗示が患者自身の必要にどう関係しているのかを、患者に充分理解してもらうことがきわめて重要なのである（Erickson, Hershman, and Sector, 1961, p.272）。

　このセクションの導入部には、行動を巧みに利用した症例を配している。エリクソンが指摘するように、セラピストが間違った言葉をひとつでも使おうものなら平手打ちを喰らわせると夫にいっている女性は、セラピーに協力的ではなさそうである。セラピーの予約を取ったのは夫であり、そのため妻は、エリクソンがいおうとしていることがなんであれ、いつ自分本位に怒り出してもおかしくない状況にあった。ただし、彼女自身の言葉をエリクソンが引用すれば、そういうわけにはいかなかった。

エリクソンが彼女の立場を語ったとき、彼女はそれに同意せざるをえなかった。彼女の言葉の引用は、たぶん多少の自意識を引き出しただろう。どちら側に身をかわせばいいかを訊ねたとき、エリクソンは自分が彼女の条件を進んで受け入れ、彼女の行動に協力しようとしていることを明らかにしている。また、それと引き換えに、自分に協力してほしいと彼女に頼んでもいる。エリクソンのいうとおり、「夫に協力を約束した女性から、わたしが協力を得られない理由はないだろう。協力を得るというのは、非常に重要なことである」(Erickson, 1962d)。

彼女は自分が右利きだと明らかにすることによってエリクソンに協力している。それ以前にも、エリクソンが彼女の身体を褒め、体格が良いだの、体重も重すぎないだの、本当に平手打ちができそうだだのといって彼女の体力を示唆したとき、その話に耳を傾けることによって彼に協力している。エリクソンがこうしてあれこれいっている間に、彼女の注意は間違いなく内面に集中していき、暗示に対して反応しやすい心の状態を創り出していた。彼女はエリクソンの支配下にあったのではなく、確実に、自ら進んで協力しようという気持ちになっていったのである。

直接暗示

【事例▼母親が無意識に使う直接暗示】

わたし(ショート)が女性ソーシャル・ワーカーと催眠について話し合っていたとき、彼女が思い出したように、「もうちょっとで催眠に立ち会えるところだったのに、最後の最後になって、予約をキャンセルしなくてはいけなくなったことがあるんですよ。本当にばつの悪い思いをしました」といった。わたしは興味をそそられて、どういうことかと訊ねた。

彼女は息子の手にできた大きなイボを取ってもらおうとしていたのだという。小児科医がいろいろと手を尽くしてくれたが、うまくいかなかった。イボは、治療するたびにまた出てきて、しかも次第に大きくなっていった。小児科医は、最後の手段としてヒプノティストのところに連れていってみてはどうかと彼女にいった。

彼女の説明は続いた。「息子はまだほんの八歳でした。これから起きることに怯えてほしくなかったので、毎晩ベッドに入る前に、優しい人が土曜日にあなたとお話をして、イボを消してくれるからね、と息子にいいました。わたしたちは指折り数えてその日を待ち、いよいよ予約を入れてあった土曜日になったのですが、その日の朝、息子を起こすと、なんとイボは消えていたんです！」

それから何年も経つが、彼女は未だに不思議でたまらないという。「あなたは、ほかの人が息子さんに催眠を行なうのを見られませんでした。ご自分でしてしまったんですから」とわたしはいった。彼女が相変わらず困惑した顔をしているので、わたしはさらに説明した。「あなたは息子さんにいいわすれたんです。土曜日にその優しい人に会ってイボを取ってもらうまで待ちなさいね、って」

エリクソンは〈暗示〉をおおまかに定義して、考えの伝達だとしている。**直接暗示**については、正確に定義していないが、どうやらこの用語は、催眠暗示の従来の使い方についていうときに用いていたようである。従来のやりかたの暗示は、意識が簡単に評価できる言葉を使って考えを伝える。直接暗示は通常、明らかに外側から発せられる命令という形を取る。「あなたの目は次第に疲れて、とろんとなっていき、あなたは疲れと眠気を次第に強く感じつづけ、まもなく深い催眠の眠りに入っていきます」

こうした状況では、誰が命令を出していて、誰がその考えに反応することを期待されているのかは、まったく疑う余地がない。暗示のこの特別な使い方は、伝えられる考えが患者の要求や目標に関係している場合に、治療となる。

人は普通、他者の言葉の影響を受けやすく、ときに、認識している以上の影響を受けていることもある。かつて患者がショートにこういったことがある。「誰かに実際にやりかたを教えてもらって、それができるようになっているのがわかったときって、本当にすごいなと思います。軍のブート・キャンプに行った当初、わたしは腕立て伏せが一〇回もできないような体力しかありませんでした。教練担当の軍曹に生意気な口を利いたあと、わたしは気がつけば、雨の降る戸外の泥の水たまりの上で、腕立て伏せを一〇〇回もしていました。傍らの軍曹に怒鳴られながら、わたしは突然、以前よりはるかに多くできるようになっていたんです」

この患者の父親は厳格で、命令ばかりしている人だったという。患者は幼いころから、外側からの支配に応答するようプログラミングされていたのである。セラピーでも同様のやりかたを好んだ。座って話を聴くだけのセラピストには苛立った。彼には、現状について何をしたらいいかをいってくれるようなセラピストが必要だった。

エリクソンに関する研究で、もっともよく取り上げられるのは間接暗示の利用だが、その彼も、有益だと思ったときには、迷わず直接暗示を使った。ベティ・アリス・エリクソンは、十代のころ朝五時に父親に起こされたときのことを憶えている。彼女は運転免許を取ったばかりで、エリクソンは娘に、実際にドライブに出かけて練習してほしかったのである。彼女がベッドのなかで、無理やり起こされることをぶつぶついっていると、エリクソンはじっと彼女の目を見据えていった。「起きなさい。この先八〇年間好きなだけ寝ていてもいいが、今は起きて、人生を楽しむんだよ！」

彼女は実際、ベッドから出て、父親とのドライブを楽しんだので、暗示の残りの部分——すなわち、少なくともあと八〇年、人生を楽しむためにあれこれすること——にも全力を注いだ。父親の言葉は祝福として、今日まで彼女の記憶に残っている。これは、単刀直入な言い方で相手の意識に入り、それによってその人の人生を変えるという、エリクソンならではのやりかただった。

残念ながら、人は他者に対して必ずしも祝福の言葉を掛けるわけではない。呪いとして直接暗示を使うこともある。たとえば職員室で、新任教師は先輩教師から、「正直いって、先生はこの生徒とはきっとうまくいきませんね。イライラさせられつづけて、しまいには頭が疼きはじめますよ」という話を何回聞かされることだろう。暗示の力を理解している人は、半年ほどしてその新任教師が頭痛を抱えるようになり、それを例の生徒のせいにしたとしても、まったく驚かない。

暗示に対してこのように反応する傾向が人にはあるため、これから初めてお産をしようとしている妊婦を担当する看護師が、「そんなのは本物の陣痛じゃありません。本物の陣痛が始まったら、本当に痛いんです。生まれて初めてっていうくらいの、ものすごい痛みなんです。きっと硬膜外麻酔を頼むことになります」としつこくいうような人物であった場合、この上なく不幸な結果を招くことになる。

幸いなことに、暗示のことをよく理解し、どうしたら人に役立つ使い方ができるかを充分にわかっている人がたくさんいる。たとえば、母親は本能的に、怪我をした子供に対して、「お怪我したところに、今から三回キスするわね。一回キスするたびに、少しずつ良くなるわよ。そして、三回目のキスで……」といってから、嬉しそうに微笑んで、「痛いのがどっかに行っちゃうの」という。

同様に、ある母親は怖がっている子供にこういった。「初めて学校に行く日の前に、ママの愛いっぱいの指輪を、あなたの指にはめてあげるわね。一日中はめたままにしておくのよ。そうすれば、安心してハッピーな気持ちでいられるから。でも、あなた以外はこの指輪を見ることができないの。だって、ママの愛いっぱいの指輪は目に見えないんだもの」。母親はそのあと、想像の指輪を子供の指にはめて、「サイズがぴったりか見る」よう、子供にいった。

子供に暗示を使う場合、間接暗示より直接暗示のほうが効果的に働くと思うが、それには理由がある。具体的な指示を与えた場合と具体的でない指示を与えた場合の子供の反応性を比較し、唾液内の免疫物質の増加を調べた研究で、具体的な暗示を与えられた被験者のみが免疫物質を増加させえたことがわかっている（Olness, Culbert, and Uden, 1989）。

このように子供には具体性が必要だという点については、子供の催眠に関する別の専門家も気づいている。ガードナー（1974）は、子供の行動を指示する際に、わかりにくい合図を出すと、子供は誤解して、結果的に苛立ったり、思わぬ反応を示したりすることがあると主張している。子供は明らかに大人より認知的洗練の程度が劣り、大人がするような連想への意味づけをするには、人生経験も不足している。たとえばガードナー（1974）は、食べる量をふやせるように催眠を使って子供を励ます場合、一般的な催眠で飢餓感を体験させるのではなく、具体的な食べ物を実際に見て、嗅いで、食べるよう子供に指示することが、ときには必要になると警告している。認識すべきは、暗示を与えられることになる被験者はその年齢に関係なく、伝えられる考えを明確に理解していなければならないという点である。

どのような安心があれば、直接暗示を使うことができるのだろうか。その好例が、痛みから立ち直る力に関する調査研究のなかで説明されている（Spanos and Gorassini, 1984）。研究者たちはふたつの方法を使って痛みを発生させた。ひとつは、氷水を入れた水槽に被験者の腕を浸けるという方法であり、今ひとつは、被験者の指に当てた刃物の圧力をゆっくり高めていくという方法だった。被験者たちは、自分が耐えられそうだと思える範囲で痛みの刺激に耐えるよう指示されていた。

実験は異なるグループで別々に行なわれ、その結果、より大きな痛みの刺激に耐えて不平もいわなかった被験者は、実験前に、「痛みを減らせると思うことは何をしてもかまいません」といわれていたことが明らかになった。**研究者から明確な許可を得ていただけで、被験者の対処リソースは有意に高まったのである**。その効果を発生させるために、正式の催眠誘導を行なう必要はなかった。

この調査結果は、催眠による対処用暗示はすでにある能力を使ってよいと認めるだけで効果を発生させるかもしれないことを示すものだと説明された。これはまた、希望の導入によって立ち直る力《レジリエンス》が高まったことを示す証拠だとみなすこともできた。

エリクソンは、確信がもてないでいる患者には直接的な命令が必要だと考えていた。たとえば、身体に痛みのある患者が、この先どれだけ痛みに耐えられるかわからないと感じている場合が、これに該当するだろう。また、変わる覚悟ができているかどうか、自分でもわからないという患者にも当てはまるだろう。エリクソンはこういう場合に使う暗示を、子供に使用したコミュニケーション――「……子供が何かについて確信をもてないでいるときは、こういうのです。『教えてあげよう、いつ行ったらいいか……今だよ』」――を引合いに出して説明している（Erickson, Rossi, and Rossi, 1976, p.169）。

「今」という一語を使うことによって、処理する時間も努力も要求することなく、大きな刺激を与えることができる。一般原則として、少ない努力で処理できる言葉のほうが、自分や他者、事物、問題についてもっている一般的評価に、うまく影響を及ぼすことができる（Obermiller, 1985）。ベルネイムによれば、暗示はシンプルであればあるほど、早く効果が現れる（Hughes and Rothovius, 1996）。

すでに述べたとおり、直接暗示が特に役立つ特定の状況がある。患者が過度の抑制や自信喪失に苦しんでいるようなケースがそれに当たるようだ。直接暗示が適切な人によって適切な時機に与えられるとき、既存の動機や能力が有効だと認められる。結局、舞台催眠術師が内気な観客を舞台に上がらせて、関心をもたせることができるのは、その人が自分の内気を克服する機会をもちたいと思っているからだ。

間接暗示

［事例▼二本の木のお話］

残念ながら、エリクソンは、治療にやってくる患者の誰よりも長生きするというわけにはいかなかった。最後の何年間かは、患者や家族や友人が、やがて訪れる自分の死を心して迎えられるようにすることに力を注いだ。慢性的な精神疾患をもつ患者や、独立して生きていくためにセラピーに依存するようになった患者にとって、そうした準備が非常に重要だとわかっていたからだ。患者によっては、たったひとりのセラピストとの終生の関係から恩恵を受ける者もいる。

そうした患者のひとりであるジョンがエリクソンのセラピーを受けはじめたのは、一九六〇年代初期だった。彼は統合失調症で、家族に設定してもらった信託基金のおかげで、独立して生活できていた。ジョンが車の運転に難儀するようになると、エリクソンは彼が歩いて診療室に来られるようなところにアパートを見つけてやった。ジョンは最初から、特にエリクソンに愛着を感じていた。ジョンは親切で誠実な人間であり、エリクソンは彼を自宅に迎えるのを楽しんだ。

ジョンとのセラピーは膨大な量に及んだ。エリクソンが取った方法のひとつは、強大な権力をもつ人であると同時に、患者の能力と比較すると一歩劣っている人という立場に自分を置くことだった。エリクソンはあるとき、ジョンは責任をもって他者の面倒を見ることを学ぶべきだと考え、ジョンを犬の収容所に行かせて、犬を一匹入手させている。ジョンのアパートは犬を飼うには狭すぎたので、エリクソンはジョンの犬バーニーに家を与えようと申し出た。ジョンは一日に二回エリクソンの家に来て、バーニーに餌をやり、世話をした。

伝えられるところによると、バーニーは自分とジョンとの関係や「偏屈じいさん」のこと、じいさんの車椅子やでかい音を出すクラクションを見てどれだけ「ぞっとさせられた」かについて、五行戯詩をたくさん書いたそうだ。バーニーのヒーローになったのは、間違いなくジョンだった。

(Zeig, 1985)

エリクソンとこの患者は、戸外で一緒に過ごす時間を特に楽しんだ。エリクソンが亡くなる二、三年前、ふたりは裏庭に二本の木を植えた。このときから友好的な競争が始まり、ふたりはいずれの木のほうが強く高く育つかを競った。

エリクソンの死後数ヵ月して、患者の木が弱って枯れはじめた。そのころには患者はもう、家族ぐるみの親しい友人になっていて、この関係は今日まで続いている。エリクソン夫人は「木の競争」のことを知っていたので、ジョンの木が枯れかかっていることで彼が悪影響を受けないかと心配になり、弱いほうの木を少しでも助けられないかと、「専門家にあなたの木を診てもらいましょうよ」と申し出た。ジョンは最初混乱していたが、その後、こう説明した。「あれはエリクソン先生の木ですよ。ふたりして木を植えたあとすぐ、先生はわたしの木をほしいって思ったんです。だから交換したんです」。そして、彼は誇らしげにもう一本の木を指差した。「わたしの木は元気に育っています。今までもずっとそうでした」[☆1]

エリクソンを知っていた人びとには、彼がまぎれもない**間接暗示**の達人であることがわかっている。エリクソンが間接暗示の利用に初めて関心をもったのは、大学で催眠を学びはじめたころだった。しかし、その後、間接暗示や許容的な催眠誘導を本格的に研究しはじめるのは、博士号を取得したあとである（Erickson, 1964/2001c, p.1）。彼は生涯を通じて間接暗示を利用しつづけることになるが、間接暗示は、メタファーやストーリーを利用し（Matthews, Lankton, and Lankton, 1993）、言語を多層的に使い、非言語的コミュニケーションを巧みに利用する際の論拠となっていた。**心理療法での暗示は可能なかぎり間接的であるべきだと、エリクソンは考えていた**（Erickson and Rossi, 1981）。このメッセージを取り違えて、間接暗示は常に直接暗示より効果的だという意味だとする者もいるが、その考え方は種々の臨床検査で信頼できないものとされている（Matthews, 2000）。

しかし、プラクティショナーは患者のもつ変化の論理にセラピーを適合させなくてはならないとする等のエリクソンの癒しの哲学を考えると、彼が直接暗示より間接暗示を好んだ理由が明らかになる。間接暗示にはある程度の曖昧さがあり、それによって応答の自由が拡大する（Matthews, Lankton, and Lankton, 1993）[☆2]。したがって、間接暗示の有効性は、プラクティショナーの期待どおりかどうかとい

☆1　上記症例の詳細の一部は、エリクソンの死後何年も経ってベティ・アリス・エリクソンとその母エリザベス・エリクソンとの間で交わされた会話から採ったものである。

う観点で測るのではなく、患者の必要にどれだけ累積的に役立っているかで測るのである。

もうひとつ、場合によっては間接暗示が有利になる理由がある。このコミュニケーション法は、直接的なコミュニケーションではアクセスできない心の部分に到達できるらしいということだ。それらは前頭葉の活動が介在しない脳の領域である。何か出来事が起きるたびに、感覚刺激は多様な経路を使って脳に伝わり、その結果、多数の潜在的な記憶や予想が創り出される（Carlson, 2004）。この生理機能によって、ときに説明がつかないような行動が発生する。人びとがセラピーを受けに来るのは、こうした条件行動がしばしば症状になるからである。

エリクソンはつねに無意識を意識化しようとしたのではなく、意識的な気づきの領域外にある問題と取り組む際に、やはり意識的な気づきの領域外にあるコミュニケーション法をしばしば使ったのである。同様に、感情の点火（従来の条件づけによる点火）は、その感情の点火剤が意識的な気づきの外側にある場合のほうがうまくいくことが研究によって明らかにされている（Murphy and Zajonc, 1993）。ある刺激を受けるとなぜだか不快になるという人が、その刺激を受けても良い気分になれるよう、手を貸したいと思うなら、意識的な気づきを喚起することなく、新しい肯定的な結びつきを創造するほうがいい。

この手のコミュニケーションは定義が難しい。「間接暗示」という用語は、明示的な命令以外のほとんどすべてをカバーする意味を含んでいる。直接暗示でも間接暗示でも、考えは言語や非言語的コミュニケーション、象徴的な行為を使って伝えられる。☆3 違いは、間接暗示を使う場合、意識的な検討のために望ましい目標が明らかにされることはないという点である。

直接暗示（「椅子に座ってください」）を間接暗示にするには、含意を利用したり（「しばらくしたら、立っているのは疲れると思うかもしれません」）、質問をしたり（「お座りになりたいですか？」）、連想させたり（「わたしの患者は通常あそこのあの椅子に座ります」）、事実をおおまかな言い方でいったり（「いつかは腰を下ろしたいと思うことでしょう」）すればいい。あるいは、クライエントの視線を捉えたらしばらく何もいわずにいて、それから空いている椅子を見やるという方法もある。ほかに、椅子をつま先でわずかにクライエントのほうに移動させるという手もある。何かを間接的に伝える方法は、事実上無限にある。

間接暗示のもっとも一般的なタイプは、暗黙の指示である。エリクソンは息子のロバートが怪我をして痛がっているのに気づくと、「これはひどく痛むね！　痛みはもう少し続くだろうな」と息子にいっている。これに含意されているのは、「もう少ししたら痛みはなくなる」ということだ。エリクソンの娘のひとりが歯科矯正から戻ってきたときには、「そんなに口いっぱい矯正器具が入っていた

☆2　応答の自由が拡大すれば、主観的に体験する現実がより大きく満たされるが、これを測定するのはきわめて難しい。これが特に当てはまるのが、結果を説明するのに群平均に頼るような標準化された方法を使う場合である。研究者たちは行動科学に関する最新のツールを使って、さまざまなテクニックの使用に有利な結果を引き出そうとするだろう。そうしたテクニックは間接暗示とは異なり、再現と予測に向いている。

☆3　たとえば、戦時下で白旗を振るのは、結果的に直接的なコミュニケーションとなる象徴的行為である。

ら、気持ちが悪くていやだね。慣れるまでは大変だろうな」と娘にいっている。これに含意されているのは、「必ず慣れるよ」ということである。これらふたつの暗示に共通しているのは、相手の体験に厳密に一致することをいった直後にそれを伝えているという点である。こうすることによって、残りの暗示もすんなり受け入れられやすくなる（Erickson, 1976/2001）。

間接暗示を与えるのに役立つ別の方法は、質問をすることである。これが催眠で特に有用なのは、答えを見つけようとして、患者の注意が自動的に内面に集中するからだ。たとえば、「進歩したことが自分ではっきりわかるようになるにはどのくらいの時間がかかるとあなたは思いますか？」と質問されたら、答えを見つけなくてはならなくなるため、進歩するという暗示を拒否するのに使えるエネルギーは減る。

こうした質問のほかにも、エリクソンはよく、「トランスに入るのは、今がいいですか？　それとも二、三分後にしますか？」というような、意識的なプロセスでは必ずしも答えられないような質問もしている。この質問への答えが、患者は必ずトランスに入るという考えを前提としているのは明らかである（Erickson, 1976/2001）。さらに大きな含意――もし癒しがトランスによって達成されるものであり、かつ、患者がトランスに入るのであれば、その患者は必ず救われるということ――については、そこまで明白ではない。

患者が自然に行なっている連想を認め、そうした連想を一種の心理的な「ハンドル」として利用することによって、間接暗示を伝えることもできる。このようにすると、他者の心の荷物のなかに出しゃばって手を突っ込まなくても有意義な会話を始める端緒を開くことができる。エリクソンによれば、患者に母親のことを話してもらうには、自分が自分の母親を話題にするのがもっとも手っ取り早いという（Erickson, 1976/2001）。結局、わたしたちのほとんどが子供のころからずっと憶えているのは、自分の母親について話そうとすると、驚くほど身構えてしまうということである。

同様に、子供のころに性的虐待を受けた女性に対して、セラピーで次に取るべきステップを提案したいと思ったら、過去の女性患者で、性的虐待を受けた経験があり、セラピーで同じ次のステップを取ることによって重要な利益を得た人物について言及すると、うまくいくだろう。このやりかたなら、そうした状況下で無用のパフォーマンス不安——「セラピストは次のステップに進まなくてはいけないというけれど、もし失敗したらどうなるのだろう？」など——を感じるかもしれない患者に、提案を押しつけることにはならない。間接暗示を使うと、この種のことを完全に迂回できるので、クライエントの反応はより自然な形で展開する。

ロキサンナ・クラインは、とても幼かったある日、家のなかに駆け込んで、「羽の生えたカチナ・ドール〔インディアンの守護神カチナをかたどった人形〕」を見たと報告したときのことをよく憶えている。まだ小さすぎて、トンボを知らなかったのだ。すると、エリクソンは表に出てきて状況を調べたあと、「きみには、自分の見たものを伝えるのにぴったりの言葉を見つける特別すてきな才能があるね」とロキサンナにいったという。彼はこの直接暗示を培養しつづけ、特定の言葉との彼女の肯定的な連想を、のちに間接暗示として利用できるようにした。

たとえば、クラインは子供のころ、古くなったパンの味と質感が大好きだった。母親がパン・プディングを作るのを幸せそうに見つめながら、その「ザクザク」パンの切れ端をいくつか取っておいてほしいとよく頼んでいた。その後、クラインが翌日の学校の試験や特別な誰かとの会合などを心配していると、エリクソンは愛情を込めて、「これはザク、ザク、パンが解決してくれそうな問題だね」と冗談をいったものである。この間接暗示が伝えているのは、それはとても些細な問題だから、ユーモアで対応したり、楽しみをもたらしてくれるものについて考えることで対処したりできるということである。クラインが妊娠して、分娩のことを心配していたときには、エリクソンは「ザクザク」パンを一枚枕の下に入れておくようにいい、「そうしておけば、必要なときにすぐ間に合うよ」といっている。彼女はその提案に従い、それは効果を発揮した。

間接暗示の変わり種としては、必然性を具体化せずに利用する方法がある。たとえば、「あなたの目はいつかは必ず閉じるでしょう」という直接暗示は逃れようのない暗示である。この暗示に抵抗する唯一の方法は、二度と眠らないことだ。この暗示に具体化を避ける限定詞を加えて、「あなたの目は遅かれ早かれ閉じるでしょう」とすると、間接暗示になる。トランス誘導の達成に関心のない相手には、これを少々修正して、「あなたは遅かれ早かれ、これまで気づいていなかった自分自身に関するあることを理解するでしょう」などとする。問題解決への努力に関連して、人生の必然的な事実に言及すると、クライエントの行動を有意な形で集中させるのに役立つ。患者がそうした暗示にどう反応して、どういう体験をしようとも、その体験は治療的変化の方向に向いている（Erickson, 1976/2001）。

この形の暗示を使う特別な利点は、プラクティショナーが絶対的な自信をもって話せるという点である。患者が指示されることは、当人がそれまでの人生の大半でしてきたことにほかならないことがわかっているからだ。たとえば、「あなたは遅かれ早かれ深呼吸をして、自分がそれまでよりほんの少しリラックスしていることに気づくでしょう」という暗示は、逃れようがない。このことは必ず、その人の将来のどこかで、少なくとも一度は発生する。エリクソン（1962/2001）は次のように説明している。「自分の患者は他の無数の平均的患者が達成してきたのと同じことを達成するはずだ――そう考えるのが合理的かつ合法的だと［プラクティショナーは］わかっているので、非言語的ながら非常に効果的なメッセージとして、絶大なる自信と期待を自分の患者に放つことができる。これは翻って、［セラピーの］テクニックの有効性に非常に良い影響を与える」（p.3）。いうまでもなく、エリクソンのことをよく知っているわたしたちは、テクニックの成功が第一の目的ではないことを理解している。変化を起こす最強の基盤を提供するのは、希望の伝達である。

ジョンと二本の木の症例に関して、一点考えられることがある。エリクソンは、自分の家庭内にジョンがなんらかの根を張ることを願っていたのではないかということだ。エリクソンは妻が自分より何年も長生きするだろうと考えていた。また、明らかに、ジョンはエリクソン夫人の誠実な友人となる人物だと考え、夫人はそのお返しとしてジョンに、単調な彼の日課に、目的と意味、愛情あふれる家族とのつながりを与えるだろうと考えていた。

残念ながら、このケースについては、エリクソンから完全な説明は聞いていない。ただ、エリクソン夫人もベティ・アリス・エリクソンも、彼には植物を見る優れた目があったことを知っている。そういうエリクソンなら、ジョンの木がうまく育たないことを早い時期に察し、意図的に、ジョンが丈夫なほうを自分のものにできるようにしたかもしれない。

それにしてもエリクソンはなぜ、この象徴的な行動を競争という形にしたのだろう？　一本の木を植えて、ジョンの成長と家族とのつながりとを暗示することもできたはずだ。考えられるのは、優しい父親が子供の自尊心を高めようとするように、ジョンが自信を高められるようにしたのではないかということである。第12章では、この方法の一例として、学校での挫折感に打ちのめされていた少女の症例を取り上げている（338頁参照）。エリクソンは彼女と自転車競走をして、彼女に勝たせた。この勝利は少女にとって格別にすばらしいものだった。というのも、彼女は兄が以前エリクソンと自転車で競走して負けたことを知っていたからだ。エリクソンが二本の木を植えた理由がなんであれ、彼の洞察の多くが生きとし生けるものの成長に対する熱い気持ちから発していたことは明らかである。

許容暗示

［事例▼規制された食事］

重度の低体重児を三人もつ両親がエリクソンの助けを求めてきた。両親は子供たちを健康に育てようと、大変な努力をしていた。母親は、子供たちにはいつも完全にバランスの取れた食事を与えるようにしていると説明した。彼女の栄養管理体制は包括的で、各主要食品群のすべてをカバーしていた。朝食にふさわしい食べ物、昼食にふさわしい食べ物、夕食にふさわしい食べ物も決めていた。子供たちが何をいつ、どのように食べるべきかについての自分の考えを守ることによって、子供たちが健康的な食事を取れるようにしたいと思っていた。

エリクソンは善意の両親に、「課題は、子供たちに食事を楽しむことを教えなくてはならないということです」と説明した。子供たちは飢えを満たすことの楽しみ方を学ばなくてはならないと彼は考え、両親には、子供たちに特別な食事を無理強いしようとしてはいけないとはっきり伝えた。

エリクソンが両親に望んだのは、食事に立ち入ろうとするのをやめるつもりだと子供たちにはっきりいうことだった。子供たちに要求していいのは、一日に三回、決まった時間にテーブルにつくことだけだった。子供たちは、母親がテーブルに用意したものはなんでも自分で自由に取って食べていいといってもらえることになった。

エリクソンは母親自身の必要を満たすために、彼女にはこういった。「あなたはバランスの取れた食事を与えたいと思っています。では、その訓練を始めましょう。ジョニーが食べたものの記録を取ってください。ウィリが食べたものの記録を取ってください。それから、アニーが毎食食べたものの記録を取ってください。そして、月末にそれらを合計するんです」

ひと月後に母親がまたやってきて、子供たちは自分でバランスの取れた食事をしていて、体重も増えたと報告した。三人のうちのひとりは、ある日レタスを食べはじめたが、それ以外はまったく食べなかったという。別の日には、肉しか食べていない。また別の日にはパン以外は口にしていない。エリクソンが説明したとおり、「子供たちは自由を感じて、本当に大騒ぎ」だった。そして、この自由と共に、体の飢えが命じることについて、学びを増やす機会も訪れた。

(Erickson, 1958c)

わたしたちは普通、人に理由を与えられるより、自分で理由を見つけるほうが、よく納得する。
――ブレイズ・パスカル（一六二三－六二年）

エリクソンのワークには各個人の生来の能力に対する深い敬意があることがよくわかる。このことは、彼が行なった**許容暗示**の概念化についてもよく当てはまる。

「間接」(indirect) と **「許容」(permissive)** という用語を互換性があるかのように使っている者もいるが、エリクソンは許容暗示を、間接暗示の改編だと説明している (Erickson, Hershman, and Sector, 1961, p.272)。許容暗示の根底には、人は自分の問題にもっともふさわしい解決法を見つけるために無意識を利用するはずだという基本前提がある。

エリクソンは、「無意識」について語るとき、その人が見、体験し、学び、感じたことすべてをしまってある倉庫の働きをする心の能力のことをいっている。無意識は本質的に善なもの、保護し支援してくれるもの、頼りにできるものとして認められるべきだと、彼は考えていた。患者の無意識はそういうものとして、治療中、エリクソンのもっとも重要な味方のひとつとなった。彼はこうして、自らの隠れたリソースへのアクセス許可を患者に与える、説得力のある方法を編み出したのである。

これが許容暗示を理解するための背景である。重い精神障害のある患者は別として、それ以外の患者は自らに役立つ適切なことを、適切なときに、適切な順序で行なうという考えを、セラピストは受け入れなくてはならない。直接暗示とは対照的に、エリクソンは許容暗示を利用し、患者が自分のやりかたで自分自身の解決法を生み出すことができるようにすることによって、新たな学びを促している（Rossi, 1973）。患者はこのようにして、セラピーの最中に自らの内部で見つかったものを信頼するようになる。

この方法には、暗示を使ったその他の方法を凌ぐ決定的な利点がある。社会心理学の研究が明らかにしたところによると、患者が、治療による変化は性格特性の変化や新たな対処スキルの獲得などの内的要因によるものだと考えている場合、その変化は長期にわたる傾向がある。また、治療による変化はセラピストやその介入などの外的要因によるものだと考えている場合、その変化は長続きしない傾向がある。内的要因であれ外的要因であれ、変化の出所だとされたものは自己達成的予言を誘発するようだ（Weinberger, 1994, 1995）。患者は許容暗示によって、セラピーにおけるもっとも重要な協力者としてのみならず、自らの将来の行動について最終決定権を有する者としても、行動できるようになる。

ここでは許容暗示を単一のテクニックとして分類しているが、これをやり遂げる方法は多数ある。それらに共通するのは、曖昧な刺激を使って経験的学びに基づく反応を引き起こすということである（Erickson, 1958）。患者はこの刺激に促され、何を考えたらいいのか、何をしたらいいのかを教えてもらうのではなく、主観的に有意義な自分自身の結論を導き出す。暗示やストーリーのもつ曖昧さは、精神活動を刺激し、コミュニケーションを深める。これは催眠にかぎったことではない（Lankton, 2001/2003, p.8）。ガーデニングの発想と同様、エリクソンはよく新たな考えという形の種を蒔き、何が成長するのかを見守った。

許容暗示を提供するための方法のひとつに、それぞれの指示を、命令ではなく選択肢として表現するというのがある。たとえば、手を浮揚させる暗示を単なる暗示として――「あなたの手は、前より軽くなったように感じられるようになるかもしれません、たぶん指先あたり、ひょっとしたら手のひらにうずきを感じるだけかもしれません、わたしにはわかりませんが、あなたには、自分の手に生じる違いがわかります」などと――表現すると、手が実際に何をするかを患者が決める機会が生まれる。同じ効果は、「ことによると」という言葉を使っても得られる。たとえば、「ことによると、これは、長く忘れられていた記憶ではあるけれど、あなたにとっては重要な意味をもつものを思い出す機会なのかもしれません」などというのである。こうした限定詞は、その考えを命令ではなく暗示として表現するため、患者は外的な力と闘う必要がなくなる。

さらにもうひとつ、好機に注意を集中させる手段がある。特定の行動について、患者の自主性を指摘するのである。エリクソンなら、「あなたがご自分の求めどおりにトランスに入るのか、あるいは、ご自分の求めどおりにトランスに入らないのかは、わたしにはわかりません」というだろう(Erickson, 1964/2001b, p.3)。こうした指摘によって、今の状況は、明らかに患者が自分の運命を握っている状況であることが明確になる。エリクソンには、患者が求めたことが発生するかどうかを知る方法はなかった。彼はただ、そうなるだろうと暗示しただけである。

許容暗示をやり遂げるふたつめの方法は、一般論の利用である。エリクソンが説明するように、「相手が自分の生活の具体面に適用できるような一般論を語る」のである(Erickson, 1973/2001a, p.2)。これは、驚くほど簡単にできる。わたしたちの大半は学校に行き、読み書きを習い、友だちと遊び、ペットを可愛がり、両親に愛してもらいたいと思う、といったことをする。そこで一般論を語り、重要でないことだけ詳細に語ると、患者はたいてい残りの部分を、自分にとって意味のある事実で埋めようとする。

例を挙げよう。「登校初日を無事にやり遂げるというのは重要なことでした。初日には、校庭にあるすべてが自分よりはるかに大きく見えましたが、学校を卒業する日にはそれほど大きくは見えませんでした。そして、ほかにも、あなたの内面で変化した感覚がありました。そのいくつかについては、何年もの間、思ってみることもなかったかもしれません」。このタイプの暗示が与えられると、患者はより自由に自分固有の生活体験を探り、それらを現在の状況に当てはめられるようになる。

許容暗示をやり遂げる三つめの方法は、結論を出さないような発言をして、応答にはたくさん可能性があることを暗示するというやりかたである（Erickson, 1976/2001）。たとえば、こんなふうにいう。「どんな人にも、自分の認識していないさまざまな能力があります。それらは、意識が完全に忘れていたり、部分的に忘れていたりする記憶や思考、感情、感覚などで、無意識はそれらを利用することができる上に、無意識の準備が整いさえすれば、いつでも体験できるものです」

被験者が結論を示さない暗示を与えられて発生させた反応は、どのような反応であれ、将来のワークの基礎として役立つ有効な反応である（Erickson, 1976/2001, pp.4-22）。結論を示さない暗示を与えられることによって、患者は自分固有の要求にもっともふさわしい体験を選択することができる。

本セクション冒頭の症例では、子供たちは自分自身の食欲に気づく必要があった。今振り返ってみると、そのことと、ほとんどの患者がセラピーに何を求めているかに気づく必要があるということとが似ているのは明白である。これはまさに、許容暗示の精神である。治療効果のある滋養物は、無理やり患者の喉に突っ込むべきものではない。ごちそうとして並べておき、患者がそのなかから、自分の必要をもっともよく満たすものを選ぶのだ。ビュッフェ式に、なんでも選ぶことができ、何も選ばなくてもよく、昔からのお気に入りや初めてのものも選べるよう、テーブルに並べておくのである。子供たちの食欲についてエリクソンが説明したように、好機として体験すべきものを無理やり押しつけても、なんの役にも立たない。

散りばめと繰り返し

[事例▼幻肢痛に苦しむ男性]

六〇代後半の男性が、がん性腫瘍が見つかったために片側骨盤離断術を受けたが、脚を切除したあと、幻肢痛が発生した。それは、つま先をきつく捻られ、足をふたつ折りにされ、脚部をねじって背後にぐうっと引っ張られるような痛みだった。痛みは昼夜を問わず発作的に発生し、彼は汗まみれになって、ときに床に倒れ、我知らず絶叫した。こうした重い発作が起きていないときにも、うずくような痛みがつねにあった。

男性はこの状態を六年間耐えてきたが、その間に鎮痛剤デメロールの注射にすっかり頼るようになり、ときには二四時間に一二〜一六回も打ち、一回の投与量が一〇〇ミリグラムにまでなることもあった。彼はなんとしても痛みから解放されたかった。そして、わたしは薬物中毒患者として一生を送りたくないのです、とエリクソンに説明した。「世間にはそういう連中がいっぱいいるのを見てきました。でも、わたしは人間です。薬中なんかじゃありません！　痛みと薬でぼろぼろになるのはごめんです。でも、もう長くはもちそうにありません。だから、なんとかしてください。先生の良心が許すことなら、何をしてもらってもかまいませんから！」

男性はこれまですでに数回催眠による治療を受けていたが、いずれも失敗に終わっていた。彼は何度もエリクソンに謝った。「わたしは本当にどうしようもない患者です。横柄で、頑固で、いつも警戒していて、すぐに議論を吹っかけて——でも、そうしないではいられないんです」

直接暗示は彼には効果がなさそうだった。彼はこういったのだ。「どんなやりかたであれ、痛みや薬物中毒からわたしを救ってくれるときには、わたしが見ていない間にこっそりやっていただかないとだめです。わたしはずっと勝者として生きてきた人間なので、自分のためになることであっても、勝者でない自分にはなれないんです」

こうした障害はあったが、男性はほかの専門家たちがエリクソンのワークに敬意を払っているのを知っていたので、この医者なら自分を救ってくれるだろうと期待していた。「フォン・デデンロウト先生の説明では……あなたは、見事なまでにこっそりやれる催眠テクニックをおもちで、土砂降りのときでも濡れないでいられるくらいだとか。その言い方を聞いて、わたしは彼を信じました。さあ、これであなたは、どうにかうまくやれる方法があるなら、何を使ってもいいというわたしの許しを得ましたよ」

エリクソンは男性をざっくばらんな会話に誘い入れ、彼が社交的で楽しい人物であることを知った。男性は高校を中退したあと、さまざまな分野の本を幅広く読んで教養を身につけたという。

子供のころは極貧の暮らしだったが、今は七つの企業のオーナーとなって巨大な富を築くまでになり、数多くの孤児院や病院、図書館、美術館に寄付をし、北半球のあちこちを広範囲に旅行した。そして、他人の私生活にいつも強い関心を抱いていた。「やくざ者も含めて、虫の好かない相手には出会ったことがない」ともいった。しかし、この会話の最中、痛みのこと以外、自分の個人的な体験についてはいっさい語らなかった。

エリクソンは最初の二セッション——合計六時間——を使い、ざっくばらんな会話で男性の注意をそらしつつ、トランス行動のための暗示を散りばめた。痛みの軽減についての暗示は、三度目のセッションで、男性がトランス状態の間に話し合ったことすべてについて健忘に陥ることができるとわかってから、初めて試している。こうした状況のもとで、男性は何も質問することなく、指示に従った。

エリクソンは催眠のセッションを使い、この男性がもっとも興味をもってのめり込むとわかっている事柄について、すべて事細かに話し合った。そして、話をしている間に、痛みの軽減と薬物中毒からの解放のための暗示を散りばめた。これらのテーマは、異なるコンテクストで幾度となく繰り返された。のちに男性はこれらのトランス状態を、単なる説明のつかない時間の経過として思い出している。

セッションが数回済んだころ、男性はエリクソンとの会話を怪しむようになり、「先生が何をしているのか、わたしにはわかりませんが、わたしの問題は小さくなってきています」といった。

エリクソンは催眠がうまくいっていることを認めようとはせず、「たぶん、何もする必要はないのでしょう」といって、その話題を避けた。やがて、彼を痛みから救うために催眠を利用するという点については、まったく話題に上らなくなった。エリクソンは実は催眠について言及しているが、それはほかの患者に関する話のなかでのことだった。こうしてあれやこれやを話し合いながら、会話のなかに痛みをコントロールする暗示を散りばめつづけた。

二ヵ月後、男性はもう助けは必要ないと宣言した。しかし、その九ヵ月後、香港型インフルエンザで重い症状に苦しみ、同じ病気で大切な妻を亡くしかけたあと、再びエリクソンを訪ねてきた。極度のストレスのせいで、痛みと薬物への依存が再発したのである。彼はエリクソンにこう説明した。「先生がいったいどうやって話をするだけで、わたしを痛みとデメロールから解放するのか、わたしにはわかりませんが、あなたはきっとまたそうしてくれるはずです。でも、あの忌々しいインフルエンザのせいで、初めてここに来たときの状態にすっかり戻ってしまいました。たぶん前より悪くなっているでしょう」

エリクソンは再び同じテクニックを使い、最初の二セッションでは、無理に催眠を使おうとはしなかった。男性はこれにがっかりして、こういった。「あと二回やって、手が尽きるようなら、この忌わしいデメロール以外の薬を使ってみたらどうかっていう先生の意見に従ってみます」

三回目のセッションの最後に、彼は自分がトランスに入っていたことは知らずに、その深いトランスから醒めた。不意に彼はぎょっとして腕時計を見、三時間が経過していたことを知ると、「ええい、なんてこった！　見ていない間に、またこっそりやられちまった！」と叫んだ。早く進めすぎると、男性が暗示を拒否しそうだということが、エリクソンにはわかっていたのだ。

それから一年ほどして、肥大した前立腺の手術をしたあと、また強い痛みが再発した。男性は、入院中は電話でエリクソンの助けを借り、退院後には、さらに満足できる程度にまで痛みを軽減し、薬物依存から解放してもらうためにフェニックスを訪れている。

(Erickson, 1973/2001b, pp.10-14)

セラピーを進めていく途中、エリクソンは、自己催眠のうまい人を観察することが男性の役に立つのではないかと考え、ベティ・アリスを呼び入れた。彼女はいつもどおり、自分の誘導に腕の硬直《カタレプシー》を使ったことは記憶しているのに、そのあと自分の手がまだ脚の上にあるのを幻視した。その結果、右手がふたつあることになり、そのいずれかは消えたり、また現れたりすることができた。この混乱状態のなかで、ベティ・アリスの現実の腕と幻覚の腕双方に感覚麻痺が生じた。いずれが現実の腕であるかは関係なかった。

完全にトランスに没入した状態で、彼女は男性のほうを向き、「どちらの手が本物で、どちらの手が本物じゃないか、あなたにはわかりますか?」と訊ねた。男性がわかると答えると、どうしてわかるのかと彼女は訊いた。「わたしには一方が見えるだけで、もう一方は見えませんから」と男性がいうと、ベティ・アリスは、「わたしには両方見えるんです。一方が本物じゃないことはわかっています。でも、どっちなのかはわかりません」と答えた。

そこでエリクソンは男性に訊ねた。「どうやったら、ベティ・アリスは本物の手とそうじゃない手の違いを判断できるんでしょうね?」。男性は自分自身の体験について考え、本物の脚と幻肢から生じる感覚の性質について考えた。

男性は明らかにセラピーを楽しんでいたが、幻肢痛が完全に消えることはなかった。彼のいう再発とは、「本物とはまったく違っているが、やはり気にはなり、それなしで済ませられるのはわかっているが、それでもちょっとだけ時間を割いてやる必要のあるもの」だった。

(Erickson, 1973/2001b, p.14)

催眠を研究すれば、考えを繰り返し伝えてその影響力を高めようとするテクニックは、暗示が初めて基本的な戦略として認められて以来ずっと実践されてきたことが明白である。しかし、**繰り返し**は、催眠で使われる以前にも、呪医たちによって儀式や単調な歌の形で実践されてきた。

西洋の宣教師たちが、呪医を霊的権威としていた辺鄙なジャングルの村に入っていくようになると、文化の衝突は不可避だっただけでなく、ときに致命的でもあった。しかし、この衝突が平和的に解決された例もある。そのひとつでは、ふたりのキリスト教宣教師が、いずれの魔法のほうが力があるかを公に競って決めることに同意している。

宣教師たちは約束の時間に呪医の指示で、呪医から渡されたものをただ手にもって、それを地面から浮かしておくことになった。呪医に先導された村人たちは繰り返し「棒は上がる……棒は上がる……棒は上がる！」と歌いながら、その宣教師たちの周りを回った。歌に合わせて太鼓が叩かれ、容赦ない暗示がしばらく続くと、宣教師たちの筋肉は硬直しはじめた。ほどなく彼らの顔を玉のような汗が伝うようになり、棒はゆっくり上昇した。自分の言い分の正しさを証明した呪医は、その後、宣教師が村に入ることを快く許可した。

宣教師たちが作り話をしていないとしたら――恥になることであるから、作り話ではなさそうだが――宣教師たちが棒を握る手をあっさり緩めていたらどうなっていたかと考えてみると、興味深いものがある。腕浮揚のテクニックを理解している読者はお気づきだろうが、呪医の方法は挑戦暗示の単純な変種――「棒浮揚のテクニック」――である。

〈暗示〉を首尾よく使うために必要なスキルやトレーニングの量を考える場合、「羽のように軽い、板のように硬い」などの子供時代のゲームを振り返ってみると興味深い。このゲームでは、仰向けに寝た子供をたくさんの子供が取り囲み、周りの子供たちは仰向けの子供の体の下に指を一本差し入れ、「羽のように軽い、板のように硬い」を呪文のように繰り返す。しばらくすると、それに反応して仰向けの子供の体が硬直し、周囲の子供たちはそれぞれ指一本だけで硬直した子供の体を浮かせようとする。友だちの体が浮くように見えるのを眺め、多くの子供たちは大喜びする。繰り返し与えられる暗示の力は、奇妙な現象でも珍しい現象でもない。人は何事かが充分に繰り返されるのを聞くと、最後にはそれを信じるようになる。

〈暗示〉を臨床目的で利用する場合、患者とのコミュニケーションに役立てるために目標とすべき有用な考えが、いくつかある。しかし、なんらかの効果を上げるためには、薬剤が体の生理に受け入れられなくてはならないように、臨床的な考えも心理的に受け入れられなくてはならない。繰り返しのテクニックはこの点で役立つように思われる。よく知らない考えのほうが、馴染むようになった考えよりも拒絶しやすい。同様に、同じものを何度も提示されると（単なる曝露でも）、それに対する好感が増すことが研究で示されている（Bornstein, 1989; Zajonc and Markus, 1982）。同一の考えを自信をもって繰り返し提示することによって、その実現に向けた動きを活発にすることもできるのである。〈暗示〉を使う際の受容の重要性を考えれば、単調な冗長性で患者の反感を買うのは有用でないことが明らかになる。エリクソンはこれを解決するために、進行中の会話に暗示を散りばめることによって、繰り返しのテクニックを拡大するというやりかたをした。考えを短く伝えれば、そうそう酷評を招くことはないだろう。会話が続く間、基本の暗示を頻繁に取り上げるにつれ、それは次第に馴染みのあるものになり、したがって患者の思考のなかに吸収されていく。これが、エリクソンの**散りばめ技法**の本質である（Erickson, 1966/2001）。

幻肢痛に苦しんだ男性のケースを考察すれば、各セッションで散りばめ技法による暗示が用いられていたことは明らかである。マクロ・レベルでの繰り返しの利用は、散りばめほど明確ではない。一年後に男性が再びセラピーに訪れたとき、エリクソンは自分の手法を正確に繰り返し、最初の二セッションが済んでからセラピーを試み、三度目のセッションの最後に痛みを軽減する暗示を与えている。男性もまた、一年前と同様、こっそりやられてしまったことに驚きの反応を示している。

催眠についてさらに学びたいと思ったベティ・アリスは、なぜ自分にデモンストレーションをさせたのかをエリクソンに訊ねた。あの男性患者は神経が送ってくる感覚をうまく解釈できないのだと、エリクソンは説明した。当初、信号は痛みとして解釈されていた。ベティ・アリスが幻の腕を見るのを観察していた男性は、彼女の話を理解するために、自分の体が感じている偽感覚を参照する可能性があった。したがって、男性が彼女に対してどういうことをいうにせよ、それはなんらかのレベルで彼自身の幻肢痛と結びついている可能性があった。男性はその後、彼女が現実の感覚と「幻覚による」感覚との微細な差異を理解するのを手伝うという課題を与えられる。エリクソンは彼女をモデルとして使うことで、現実には存在しない脚について、乖離を体験する方法を男性に教えていたのである。

エリクソンはこの興味深い二重乖離を利用して、男性がそうした信号の解釈力を高められるようにした。男性はエリクソンの要請に応じるために、まず自分の体内の感覚から乖離しなくてはならなかった。そして、次に、自分のものでないだけでなく、実際に存在しない腕の感覚について考えなくてはならなかった。彼が与えられた課題は、彼自身の課題とよく似ていた。格言にもある。「問題は、他人のものであるときのほうが、簡単に解決法が見つかる」

激しい抵抗がある場合、エリクソンはしばしば、暗示を与えると同時に、相手の注意をそらしている。彼は先の症例の説明のなかで、トランスを維持するための暗示の間に治療用の暗示を散りばめると、治療用の暗示がより効果的に働くことが多いといっている。患者は治療用の暗示を聞いて理解するが、それに反論する前に、トランス維持の暗示に注意を引きつけられるからだ（Erickson, 1973/2001b）。患者が実際にトランス行動を維持すれば、ふたつの暗示は無意識レベルで同時に承認される。「暗示されたとおりに、もしわたしがまだトランス状態にいるのなら、このトランスのなかでわたしに与えられた暗示はすべて効果的に働いているに違いない！」

セラピーで催眠を使う場合、トランス誘導とトランス維持は、小規模ながら、セラピー全体の成功を表わしている。トランス誘導がうまくいくと、希望のもてる状況が創られる。「ほかの人には無理だったのに、この人はわたしをトランス状態に入れることができる。だったら、必要な助けも与えてくれるに違いない」

これを念頭に置けば、エリクソンがこの男性のように極度に安心を必要とする患者に対して、繰り返しトランスのセッションを行なうことに意味があるのが、よくわかる。

時期が適切であれば、心を掻き乱されるような現実のなかですら、希望を見い出すことができる。得られた癒しは、魔法と同じではない。エリクソンは幻肢痛の男性を治療したのではない。男性が幻肢痛と共に生きていくことができるよう手助けしたのだ。そのおかげで、男性はさらに何年も幸せに暮らすことができた。

しかし、時の経過に伴い、がんは体内に戻ってきた。痛みはきわめて強く、予後も良くなかった。体が衰弱しつづけるなかで薬漬けになって残りの人生を生きていくことになりそうだとわかったとき、男性は別の選択をした。銃で自殺したのである。

混乱技法

［事例▼自分は催眠状態になれないと思っていた女性］

女性は、いかにも矛盾した様子でエリクソンの診療室に入ってきた。初診だった。エリクソンは、女性の行動はもたもたしていて自信のなさが現れていると見たが、診療室に入ってきた彼女の足取りは力強く、大股で、挑戦的だった。彼女は椅子に腰を下ろし、両手のひらを膝に当てて腕を突っ張ると、体に力を入れて姿勢を正した。

女性は自己紹介として自分の状態を説明し、ここに来る前に何人かの医師に催眠を頼み、三〇時間もかけたが、うまくいかなかったといった。そして、こういい足した。「どの先生も、催眠に対するわたしの抵抗が強すぎるといいました。でも、皆さん、あなたならできるというんです。けれど、結局わたしは、別のふたりの医師のところに行きました。故郷に近かったからです。催眠のためにわざわざフェニックスまで来たくなかったんです。ところが、ファミリー・ドクターまでもが、催眠を使えばセラピーに対するこの抵抗を克服できるようになるというものですから」

女性は、自分がセラピーを受ける必要があると同時に避ける必要もあることを理解していなかったが、真剣に助けを求めていた。そのことに気づいたエリクソンは、他の医師たちが彼女の催眠にどう失敗したのか、その詳細を訊ねた。そして、聞き終えたエリクソンは、女性はセラピーを受け入れようとしているのではなく、自分を競争に巻き込もうとしているのだと感じた。そこで、無愛想にこう答えた。「わかりました。では、はっきりさせておきましょう。三人の医師は皆、わたしに勝るとも劣らないいい人たちで、その人たちがいっしょうけんめい手を尽くし、長い時間をかけた。そして、わたしも同じ判断を下すつもりですが、三人はあなたの抵抗が強すぎると判断した。以上の二点に間違いはありませんね？」

それから、声の抑揚とテンポを変えて、こういった。「わたしにはあなたを催眠状態にすることができません、腕はともかく」〔「腕はともかく」はひとつの単語のように発声している〕

女性は困惑した様子で、「わたしを催眠状態にすることはできない、腕はともかく……って、何をおっしゃっているのか、わかりませんわ」といった。エリクソンは同じ言葉を、今度はゆっくり、かつ強調して繰り返した。「わたしはまさにそういおうとしたのです。わたしにはあなたを催眠状態にすることができません」

そして、静かな優しい声で、「腕はともかく……ほら見て」とつけ加えた（ここでも「腕はともかく」はひとつの単語のように発声している）。

エリクソンは「ほら見て」という言葉を口にしたとき、女性の手に軽く触れ、それを上昇させるようにした。それから、彼がゆっくり指を離すと、彼女の手は硬直したかのように、そのまま中空に留まった。

女性がこのような思いがけない位置に自分の腕が留まっているのを見つめていると、エリクソンは静かに抑揚をつけていった。「そっと目を閉じて、深呼吸すると、とても深い眠りに入っていき、そうしている間に、あなたの左手はゆっくり太ももの上に戻ってきて、そこにずっと留まり、その間にあなたは深く気持ちよく眠りつづけ、わたしが目醒めるようにいうまでそのままでです」

診療室に入ってきてから五分もしないうちに、女性は深い夢遊性のトランスに入った。

(Erickson, 1964/2001d, p.30)

混乱技法は高等テクニックで、エリクソンはその達人だった。混乱の利用は、より正確には厳密な意味での暗示ではなく、反応性を高めた状態への一ステップとみなされているが、個人間関係に影響を与えるエリクソンのやりかたにおいて、それが果たす重要な役割は、本章でこの技法を取り上げる根拠となっている。

エリクソンは混乱を利用して、患者が変化する準備を整えた。混乱はしばしば催眠誘導のなかに組み入れられ、受容性の高まった状態を作り出した。症例でおわかりのように、ほんの少しの混乱を取り入れるだけで、相手のものの見方をそれまでとは完全に異なるものに変えられることもある。混乱は予想外の出来事の副産物であることが多い。エリクソンが説明するように、「相手の予想外のことをすれば、相手は必ず自分の設定からぽんと押し出される」(Erickson and Rossi, 1976, p.154)。ベティ・アリス・エリクソンは、養親になかなかなつかなかった里子のことをよく憶えている。この家族はかなり長い間エリクソンの助言を求めつづけ、母親はベティ・アリス・エリクソンの友人になっている。

里子に入った少女セーラは自分の思いどおりにしようという気持ちがきわめて強く、多くの不健全なやりかたで自分自身の行動を制限していた。母親は嘆いた。「セーラは一日中、ほんとに自分のしたいと思うこと以外、なんにもすることがないの——働きに行かなくちゃいけないわけじゃないし、夕飯の支度をしなくちゃいけないわけじゃないし、妹たちを学校にお迎えに行かなくちゃいけないわけじゃないしね。ずっと朝食を食べつづけることもできれば、歯を磨きつづけることもできるの。だって、こなさなくちゃいけない予定がないんだもの」。彼女の反抗的態度の大半は、消極的な抵抗だった。

セーラは必死に安全を求めていて、他者をコントロールしていないと安心できなかった。コントロールのさなかの束の間の息抜きは強力な二次利得を生み出した。しかし、家族にとっては厄介な状況を発生させていたので、それゆえに、自分が家族に喜んで迎え入れられた存在だと信じられるような機会はほとんどなかった。直接対決や普通の罰では、行動は抑制できなかった。そうすると、彼女は余計に不安になったからだ。いつまでも終わることのないこの悪循環を逃れる方法はほとんどないように思われた。

エリクソンの採った介入法は、意表を突きながらも楽しめるようなやりかたで、家庭の日課を確実に変化させるよう母親に指示するというものだった。その予想外の活動には残りの家族も参加することが重要だった。もしセーラが参加したら、両親がその基準を設定していることになるとエリクソンは説明した。たとえセーラが参加しなくても、残りの家族はその新たな楽しい行動をただ楽しめばいいのであって、セーラにはそれを拒絶する理由はなく、他の家族が楽しむ姿が、いずれ家族の一員になりたいという希望を彼女のなかに育てていくとも説明した。

両親はエリクソンの助言に従った。たとえば、家族は「上下逆さの夜」を過ごした。ベッドの枕に足を乗せ、普段足のあるほうに頭を置いて寝るのである。兄やふたりの妹はこのばかばかしいゲームを楽しんだ。別の日には、母親が水泳パーティを企画し、近所の子供たちも数人これに加わった。全員、ソックスを履いたまま泳がなくてはならなかった。もちろん、母親もだ。子供たちがさらに喜んだのは、母親が、ランチは「逆からにするわ」といったときである。みんな、デザートを食べてからサンドイッチを食べなくてはならなかった。そして、そのサンドイッチは、ボローニャ・ソーセージの間に薄切りのパンをはさんだ「パン・サンド」だった。

セーラは動揺した。これは、「そうあってしかるべき」状態ではなかったからだ。母親の行動はわけがわからなかった。しかし、セーラはみんなに加わることにし、したがって、母親の決めた水泳とランチの形も受け入れることにした。何しろ設定が設定だっただけに、セーラは母親の支配下にある間、楽しい時間を過ごし、その結果、さらに別のレベルの混乱が加わった。

もっとも強力な形の混乱は、セラピストの取る意外な行動に対する患者の気まぐれな行動から発生する。エリクソンは以下のように説明している。


混乱技法は考えと理解を提示する手法のひとつで、心的な活動と反応に資するが、一見関係があり正当であるように見えて実は無関係の情報がひどく混じり合っているために、反応が抑制され、心に欲求不満と疑いが生じるという特徴もある。結果が出るのは、決定的な暗示――すなわち、被験者が満足し、被験者自身の……経験的な学びが有効だと認める、簡単で手近な反応を可能にするような暗示――が与えられたときである。

(Erickson, 1964/2001d, p.32)


エリクソンはしばしば、腕浮揚を利用してこの独特な混乱を発生させている。たいていの場合、この技法の被験者は、硬直して中空に留まっている自分自身の腕の行動にすっかり混乱した。エリクソンにしてみれば、このタイプの混乱は特殊な形のユーモアを構成するもの(Erickson, 1964/2001d)――患者がおもしろがったり楽しんだりできるもの――だった。

エリクソンが茶目っ気から混乱を利用していたことは、彼が初めて、重要な催眠テクニックとしてその潜在能力に気づいたときのことから明らかである。その事件は一九二三年の風の強い日に起きた。大学生だった若いエリクソンは、アメリカ合衆国で初めて行なわれた催眠に関する大学のセミナーに出ようと急いでいた。その途中、思いがけなくある建物の角から男性が現れ、ふたりは衝突したのである。

男性が体のバランスを取り戻す前に、エリクソンは自分の腕時計をちらっと見て、「ぴったり二時一〇分前ですね」と礼儀正しくいった。実際には、午後の四時に近かった。エリクソンはそのまま歩きつづけ、半ブロックほど行ったところで振り返ると、男性は先ほどの発言に困惑して、彼を凝視していた。エリクソンがふざけてこの手の混乱を発生させたのは、これが初めてではなかった。しかし、「理解できるなんらかの情報をどうにかして得たいと切望する気持ちを相手に発生させる」このテクニックの可能性を認識するようになったのは、この出来事以降である（Erickson, 1964/2001d, p.2）。

混乱についてできるかぎり明らかにするためには、それを発生させることのできる種々の方法を明確に理解することが役に立つ。その方法には、たとえば、的はずれの質問をする、前言と無関係な発言をする、掛け言葉でしゃれをいう、極端に詳しく説明して複雑にする、矛盾する提案を続けざまにする、安定した行動パターンをいきなり中断する、などがある。最後の方法は、エリクソンが握手による誘導の一部として用いたことで有名である。

握手による誘導は、深い内的没入状態がいかに迅速に達成されうるかを示す教育用のデモンストレーションでエリクソンが頻繁に利用している。デモンストレーションの被験者は舞台に上がるか上がらないかのうちに、自分が深いトランスに入ったことに気づく。デモンストレーションを確実に成功させるために、エリクソンは講義前に部屋を歩き回り、手を握っている時間を長引かせるやりかたで握手をしながら相手の行動を観察して、被験者を選び出すこともあった。こうすることによって、聴衆のなかの誰がこのタイプの誘導にもっとも簡単に反応するかを判断することができたのである。

選ばれた被験者は舞台に呼ばれ、エリクソンは手を差し伸べる。しかし、彼はそこで突然、相手の腕の自動的な動きを遮り、被験者の手を取って、当人の眼前の中空にそれを置く。すると、その手は硬直したかのようになる。このテクニックによって発生した混乱は、エリクソンの思いがけない行動からのみ来ているのではなく、当人が自分自身の手をどうしたらいいかわからないことからも来ている。この種の手順に従ってきた被験者は、エリクソンから出る次の暗示に協力するプロセスにすっかりはまっている（Erickson, 1961a, 1961b）。

ここまでに述べてきた例で、混乱技法の基盤の役割を果たしているのは、腕浮揚という思いがけない体験である。ここで興味深い疑問が湧く。このテクニックは、すでに催眠の訓練を受け、腕浮揚を体験している人にも、同様の効果を発揮するのだろうかという疑問である。実験として、ショートはデモンストレーションを行なった。聴衆は、練習を積んだ催眠の使い手たちであり、そのなかからボランティアをひとり選んで、催眠に抵抗するためにできることはなんでもするよう指示した。

被験者の男性は、まず、暗示に対する自分の抵抗力にどれだけ自信があるかについて、予備的な質問をいくつか受けてから、腕浮揚の合図として、右の手に触れてもかまわないかと訊ねられた。男性がかまわないと答えると、ショートは無頓着にも彼の左手のほうに手を伸ばした。被験者は状況を正そうとして、自発的に右手を浮かせた。それと同時にショートは手を引っ込め、被験者の右手をじっとにらんだ。この連結した行動によって、被験者の手は行き場を失い、ゆえに硬直状態となり動かなくなった。その後、被験者は目を閉じて、深いトランスに入るよう指示された。

これは結果的に夢遊性のトランスとなり、数種類の高度な催眠現象のデモンストレーションが可能となった。握手による誘導と同様、この被験者は腕浮揚がある特定のやりかたで行なわれると思っていた。思いがけない行動によって被験者が混乱したことと、被験者が練習していた行動パターンが妨げられたことによって、デモンストレーションのお膳立てが整ったのである。

混乱は、言葉のみを使って導入することもできる。エリクソンがよく使った言語による混乱技法は、的はずれのストーリーを語り、前言と無関係な発言をするというものだった (Erickson and Rossi, 1981, p.166)。これらは、もし的はずれでなく無関係でないなら、妥当な発言であり、これらの属さない論理の道筋にたどりつくものである。

これは日常の出来事でもごく自然に見られる行動である。単一の発言のなかで、前の部分と無関係なことをいえば、結果はしばしば滑稽なものになる。たとえば、あるビストロをよく知っている人が友人に、「あのレストランのあの場所には、もう誰も座らないんだ。混みすぎなんだよ」と忠告したとしよう。単独のコメントとしては、おもしろい。しかし、つじつまの合わない発言が続くことで、大切な会話の意味が曖昧になりはじめたとき、何が伝えられているのか理解しようとして苛立ってくると、結局、簡単にわかるなんらかの考えにしがみつこうとする気持ちが強くなる。重要なことをいうときには声を落としてささやくのと同様、言葉によるこの混乱技法は、聞き手の注意を完全に捉えるための方法であり、聞き手の意欲を刺激して、伝えられた考えを理解することに精力を注ごうという気持ちにさせるという利点もある。

混乱技法は言葉遊びを基盤にすることもできる。複合的な発言に熟練し、かつ、明晰な頭脳であればあるほど、臨床医は被験者の注意をうまく捉えることができそうである。いくつかの例で、エリクソンは言葉遊びを利用して、患者の時間の見当識を混乱させている。

> たとえば、現在と過去は、「今あるそれは、明日あったになるだろうが、すぐ、あった昨日の未来になる」というシンプルな言い方でいとも簡単に要約できると、あっさりいってしまっていいのかもしれない。つまり、過去と現在と未来は、すべて「今日」という現実に照らして用いられているのである。
>
> (Erickson, 1964/2001d, p.30)

同様に、エリクソンは修飾語を複雑にしたり反復したりして、患者の空間の見当識を混乱させてもいる。そうしたテクニックのひとつは、「**ここ・そこ・この・その** (here, there, this and that)」と呼ばれていた。患者によっては、セラピーを求めているのに、そのセラピーに抵抗する。エリクソンはそういう患者に出会うと、さりげなく以下のようなコメントをする。「あなたは、その椅子に座っているかぎり抵抗します。でも、もし別のこの椅子に座っていたら、抵抗していたでしょうか？ それとも、この椅子に座っていれば抵抗することはないのだから、抵抗は今座っているその椅子に置いておきますか？」。エリクソンはいくつかの例で、実際には存在しない椅子のほうを指差したかもしれないが、そういう椅子はその後、自動的に幻視されることになった。

こうした発言をするとき、エリクソンは慎重な語り方をし、適切な抑揚を使って強調もしている。そして、患者がエリクソンの話の内容に反論する時間を作らないように、さらにこんなふうにいう。「心のなかで椅子を交換して、ここのこれに座り、そこのその椅子に抵抗を置いておくこともできますし、そこのその椅子に座って、抵抗はここのこの椅子に置いておくこともできます。さらに、そこにある、抵抗を置いてない別のその椅子に座ってみて、ここに戻り、ここのこの椅子に座って、抵抗を取ってそのままもっていてもかまいませんし、そこのこの椅子かその椅子、あるいは、ここか、そこに置いておいてもかまいません」

エリクソンはこのようにここ、そこ、この、そのについて、さまざま形を変えて複雑に語り、充分な混乱状態が得られるまでそれを続けた（Erickson, 1964/2001d）。

上記の例には、認識しておくべき重要な点がある。**混乱は患者の抵抗と結びついている**ため、患者はセラピーに協力するようになれば、すぐにも混乱と抵抗双方に対処する機会を得られるという点である。また、上記の例とは対照的に、**実際のセラピーのコンテンツは明確かつ平易に述べられなくてはならない**。努力に努力を重ねるよう刺激を与えられて新たな理解を育んでいる被験者は、すぐに理解できるような明快でわかりやすい説明をしてもらってこそ、適切に報いられる。混乱を補助的に用いることはあっても、**暗示は原則としてシンプルであればあるほど良い**。

混乱技法は、ある特定のタイプの患者に対処する際に利用するものとして、エリクソンが開発したものだと知っておくことも重要である。彼によれば、「この技法の利用にもっとも適しているのは、催眠のプロセスに関心のある知的レベルの高い被験者、あるいは、無意識ではトランスに入りたいと思っているのに意識的にはそれを嫌がっている被験者である」(Erickson, 1958g, p.98)。臨床医が提示する考えならなんでも検討してみようという気持ちが充分にあり、すでに良く反応している患者に対して、言葉を使った混乱技法を用いるのは適切ではない。

考慮すべき最後の一点は、心理療法による治療全体から見た混乱技法の役割である。エリクソンは後年、「それ[混乱技法]は、あらゆる優れたテクニックの土台である」とまでいっている(Erickson, Rossi, and Rossi, 1976, p.107)。これは混乱技法の役割をわかりやすく述べている。

エリクソンの論理の道筋は、学びの点から捉えると、よく理解できる。たいていの人は、完全に理解しているという認識があるかぎり、新たな情報を吸収する必要はないという意見に賛成するだろう。ジャン・ピアジェ(一八九六―一九八〇年)は、混乱という用語は使わず、探求的学習のための必須条件として、不均衡について語っている。ピアジェによれば、消化がうまくいっていない場合にのみ、新たな現実への順応が必要になる。成長を促すこの不均衡という考え方は、エリクソンがセラピーを進める際に基盤としていた学びと一致する。エリクソンが主に患者の再教育に関心を抱いていたとすれば(59頁参照)、ある程度の混乱は必要だっただろう。

このセクションの冒頭で引用したケースでは、正確には何が起きたのだろう? 女性はセラピーを受けようとしてずいぶん大変な思いをしていた。どうにかして助けてもらいたいと、治療を受けるために故郷を離れてフェニックスまでやってきたくらいである。しかし、催眠に関する彼女のそれまでの学びは、自分は治療用の暗示に反応しないという信念をしっかり固めていた。暗示を使うにせよ、彼女が従来の使い方だと察したり認めたりできるようなものであれば、必ず失敗する運命にあった。それゆえ、エリクソンが「わたしにはあなたを催眠状態にすることができません」といったとき、彼女は今後を予想して、その言葉に同意せざるをえなかった。

そして、彼女がその考え方を受け入れている間に、エリクソンはすばやく腕はともかくといい足した。これが混乱を生じさせ、結果的に異議を唱えにくくしたのである。彼女がエリクソンの主張を否定できなかったのは、彼女がフェニックスにまで来て明らかにしようとしたことを彼が明快に述べたからだ。したがって、もはや抵抗する必要はなかった。

しかし、最後の短い言葉は、説明を求めずにはいられない内的不均衡を発生させた。エリクソンは、はっきり説明してほしいという彼女の要請に応じながら、ふたつめの指示を、「ほら見て」といって追加している。エリクソンが彼女の手に触れると、無意識の動きが生じた。彼女は幼いころから、誰かが手に触れたら、なんらかの動きで応じなくてはならないと学んできていた。今や彼女は、自分の腕が自分にはわけのわからないやりかたで行動するのを「見る」ことができた。これを境に、状況は二者間の競争から、治療目的の達成という共通課題に取り組む協力に変化した（Erickson, 1964/2001d）。

一般的適用

──「動物磁気催眠の全理論は、以下のふたつの言葉に要約することができる。すなわち、信じることと望むことである。わたしは、人間のもつ生命力に作用する力が自分にはあると信じている。この力を人びとのために役立てたいと望んでいる。もしあなたも信じて望むなら、わたしと同じことをすることができる」

――ド・ピュイゼギュール侯爵（一七八七年）

エリクソンは、従来の催眠家が使っていた正式な誘導儀式の訓練もしっかり受けていたが、**柔軟で協力的な個人間の関係のもとでは、暗示の力がもっともよく働く**と信じていた。治療用の暗示を与えるとき、エリクソンはさまざまな直接暗示、間接暗示、許容暗示を使って語り方を工夫し、患者の反応を受容的で敏感に応答する行動に導こうとしている（Erickson, 1964/2001b）。これらはすべて、患者が未だ気づいていないリソースや可能性に気づいて癒しに役立てられるようになる関係性の構築という包括的な目的に適っていた。

同様に、現代の研究者たちも、協力的な個人間の関係を築くことの重要性を認識しはじめていて、肯定的な協力は治療結果をもっともよく予測するもののひとつであり（Horvath & Symonds, 1991）、セラピーでは、変化全体の五四パーセントが協力によって説明できるとしている（Wampold, 2001）。

エリクソンの巧みな暗示利用は驚くほど多岐にわたっていたため、たった一章にすべてを収めることは難しかった。しかし、幸いなことに、エリクソン催眠は、数多くの他の情報源に文書でしっかり記録され、完全に分析されている（たとえば――Battino and South, 2005, Erickson, Rossi, and Rossi, 1976, Erickson and Rossi, 1979, Erickson and Rossi, 1981, Gilligan, 1987, Gordon and Myers-Anderson, 1981,

Lankton and Lankton, 1983, Zeig, 1980)。

現時点では、〈暗示〉が意思的行動や生理的機能に劇的な影響を与えうるという点に、疑問の余地はない。百年余にわたる研究がこの概念を支持している。〈暗示〉を用いる戦略は、催眠の形を取るものであれ、プラシーボ療法や間接暗示の形を取るものであれ、難治性の障害や心身相関的要素の強い障害に、特に効果を発揮する。このグループに属する問題に〈暗示〉を用いると、一見奇跡かと思うような結果がもたらされる。〈暗示〉の利用は、他の心理学的・生物学的問題に対する補助療法としても適している。

いずれのテクニックが最善の結果をもたらすかを判断するとなると、明快な意見の一致はない。磁気学と催眠の歴史をざっと調べれば、先駆者にはそれぞれお気に入りのテクニックがあり、その人にとっては、それがもっとも効果的に働くものだという事実が明らかになる。

アントン・メスメル（一七三四－七九年）にとって、それは、磁気を帯びた液体入り導管を利用することだった。ド・ピュイゼギュール侯爵（一七五一－一八二五年）にとっては、みぞおちや目など、体のある部位をさすることだった。ジャン・マーティン・シャルコー（一八二五－九三年）にとっては、四段階のヒステリーを生み出すゾーンが体にあるとする考えだった。ジェームズ・ブレイド（一七九五－一八五九年）にとっては、光っているものをじっと見つめる行為だった。エミール・クエ（一八五七－一九二六年）にとっては、「わたしは日に日にあらゆる面で良くなっていく」という自己暗示を日々声に出していうことだった。

ところが、エリクソンの場合、単一のテクニックに特定するのはそう簡単ではない。言語であろうと、非言語であろうと、象徴であろうと、効果的に働くものはなんでも進んで利用したように思われる。彼は、いかなるテクニックであれ、その基盤にある戦略の本質をより高く評価していたように思われるのである。

現代の標準化された研究を適用して実験者ごとの傾向を照合すると、さまざまな催眠テクニック間の差異は消えてしまうようだ。たとえば、催眠誘導後の暗示の効果と、催眠誘導なしの直接暗示（覚醒暗示としても知られている）の効果とを比較しようとした研究をざっと見ると、結果は通常同等であることがわかる（Short, 1999）。

直接暗示と間接暗示とを比較しようとしたものもあるが、結果は、相容れないものが入り混じっている。いくつかの例では、直接暗示のほうが重要な結果を発生させる効果があるが、別のいくつかの例では、間接暗示のほうが有望な結果を出している（Matthews, Lankton, and Lankton, 1993）。実際、同様の調査結果がセラピー界全体に広まってきている。しばしば「役立たずの意見」として言及されるが、セラピーの結果を研究する者たちの間でぴったり一致しているのは、さまざまな治療間の差異は重要でないという意見である（Kirsch, 1990）。代わりに、結果を左右するもっとも重要な要素として注目を浴びているのは、クライエントがセラピーにどういう関与の仕方をしているかである（Orlinsky, Grawe, and Parks, 1994、Orlinsky, Rønnestad, Willutzki, 2004）。

セラピストの自信――すなわち、セラピストが自分の患者には暗示に反応する能力も意思もあると自信をもつこと――のほうがテクニックの詳細より重要であることは、すばらしい結果を出してきた臨床的暗示の長い歴史が明らかにしている。任意の理論的志向が創出する知的な仕切りから一歩退くと、このことがよくわかる。

ラーナーとフィスク（1973）はある画期的な研究のなかで、それまで結果を予測すると主張されてきた**患者の属性より、自分には助ける力があるというセラピストの信念のほうが、結果の予測因子として優れている**ことを発見している。ローゼンソールの革新的研究も同様に啓発的であり、生徒の成功に対する教師の期待が学業に重要な影響を与えることを示している。この研究でもっとも衝撃的な発見は、成績優秀者群の生徒たちが自己達成的予言の結果として、事前・事後の知能検査で著しい変化を示したことだった（Rosenthal and Jacobson, 1968）。このことからも、テクニックはクライエントに伝えられる考えほどは重要でないことがわかる。

ローゼンソールの発見の六年前、エリクソンは催眠誘導の本質に関する自分の立場を明確にしようとして、以下のように力強く宣言している。

あらゆる医師に必要なのは……「これは、自分にできることだ。あれだって、自分にはできたはずだ。そのほかのことは、もしさらにあるとしたら、すべては天に任されている。それを助けるのは、自分にできるあらゆる善行だ」という強い気持ちである。……トランスを誘導するためには、言葉や物腰、姿勢、感情的態度を動員し、この患者は同志の誰にも劣らずうまく迅速にトランスの発生法を学習できると心から確信し期待していることを明確に自覚して、コミュニケーションを取ることが必要である。

（Erickson, 1962/2001, pp.1-3）

本章では〈暗示〉について詳細に論じてきたが、このなかには、たいていのセラピーに適用できる一般的な重要ポイントがいくつかある。好むと好まざるとにかかわらず、〈暗示〉の効果は、プラクティショナーが催眠を使おうと思っていないからといって消えるものではない。この事実によって、ある責任が生まれる。

もっとも良いとされるやりかたをしようとするなら、いずれのセラピストも、すでにわかっている治療の恩恵を患者に熱心に説明することの利点を考慮すべきである。しかし、そうすることが逆説的な効果を生む場合は、セラピーの有益性について疑義を呈する必要があるかもしれない。なぜ患者が治療から恩恵を得られる見込みがあるのか、その理由を詳細に説明するのも、役立つことが多い。しかし、患者に自己破壊歴がある場合は、セラピーの実際のプロセスから患者の注意をそらすほうがいいかもしれない。

通常、セラピストは、患者がセラピーのプロセスを「実行できるもの」として確実に体験できるようにし、患者がその進歩を見られるよう、なんらかの手段を用意しなくてはならない。しかし、このルールにも明らかに例外がある。主要ポイントは、特定の暗示にどのような効果があるのか、よく観察して見きわめ、それに応じてやりかたを変えていくことが重要だということである。

セラピーは一種の橋として提供されるものであり、、患者はその橋をわたって、苦境から、何ができるかを認識できる状況に移動できるようになる。こういう種類の〈暗示〉こそが、絶望を希望に変えるのである。

Reorientation

第11章

新たな方向づけ《リオリエンテーション》

本章では、あらゆる心理療法にもっとも浸透している戦略のひとつを取り上げ、その概念化の方法を提供している。**〈新たな方向づけ《リオリエンテーション》〉**(reorientation)は、エリクソンのほかにも数多くのプラクティショナーが利用した非常に効果的な種々のテクニックの根底に共通して見ることができる。これらの戦略は互いに排他的ではないため、本書に収めた各戦略にもさまざまな程度の〈リオリエンテーション〉が見られる。ただ、本章では、患者に新しい観点を与える方法として特によく説明できるテクニックに重きを置いている。このあとに収めたいくつかの症例にあるとおり、〈リオリエンテーション〉はたったひとつの発言によって行なわれることもあるが、その影響には人生を変える力がある。

[事例▼自分の美しさを隠した女性]

女子大生が肥満をなんとかしたいといってエリクソンを訪ねてきた。彼女は五〇キロほど太りすぎだった。エリクソンに問題を説明しながら、彼女は自分のことを、「だらしない、ただのデブ」だと思うと要約した。彼女の顔に浮かんだ不快そうな表情を眺め、不幸せそうな口調を聴いたエリクソンは、彼女がとてつもない精神的苦痛と感情的混乱を味わっていると判断した。

このような不幸な精神状態にある彼女が進んで耳を傾けようとするのは、彼女の準拠枠に一致する考えだけである。エリクソンは、のちに説明するとおり、「彼女には、すでに彼女のものでなくなった体についての不快な意見をいうことはできないと認識した」。

そこでエリクソンは次のようにいった。「太っているということがあなたにとってどれほど不快なことか、あなたがちゃんと理解しているとは、実は思えません。ですから、今夜、ベッドに入る前に裸になって等身大の鏡の前に立ち、体についたその脂肪をどんなにいやだと思っているか、しっかり把握してください」

この発言に彼女は注目した。この宿題なら、なんとか自分にもできそうだとわかったからだ。自己批判の訓練はいやというほどしてきている。

エリクソンはさらにいった。「そして、もし心底よく考え、自分を包み込んでいるその余分な脂肪の層を見透かすなら、あなたには、実に美しい女性らしい姿が見えることでしょう。ただし、それはかなり深いところに埋もれています」

自分自身に関するこの新たな肯定的な考えと取り組む時間をしばらく彼女に与えたあと、エリクソンはセラピーの主導権を彼女に握らせて、「その姿を掘り出すにはどうすべきだと思いますか？」と質問した。

彼女は自分自身の解決法を見つけ出すことができた。それはどうやら効果があったようだ。エリクソンの報告によると、「彼女は週に二キロ強ずつ、掘り起こしはじめた」とのことである。

(Erickson, 1965b)

学習性無力感の概念は、何年も前に行なわれた実験由来のよく知られた概念である。その実験の実験動物たちは、配電網から電気ショックを与えられたとき、たとえ逃げ道がすぐに使えるようにしてあっても、無気力に横たわるよう条件づけされていた。この行動結果は、状況によるうつ状態を理解するためのモデルとして、ずっと利用されてきた。苦痛な結果から逃れることを許されない子供は、やがていかなるストレッサーにも撤退と自己評価の低下で反応するよう条件づけられるというのが、その考え方である。

学習性無力感の概念は、立ち直る力《レジリエンス》の理解にも密接な関係がある。心理的機能障害のあらゆる症例において、苦痛な状態からすぐにも逃げ出そうとする行動は、何ができるかについて概念として了解していることによって制限されている。換言すれば、逃げ道がないとわかったとき、改善しようとするエネルギーは失われ、レジリエンスはなくなる。

しかし、その状況の新たな捉え方が出てきたら、どうなるだろう？ 状況は別の見方で捉えられ、新たな選択肢に気づくようになる。その他のあらゆる戦略と同様、〈新たな方向づけ《リオリエンテーション》〉は実績のある戦術として、遠い昔から利用されてきた。不可能に見える状況に直面したときには、しばらくそれから距離を置き、あるいは、「判断を明朝まで延ばし」、新たな観点を得て戻ってくることだというのは、ごく普通の庶民の知恵である。これは、問題状況に対して〈リオリエンテーション〉を行なうためのシンプルな方法である。

〈リオリエンテーション〉は、治療用のあらゆる種類の問題解決法のなかに見つかる、きわめてカバー範囲の広い浸透力のある戦略である。エリクソンは初期のころ、心理療法の基本戦略に関する説明のなかで、「新たな考えと新たな解釈を提示し、それらを議論の余地のないなんらかのやりかたで、遠い未来に関連づけるのである」と書いている（Erickson, 1941/2001b, p.6）。

〈リオリエンテーション〉のテクニックによって、ものの見方に重要な変化が生じると、その変化が、現在の状況的要因や過去の生活体験、未来への期待などを概念化する新たな方法をもたらす。プラクティショナーが患者の考え方に影響を与え、新たな考えを提供するときには必ず、なんらかの〈リオリエンテーション〉が行なわれなくてはならない。しかし、ものの見方に重要な、かつ、ときに衝撃的な変化が起きるからこそ成功するテクニックがいくつかある。こうしたテクニックは、患者を日々の生活や未来への希望に向けて新たに方向づけるという戦略的目的に役立つ。

ヴィクトール・フランクルのロゴセラピーは、〈リオリエンテーション〉を治療の主要戦略として取り入れたセラピーの好例である。フランクルはしばしば、苦難に直面した際に「意味」に気づくことが重要だと強調している。これを説明するためにフランクルが取り上げた症例では、たったひとつの質問だけで、治療結果を出している。

患者は自らを医師だといい、二年前に妻を亡くして以来ひどいうつ状態に苦しんでいるといった。誰よりも何よりも妻を愛していたのだ。フランクルは訊ねた。「もしあなたが先に亡くなり、奥さんがあとに残されたとしたら、どうなっていたでしょう?」

初老の男性はすぐ、そんなことになっていたら妻はひどく苦しんだことだろうと答えた。フランクルはいった。「おわかりですね、あなたはそんなに恐ろしい苦しみから奥さんを救ったのですよ。あなたのおかげで、奥さんはこの苦しみを味わわずに済んだのです。ただ、あなたはあとに残されて、喪に服さなくてはならなくなりましたが」

男性は何もいわなかったが、フランクルの手を握り締めたあと、落ち着いた様子で診察室を出ていった。彼は、妻の死という避けがたい現実に対して、〈リオリエンテーション〉をされたのである。これは愛する妻のための有意義な犠牲だと考えられるようになったのである(Frankl, 1996)。

〈リオリエンテーション〉は、エリクソンが特に第一人者として称えられている戦略ではないが、彼の症例報告の大半に、時宜を得た、たったひとつの発言によって達成されたその素晴らしい実例が含まれている。

鏡で自分の体を調べ、それまで気づいたことのなかったものを見つけようとした女性はどうなっただろう？　思い出していただきたい。彼女は自分が嫌っている姿を見つけることには慣れていた。今や別のものを見つけなくてはならなくなった。同様に重要なのは、どうすれば彼女は、脂肪に埋もれた美しい姿があるということを、まずいくらか減量して確認することなく否定できようかということである。彼女は、自分が自分の体を憎んでいることを自覚している状態から、実際そこにあるのはなんだろうと思う状態へと新しく方向づけられている。比喩的にいえば、彼女の車輪が回りつづけるのは、贅肉についての考えを変えるよういわれたことがなかったからであった。彼女はそれまで、自分のそういう部分、体のその断片を憎むことに注ぐエネルギーを減らすよう指示されたことがなかったのだ。

この症例は、新しく方向づけることの重要な側面を示している。この戦略を使えば、患者は、慣れ親しんだ状況のなかで突然目新しいものを発見できるようになる。

エリクソンは〈リオリエンテーション〉の重要性を説明して、「心理療法では、準拠枠を変えさえすればいいというケースがよくある」といっている（Erickson, 1979）。〈リオリエンテーション〉は、ある状況の変項を取り上げ、それらを新たな心理的コンテクストに置き直すプロセスである。心理的なシフトはしばしば、絶望的な状況から抜け出す新たな道を照らし出す。このことによって、人生の問題に打ちのめされていると感じていた人のなかに、それまでより大きなレジリエンスが育まれる。だからこそ、多くの人びとがセラピーを受けに訪れるのであり、希望が治癒の大きな部分を占めているといえるのである。

ストレスに関する研究はすでに二〇年以上続いていて、現在では、ストレスの原因は出来事そのものではなく、そうした出来事がどのように解釈されるかであることを示す経験的データが非常に多くなっている。ミッセル（Mischel, 1984）が説明するように、日常の出来事が心にどう表現されるかは、実際の出来事より行動に密接に関連していることが研究で明らかにされている。この事実はわかりきったことではないだろうか。たとえば、深夜に仕事から戻った夫の行動はさまざまに解釈され、共感（家族のためにこんなに働いてくれているのね）、嫌悪感（家族より仕事のほうが大事なのね）、激しい怒り（浮気してるんだわ！）などを呼び起こす。出来事は、行動はもちろん、それがどう解釈されるかを予測することはない。心身医学と心理療法にとって、この発見の含意は途方もなく大きい。

〈リオリエンテーション〉を利用することによって、プラクティショナーは状況の新たな捉え方を提供し、主観的な苦痛を軽減できるようになる。悪い状況のなかに閉じ込められているように感じている人びとは、癒しに役立つ心身のエネルギーを利用しない。もっともよく進歩が望めそうなのは、痛みもしくは苦しみという明確な選択肢がある場合である。エリクソンは以下のようにいっている。

> 病気は患者の生活体験のほんの一部にすぎないことを、患者に知ってもらいたいと思わなくてはならない。どんな病気を患っているにせよ、患者はいつでも自分自身について、何かしら評価

できる点を見つけることができる。人には自分の病気や痛み、悩みを、人生の意味のひとつだとみなす権利がある。それらを恐ろしいものだと感じるべきではない。いかなる患者も、いかなる種類の病気や障害にも怯える必要はない。楽しむべきことがほかにあれほどたくさんあるではないか。セラピーでは、患者が診察室に、がんや関節炎、その他諸々の病気以外のものもたくさんもちこんでいることを、患者にわかってもらえるような方法を取らなくてはならない。患者に語りかけるときには、患者に備わっているその他のすべての才を、患者が認識できるようにしなくてはならない。

(Erickson, 1967)

癒しの機能が、それまでに認識されていない能力を発見することであるなら、ものの見方の変化は欠くことのできない治療戦略だということになる。

洞察

[事例▼一日にタバコを四箱吸う女性]

女性が喫煙のことで、エリクソンの助けを求めてやってきた。しかし、この女性は、治療がうまくいくとはほとんど思っていなかった。彼女はこういった。「あなたのご友人たち、わたしに催眠を使おうとして、みんな惨めに失敗しましたの。そのご友人たちが口をそろえておっしゃるのよ。わたしを催眠状態にできる者がいるとしたら、あなた以外にいないって。だから、あなたも失敗させてあげようと思って参りましたのよ」

これに対して、エリクソンはこう答えた。「じゃあ、今すぐ、それを済ませましょう。わたしの失敗なんて、さっさと片づけてしまったほうがよさそうです。というのも、あなたには肺気腫の治療が必要だと思いますので」

エリクソンは彼女の呼吸を聴きながら、肺気腫と診断したのだった。声の出し方が苦しげで、声が緊張しているのがわかったし、息を吸おうとして前かがみになるとき、椅子の肘掛けで体を支えていることにも気づいた。ほどなく、彼女が一日にタバコを四箱吸うこともわかった。ほかに、大きなハンドバッグに二カートン入れてあり、車のグローブ・ボックスに二カートン、車の後部座席に二カートン、洗面所に二カートン、キッチンに二カートン、ダイニングルームに二カートン、リビングルームに二カートン、テレビルームに二カートン、寝室に二カートン置いていた。彼女はタバコを切らすことのないご婦人なのだと、エリクソンは理解した。

女性は気づいていなかったが、エリクソンは冒頭の発言をすることによって、自分が彼女を催眠状態にするのに失敗したら、彼女のセラピーを始めるということにしたのである。エリクソンによれば、彼は惨めな仕事っぷりで彼女に催眠を使い、これだけやれば彼女も彼の失敗を確信するだろうというくらいは、ワークに時間をかけたという。それから、こう続けた。「さあ、これで、わたしがあなたを催眠状態にできなかったことがわかり、最初の問題は解決しましたから、いよいよ喫煙の問題に入りましょう。あなたの喫煙の理由を話し合いましょう」

話し合いは二時間続いたが、解決はしなかった。

翌日、エリクソンは彼女にいった。「あなたには、昨日したようにしていただきたいと思います。目を大きく開き、耳をよく澄まし、口を閉じてください。ほかにもまだ、肺気腫と日に四箱のタバコを吸うことについて、いっておかなくてはならないことがいくつかあります。あなたは一週間しかわたしの診察を受けられません（彼女はアメリカ国外から飛行機で来ていた）。それにわたしは、あなたが患っているような肺気腫の患者が一日に四箱もタバコを吸うのは愚の骨頂だと考えています。あなたは修士号をおもちだし、たくさん本も出されている作家です。どうにも、わたしには理解できません」

彼女が特に進んで自分の健康を守りたいとは思っていないことが明らかになると、エリクソンはやりかたを変更し、「なぜあなたはタバコで自殺しようとしているのですか？」と訊ねた。この質問は子供時代の痛ましい記憶を呼び醒ました。「父を殺したからですわ」

彼女は説明を続けた。彼女がまだ幼かったころ、父親が重い脳卒中を起こしたという。父親は自宅で介護され、彼女はベッドの脇にしっかり張りついて、自分にできるとわかることはなんでもしていた。彼女は祈るような気持ちで、自分が父親を見つめるのをやめないかぎり、父親を失うことはないと考えていた。しかし、とうとう注意が散漫になり、あるとき少し目を離して振り返ると、父親は亡くなっていた。

彼女の話を聞き終えたエリクソンは、深い思いやりを込め、しかし、力も強く込めていった。「そして、幼い少女には幼い少女なりの状況判断があってもいいのではないでしょうか？」

彼女はその一週間の間に、一日四本にまでタバコを減らした。感謝祭で帰国した彼女は、一二月には再びやってきて、また一週間、町に滞在した。二度目の訪問後には、一日四回、煙をぷっと吹き出すだけになっていた。(Erickson, 1963)

洞察志向セラピーのテクニックは伝統的に精神分析と結びつけられてきた。精神分析で用いられる場合、**洞察**は、転移関係について批判的に自己分析を行なうなかで生まれる。アーロー(1989)が説明するとおり、精神分析を行なうと、患者は洞察によって内的葛藤を克服できるようになる。治療的結果が出るのは、洞察を使って生活状況を構築的に変えようとする場合である。換言すれば、このテクニックの成功は、第一に、批判的な自己分析に左右され、第二に、現在の生活状況への知的リオリエンテーション、および行動的リオリエンテーション双方に左右されるということである。

エリクソンの洞察の使い方は、精神分析の自己批判的なやりかたとは異なり、自らに対する好意的評価を中心軸に展開していく。エリクソンは上記の例で、父親の死に対する情動的反応について、女性が洞察を得られるよう手助けしている。幼いころに自分自身について下した判断のせいで、女性は健全なアイデンティティを形成できずにいた。新たに方向づけられたあとは、自分が父親を殺したとか、父親に対して努力を怠ったなどとは思わないで済むようになり、幼かった自分を、愛情深い怯えた子供だと思えるようになった。

エリクソンは彼の臨床例のほぼすべてで、心に備わった美点や豊かなリソース、子供時代の無理からぬ無邪気、奇跡ともいうべき身体構造を伝えようと努めている。これら三つが前提としているのは、これらはすべて、レジリエンスを高める方向に患者をリオリエンテーションするという目的に役立つということである。自分のことを好ましく感じているときは、有用な目的がいくつあろうと、それらに向かって前進していく可能性は高まる。

やはりこのテクニックを使う現代のセラピストで、精神分析は行なわないパット・ラヴ博士が、洞察が変化を発生させるのは、強烈な情動的体験がそれに伴っている場合のみだと主張している（Love, 2003）。この主張に関するラヴの説明は生物学的であり、大脳内に新たな神経経路を創るために必要な化学的プロセスに焦点が絞られている。〈リオリエンテーション〉の観点からすれば、有意義な洞察は、未知なものであると同時にいくらか不安にさせられるものでもあるという点が論理的なだけのように思われる。洞察ののちに、明らかにされたことを穏やかに受け入れられた場合は、その人の人生観に新しいものが加わったようにはまったく見えないであろう。

エリクソンはこのテクニックを非常に革新的な形で利用している。問題に関する洞察ではなく、治癒に関する洞察を引き出し、そうしながら、患者のなかに、必ずある種の治療結果が出ることを期待する気持ちを芽生えさせ、それを高めていった。

たとえば、望んでいる行動はその週の何曜日に初めて発生するのだろうか、などと発言して、患者の注意を捉える。こうした発言は、一見何気なく発せられているように見えるが、実は、好奇心を引き起こそうとして、計画的に行なわれている。どのように治癒が発生するのか、その正確な詳細を洞察するために、患者は回復しなくてはならない。これは、通常の洞察利用法の真逆である。

精神分析に向けられる批判のなかでも特に多いのが、問題の展開を洞察しても、既存の固定観念をさらに正当化するだけだとするものである。「ああ、わたしがこんなにダメなのも、当然なのね！」

となるというのだ。洞察志向セラピーは、従来、主に問題の本質に焦点を絞ってきた。しかし、エリクソンは、**患者が生活を楽しむ自分の能力の本質を洞察する機会をもてるようにする**ほうを選んだ。

ベティ・アリス・エリクソンはよく憶えている。ある日学校から帰ってくると、エリクソンの患者のひとりが前庭の芝生に座っていた。何をしているのか訊ねると、彼は答えた。「エリクソン先生がいったんだよ。緑の草を創っているいろんな色合いが全部見えるまで、前庭に座って芝生を見ていなさい、って」

そこで、ベティ・アリスはその若者と一緒に腰を下ろし、さまざまな草の葉をじっくり調べ、葉の表と裏でどんなに色合いが違っているかを学んだ。時間はあっという間に楽しくすぎていった。エリクソンは、患者の宿題について訊ねられても、何も答えなかった。

それから何年も経ち、情緒不安定の青少年について専門的な話し合いをしていたとき、ベティ・アリスは再びエリクソンに、あの青年とあの宿題のことを訊ねた。エリクソンは当ててごらんといった。ベティ・アリスはその男性が薬物中毒だったことに気づいていた。そこで、あれは、日常生活のなかの楽しみに気づくきっかけ――すなわち、ハイになるのに薬物は必要ないという洞察――を彼に与えようとしてのことだったのだろうと推測した。青年はあのエクササイズに助けられて、生活のなかには無限の多様性と喜びがあること、しかし、そうした楽しみや喜びを実感するには、まずそれらに気づかなくてはならないということを悟った。エリクソンは彼女の洞察を笑顔で認めると、こういった。

「足を止めて、バラの香りをかいでごらん」

洞察を促す方法は数多くある。〈前進〉を取り上げた第9章で述べたように、エリクソンはときに、問題が解決した未来の時点に患者を方向づけている。そして、どのようにしてその回復が達成されたのかを訊ね、それによって、擬似的な後知恵の形で洞察を引き出す。このような使い方をする場合、もっとも重要なのは予測の正確さではなく、なんらかの変化が可能だという考えのもつ力である。

本セクション冒頭の例に見られるように、エリクソンは無意識的行動の概念を、それ以外の方法では説明のつかない行動の意味を見つける手段として利用した。「なぜあなたはタバコで自殺しようとしているのですか？」という彼の質問は、危険を知らせると同時に、患者が現在の行動について新たな別の意味を見つける手がかりになってもいる。彼女は、自分が今していることをしつづけることはできないこと、その行動は自分にはもう必要がないことに気がついた。

「そして、幼い少女には幼い少女なりの状況判断があってもいいのではないでしょうか？」とエリクソンがいったときには、重要な〈リオリエンテーション〉がもうひとつ新たに達成されている。彼女の状態は危うかったため、彼女があのような馬鹿げた考えを信じて自分を罰するようなことが絶対にないようにすることが肝要だった。エリクソンのコメントも、彼女はもう大人として状況を把握していいのだということを暗に伝えている。彼女のケースでは、洞察は瞬時に得られている。

エリクソンはときに、自分の患者が洞察を得るまでに三ヵ月もかかるかもしれないことに気づいた。この間、患者は勇気を培い、関連事項についての考え方を再構成し、必要な刺激を提供してくれる外的な出来事——重要なことが発生する休暇や記念日など——を待つ。エリクソンがいうように、時間によって叶えられる目的は必ずある（Erickson, 1952）。つまるところ、洞察の力は、過去から記憶を回復する点にあるのではなく、未来への新たな方向を定める点にあるのだ。

リフレーミング

［事例▼美しさに圧倒されて］

エリクソンが指導する医学生のひとりが緊急の問題を抱えて彼を訪れた。とびきりの美女と結婚したが、せっかく結婚したというのにうまく勃起できないという。セックスは二週間失敗しつづけた。結婚前の性行動が非常に活発だったのとひどく対照的である。散々だった二週間の新婚旅行を終えて帰ってくると、妻は弁護士に婚姻無効の相談をした。彼は取るものも取りあえずエリクソンのところに来たのだった。

エリクソンは彼の新婚の花嫁に会わせてほしいといい、ふたりに共通の友人たちの手助けも必要だといった。友人たちに仲裁に入ってもらい、彼女が来診に協力する気持ちになるようにしてもらいたいと考えたのだ。エリクソンによれば、「彼女は恐ろしく憤慨していた」。

エリクソンの診療室に着くや、夫は廊下で待つようにいわれた。女性が自分の観点から話をするのを聴き終えたエリクソンは、「あなたはご主人からもらった称賛について考えたことがありますか？」と訊ねた。女性は、どういう意味か知りたいと思った。

夫が性的不能状態になったとき妻は裸だったという事実を強調してから、エリクソンはいった。「いえね、明らかにご主人は、あなたのことをなんて美しいんだと思い、それに圧倒され、すっかりやられてしまったんです。でも、あなたはそれを誤解して、彼は役立たずだと感じています。

ご主人が役立たずになったのは、あなたの体の美しさを称賛しようにも、自分の力不足を実感してしまったからなんですよ。ちょっと隣の診療室に行って、このことをよく考えてみてください」

次に夫が呼ばれ、自分の哀れな話を語ることを許された。夫の話が終わると、エリクソンは、妻にいったのと同じことを夫にもいった。

エリクソンはその後、この若いカップルがデトロイトへの帰途、もう少しで車を止めて交わりそうになったと報告している。それ以上の介入は不要だった。(Haley, 1985, Vol II, pp.118-19)

「わたしたちを苦しめるのは、物事そのものではなく、それらについての意見である」
——エピクテトス(紀元一世紀)

リフレーミング(reframing)は、既存の出来事や状況を再解釈する機会を提供する。ウォツラウィックとその同僚らはリフレーミングを初めて定義し、治療的介入を強化するような形で、問題やその解決法、自分のリソースに関する患者の認識を変えること、とした。「リフレーミングの結果変わったとわかるのは、その状況の属性とされる意味と、ゆえに、その結果であり、それに関する具体的事実ではない」(Watzlawick, Weakland, and Fisch, 1974, p.95)。

リフレーミングは、「あ、そうか!」と思う瞬間を生む点が洞察に似ている。効果的に用いられると、突然新たな方向づけ《リオリエンテーション》が発生し、つづいて感情が高揚する。本質的な違いは、洞察の場合、大人の観点で処理されていない忘れられたままの出来事、あるいは、これから発生する未来の出来事が存在するという点である。リフレーミングの場合、存在するのは、通常、特定の状況とペアになって回避や抵抗を発生させるある種の否定的な解釈である。その状況をリフレーミングすると、新たな結びつきが構築され、それまで問題だった考えが新しい準拠点とつながる。その結果として再解釈が行なわれると、それまでは使えなかった対応の選択肢が手に入る。

このプロセスは、一種の認知的修復として説明することもできるだろう。否定的認知と結びついていた刺激をそこから切り離し、もっと楽しい別の考えとペアにすると、結果的にその状況に対するリオリエンテーションが生じる。別の言い方をするなら、状況はそのままで、出来事の意味が変わるのである。

リフレーミングは認知療法の中核的な原則として説明されてきた重要な臨床的テクニックである(Clark, 1986)。たぶんもっとも広く一般に用いられているリフレーミングのテクニックは、正常化のひとつであろう。患者はたいてい、専門知識をもつ人を求めてプラクティショナーのもとを訪れる。つまり、問題の深刻度を判断してほしいのである。患者は、「わたしにはいくらかでも希望があるんでしょうか?」とストレートにはいわないかもしれないが、自分自身について多くを明らかにすることに躊躇するのは、このタイプの恐れを抱いている可能性がある。

正常化が発生するのは、プラクティショナーが「ええ、わたしはこの問題によく通じています。最高の治療結果を出したわたしの患者のひとりが、当初、あなたがおっしゃったのと同じことを訴えていましたよ」というような返事をする場合だ。この発言は同時にふたつのことをやり遂げている。ひとつは、何かできることがあるという希望を与えること、今ひとつは、当初の訴えを、セラピーに対する「成功」反応と結びついた行動としてリフレーミングしていることである。

正常化とは、その人を不安にさせ——それゆえ否定的な反応を生み出し——てきた刺激を取り上げ、その刺激に、これまでとは異なる肯定的な意味を割り当てるプロセスである。エリクソンはこれについて、ヒステリー性の胸部痛を訴えて連れてこられた十代の少女の症例で詳しく述べている。

少女はエリクソンのところに来る前に、X線写真を撮られ、胸を検査され、触診され、薬物を処方されていた。三ヵ月間ベッドに横になり、未来について恐怖を感じつづけたのである。エリクソンはセッションを一回分使い、彼女の胸のなかの感覚についていくつか質問をした。そして、「わたしは医者として、胸が大きくなるときには違和感があって当然だということを知っています」と少女に説明した。少女は自分の胸の感覚を新しく方向づけてもらったあと、本質的に正常な成長過程をたどり、以降、問題が発生することはなかった（Erickson, 1962a）。

当然ながら、正常化の使用は、主に不安と結びついているがゆえに問題となっている苦境、当人が過剰反応をしてきたケースに限定されなくてはならない。充分に理解されていない問題や有機的な病理と結びついている可能性のある問題——たとえば、異常な頭痛、説明のつかない痛み、原因となる状況もなく突然生じた気分や人格の変化など——を正常化しようとするのは重大な間違いである。

リフレーミングは、問題体験を正常化するだけでなく、恥を誇りに変える手段にもなりうる。これは、エリクソンがアメリカ軍からの相談に答えるなかで、ものの見事に証明している。ときは第二次世界大戦のさなかであり、夜尿症でも軍隊に入ることはできたが、これはある兵站問題を発生させた。

基礎訓練中、夜尿症の兵士は全員、特定の兵舎に配属されていた。彼らを同僚の兵士たちの激怒から守るためである。この兵舎の軍曹はこの任務からなんとしても解放されたいと思い、エリクソンに相談した。夜尿症の兵士であること、六〇〇名の夜尿症兵士を取りしきる軍曹であることには、なんの誇りも見いだせなかった。しかし彼は、兵士たちの夜尿が続くかぎり、軍曹としてその訓練を取りしきるようにという命令を受けていた。夜尿に対して、彼はこれまですでに考えつくかぎりの罰を与えてきたが、何ひとつ効き目はなかった。

エリクソンは説明した。夜尿が治らないまま一八歳になった者は、それまでに親や家族、友人、社会から、エリクソンや軍曹が想像できないようなひどい形の罰を受けてきている。したがって、夜尿は受け入れて無視しなくてはならない。不快な全体状況における単なる偶発的要因になるようにしなくてはならない。若い兵士たちが不快な状態を逃れる唯一の方法は、彼らをその状況に留めつづけている偶発的症状を取り除くことである。

エリクソンは、軍曹のために、つづいて兵士たちのために、状況をリフレーミングした。夜尿兵舎はもはや単なる夜尿兵舎として捉えられることはなくなるだろうと示唆したのである。それは、訓練基地全体のなかでももっとも苛酷なクソ兵舎に変わらなくてはならなかった。朝四時に全員を叩き起こし、夜尿の罰を完全装備で四〇キロのランニングにしたところで、効果はない。代わりに、兵士たちに仕事を課すとき、軍曹は「この兵舎での訓練はこのようにする！」と力説しなくてはならない。これはつまり、軍曹は、自分が兵士たちに課す困難で苦痛な訓練すべてに、自分も参加しなくてはならないということであった。

軍曹は合意した。方向づけが変わり、夜尿はもはや問題ではなくなった。問題とされるべきは訓練だった。その兵舎での訓練は、その軍のもっともきつい訓練以上のきつさだった。完全装備での四〇キロのランニングは日課となった。兵士たちが走るときは軍曹も走り、激しい柔軟体操をしたあとには兵舎を磨き上げた。これらすべてを朝食前に済ませた。朝食後には、その基地でも前代未聞のきつい訓練が数時間続いた。

やがて軍曹の兵舎は、軍のなかでもっともきつい訓練にもっとも勤勉に取り組む兵舎として、基地中に知れ渡った。兵士たちの多くは、丸一日かかるような仕事を午前七時前にしなくていい兵舎に移るためになんでもやるようになり、異動を叶えるために夜尿もやめた。しかし、残った者も生まれて初めて「おねしょたれ」として生きるのをやめ、自分自身を有能な男だとみなすようになりはじめた。エリクソンがのちにコメントしているとおり、「これは実に見事に、男とおねしょたれを区別した」(Erickson, 1958e)。

状況の変数に多少の変化はあったものの、兵士たちが行なった訓練の多くは、エリクソンに相談する以前から、罰という名ですでに行なわれていたものである。もっとも重要な介入は、意味の転換だった。軍曹は今や、その軍内でもっとも情け容赦のない兵舎を指揮していた。

ショートは、五歳のときに体験した有用なリフレーミングをよく憶えている。医師団は緊急手術のあと、「お子さんが再び歩けるようになるかどうかは定かではありません」と両親に説明した。苦痛なリハビリを続けている間、母親はこういってショートを安心させた。「お医者さまたちがあなたの脚にチューブを入れなくちゃいけなかったのは、とっても悪い血の塊がなかにあるからなの。あなたがこうしてまだ脚を使えるのは奇跡だわ。神さまが天使を寄こしてあなたを守ってくださってるのね。神さまがあなたを助けてくださっているのは、きっと何か本当に特別な理由があるからよ！」

広い解釈が可能なこの暗示が強化されたのは、ショートが八歳で頭蓋骨を骨折したときだった。医師の診察のあと、母親はいった。「お医者さまはあなたがまだ生きていることにびっくりされているわ！　神さまはやっぱり天使たちにあなたを守らせているのね。神さまがあなたを助けてくださっているのは、きっと人生に何か本当に特別なものがあるからよ！」

ショートは、トラウマにもなりかねないこうした出来事のあと、自分は怪我をしやすいとか傷だらけになってしまったなどと思うことはなく、むしろ力を与えられたと感じた。母親の愛と真心から自然に発生したリフレーミングは、息子のレジリエンスに大きく貢献した。助からないかもしれないといわれたことは、彼の一生に意味と目的が与えられていることを、いっそうはっきり示しただけだった。

これと同じ種類のリフレーミングが、第3章で紹介したレベッカとのエリクソンのワークに見られる（46頁参照）。レベッカは犬の襲撃や飼い主との体験に打ちのめされ、自分は弱くて無力だと思い込んでしまった。エリクソンはこの状況をリフレーミングし、彼女が自分の体のすばらしさに誇りをもてるようにした。

リフレーミングは、将来を肯定的に方向づけるのに役立つ方法だ。患者がなんらかの形で再発することがほぼ明らかなケースでは、特に有用である。結局、たいていの学びは、一直線に前進するのではなく、ジグザグを描いて発生する。患者があきらめることなく再発をやりすごして前進できるようにすること――これが重要な目的である。ごく普通の人間の欠点に耐えるだけのレジリエンスが患者にない場合、たいていのセラピーは最終的に失敗する。いったん患者が再発の可能性に対して正しく方向づけされれば、この行動は有益なものになりうる。

実際エリクソンは、患者が再発の可能性を受け入れられるようにしただけでなく、再発は成功に一歩近づけてくれるものだとして、それを心待ちにできるようにまでしている。エリクソンはしばしば、雪のなかから脱出しようとして車体を前後に揺らしている自動車を比喩として使っている。少々後退するのは有利に再スタートを切るためだという考え方を利用して、失敗は改善に欠かせない要素になりうることを伝えたのである。こうして、弱点の瞬間は不意に進歩の証に変換され、もっとも弱っているときにさえ、患者はそれまでより大きなレジリエンスや希望をもてるようになる。

患者の当初のものの見方を認めることは、リフレーミングにおける重要な一歩だが、駆け出しのプラクティショナーはこれを完全には正しく理解していないかもしれない。そうするのは妥当なような気がしても、変えたいと思っていることを受け入れるのは、ときに直観に反するように感じられる。その好例が本章冒頭の症例である。

もしセラピストが、自分の体に対する憎悪を減らすよう患者を説得したいと思っているとしたら、なぜ、患者の「太った」体と患者をすっぽり包んでいる「脂肪」をどれだけ憎んでいるかをまず認めなくてはならないのだろう？　もし女性が、自分のとんでもなく太った腿が大嫌いだといったら、優しいセラピストはどうして「とんでもなく太った腿」という言葉を使って女性の体のことを語ることができるだろう？

その理由は、もしセラピストが患者の見解の良さと正当性を否定することから始めれば、患者はその例に従ってセラピストの見解をはねつけ、さらに悪いことに、患者自身の現実認識能力をセラピストが否定したことを受け入れることになるからだ。そうした拒否のあとには、メタ神経症（自分の固定観念についての固定観念）など、あらゆる種類の複雑化が発生する可能性がある。患者は、自分のことを本当に理解してもらえたと感じたとき、自分について他者に説明するのをやめ、世界の新たな捉え方を考えられるようになる。

新婚カップルの症例では、たぶんセックスは新郎新婦双方の側で、無能や不全という考えと結びついていったのだろう。セックスの可能性にわくわくする代わりに、新郎は不安を高め、新婦は怒りを高めていった。エリクソンがこの状況をリフレーミングすると、不全感覚はあっという間に一掃され、新郎が新妻の美しさを生理的に認める機会がもたらされた。つまるところ、彼が彼女に「きれいだね」といっただけなら、彼女にはそれが本心からの言葉かどうかを知る方法はなかった。彼の結婚前の性行動は非常に活発だったという。このことがあるために、彼女は、自分の前につき合っていた女性たちとも同じやりかたをしていたのではないかと疑ったのかもしれない。しかし、彼の不幸が否応なしに発生していることは明白だった。

治療として行なったこのリオリエンテーションのおかげで、彼女は、自分がそれまで彼の出会ったどの女性よりも影響力をもっていると感じることができた。同時に、彼は勃起不全のままでいられる機会を得、彼女は彼に対して深い思いやりを感じることもできた。もちろん、これらの新たな結びつきによって双方の気持ちは高まり、それがセックスにつながる可能性も高まるだろう。こうして、新郎が完全に勃起できたかどうかに関わりなく、双方にプラスになるシナリオが生まれたのである。

ここで、一見シンプルなエリクソンのリフレーミングが少々見かけとは異なることにも触れておかなくてはならない。エリクソンの再解釈は実に巧妙ではあるが、もし彼が自らの立場を、この若いカップルの要求と希望を完全に理解している者として確立していなかったら、事態はうまく収まらなかったかもしれない。エリクソンのワークでは、**彼が特に評価を重視していることや、徹底的に調べて、患者のものの見方や現実の主観的な捉え方を理解しようと注意していることが明らか**だ。講演でも明言しているとおり、エリクソンが新たな考えを伝えたり、新たな結びつきを創り出したりするのは、必ず患者の現実を完全に認識し、正しく評価したあとである。結局のところ、もし再解釈が患者にぴったり合うと感じられないものなら、その考えは拒絶され、テクニックは無駄になる。

外在化

［事例▼ビッグ・ルイーズ］

禁酒法の時代にロード・アイランドの精神病院で働いていたころ、エリクソンはビッグ・ルイーズと呼ばれている乱暴な患者のことを知るようになった。ビッグ・ルイーズは身長が一九五センチで、もぐり酒場の用心棒として働いていた。彼女の趣味は、プロヴィデンスの街を歩き回って、独りでいる警官を探すことだった。そういう警官を見つけると殴り倒し、しばしば片腕を折り、ひどいときには両腕を折り、病院に送りつけるのだった。とうとう警察署長はルイーズを訴え、彼女が精神異常で他者に危害を及ぼす人物であることを宣告してもらった。

ビッグ・ルイーズは精神病院にいるのがいやだった。「狂ったやつらと一緒に閉じ込められているなんて、真っ平だ」と不平をいった。月に一度暴れ回り、大量の物が破壊された。エリクソンと出会う前に彼女に与えられた治療は、臨時部隊として送り込まれた二〇名の男性看護人が彼女を力で圧倒することだけだった。数人の看護人が腕を折られ、問題はさらに大きくなった。それでも、なんとか押さえ込むと、吐き気の副作用のある強い鎮静剤を看護師が注射した。エリクソンはその薬効と強い吐き気を説明して、「一二時間ほど、去年食べたもの全部を吐き出そうとする」といっている。鎮静剤を打たれたビッグ・ルイーズは、マットを一枚敷いただけの隔離部屋に閉じ込められた。マットは必ず引きちぎられ、被害はさらに増えた。

こうした詳細を聴いたあと、エリクソンは自己紹介するためにビッグ・ルイーズのところへ行った。そして、あなたにお願いしたいことがあるのだが、と彼女にいった。次に暴れ回る前に、一五分ほどベンチに座ってわたしと話をしてほしいと頼んだのである。彼女は疑わしげに、「わたしがあんたに話している間に、男の看護人が飛んできて、わたしを押さえつけるんだろうが」と答えた。エリクソンは、「ちょっと腰を下ろしてわたしと話をするなら、わたしがちゃんと気をつけて、誰にも、絶対に誰にも、あなたの邪魔はさせません」と心からいった。彼女はしぶしぶ承知した。

ある日、エリクソンに呼び出しがかかった。「ビッグ・ルイーズがあなたと話がしたいといっています」。彼が病棟に入っていくと、彼女はベンチの前を行ったり来たりしていた。エリクソンが腰を下ろすと、彼女はその隣に座った。「看護兵を集めて、わたしを押さえつけるつもり?」

エリクソンはいった。「いや、ルイーズ。わたしはあなたに話をするだけです。でも、一五分したら、あなたはしたいことをなんでもできます。だから、わたしがちゃんと気をつけて、誰にもあなたの邪魔はさせませんよ」

エリクソンはニューイングランドに来てまだ間もなかったので、この地の春を話題にした。ルイーズは病棟のドアを見つめつづけた。一〇分ほど経ったころ、エリクソンが看護師にそっと合図をすると、看護師は電話をかけた。

不意に、女性看護実習生が十数人、病棟になだれ込んできた。誰もがくすくす笑っていて、まるで何かのお楽しみに出かけてきたかのようだった。そのなかのひとりが椅子をつかむと、病棟の西側の窓を全部叩き割った。別のひとりも椅子をつかみ、病棟の東側の窓を全部叩き割った。四人はあるテーブルに走っていき、その脚を四本とも折った。別のひとりは電話のところに走っていって壁からコードを引き抜くと、受話器を壊した。実習生たちは、ルイーズが過去に出した損害と同様の損害を出すようにと、エリクソンから指示されていたのだ。

実習生たちがステキな時間を過ごしていると、やがてビッグ・ルイーズが、「みんな、だめだよ! そんなこと、だめだよ! そんなこと、しちゃいけないよ!」と訴えはじめた。彼女は、他者が自分と同様の行為をするのを見ていられなかったのである。実習生たちが退散させられたあと、病棟は完全に破壊されていた。ビッグ・ルイーズはエリクソンに向き直り、「エリクソン先生、お願いだから、二度とわたしをこんな目に遭わせないで」といった。エリクソンは、「こうしなければならないようにあなたがしなければ、二度としないと約束しますよ」と答えた。

二ヵ月後、エリクソンが院内を巡回していると、ビッグ・ルイーズが近づいてきて、「エリクソン先生、わたしに病院の洗濯場の仕事をさせてもらえませんか？」と訊ねた。エリクソンはいった。「洗濯場で働きたい……。あなたは初めてここに来たとき、それは見事にいろいろなものを壊しました。行儀良くできるなら、洗濯場で働けるようにしましょう」。ルイーズは必死だった。「気違い女だらけのこの病棟から出られるなら、なんだってします」

エリクソンがルイーズを病院の洗濯場に送ると、彼女はけんめいに働いた。二ヵ月後、彼女は患者として退院し、従業員として雇われた。 (Erickson, 1980b)

外在化（externalization）は、患者が自分の問題行動を外側から見られるようにすることによって新たな方向づけ《リオリエンテーション》をするテクニックである。たいてい感情の衣をしっかりまとっているその行動がなんらかの形で自己から切り離されると、患者はそれを評価しやすくなる。自分の行動は理に適っていると思っていたのに、他者のなかに自分と同じ行動を見て初めて、外側のその観点からだと、その行動はまったく理不尽に思われたという経験は、たいていの人にあるだろう。子供が自分の悪い行動を真似ているのを見て不愉快になった親も少なくないだろう。リオリエンテーションに用いられるその他すべての方法と同様、外在化は思考への刺激であり、その結果としてまったく新しい情動的現実をもたらしうるテクニックである。

エリクソンは実に巧みに、患者が自分自身を外側から新たな形で見られるようにしている。たとえば、ある精神病院で働いていたとき、自分こそが唯一のイエス・キリストだと信じているふたりの妄想的な患者どうしを引き合わせることにした。エリクソンはふたりと一緒にベンチに座り、それぞれが相手の話について、どれだけおかしいかをいえるようにした。それから数日経って、そのうちのひとりがエリクソンにいった。「あの、あれからじっくり考えてみました。彼は自分がイエス・キリストだといってますが、わたしには彼の頭がおかしいことがわかっていて、あなたにも彼の頭がおかしいことがわかっています。頭がおかしいから、彼は自分がイエス・キリストだといいつづけているんです」。この男性は最終的に自分の妄想的思考をやめることができて退院し、その後ときどきもう一方のイエス・キリストがどんな様子か見にやってきた（Haley, 1985, Vol. I, pp.229-30）。

換言すれば、いずれの患者も自らの魅力的な信念体系の外側から自分自身を眺めはじめ、自分の見たものを快く思わなかったということである。外在化の重要な利点のひとつは、自らのアイデンティティを再考する機会が患者に提供されることであり、たぶん別のアイデンティティを試す機会も与えられるということである。

外在化を使ったエリクソンの臨床例のなかでもとりわけ劇的だったものに、催眠による乖離がある。この方法を使うと、患者は自らのある側面を、切り離された現実として体験できるようになる。自らの体から切り離された一部として自分自身を体験することは、明らかに第一級のリオリエンテーションである。

エリクソンの臨床例で特に有名なのは、人生がほとほといやになった男性との出会いである。彼との出会いは一度きりで、エリクソンは彼をハーヴェイという名で認識していた。

［事例▼ハーヴェイ］

エリクソンの説明によると、ハーヴェイは他者からの扱いを非常に惨めに思っていたが、状況を正そうにも何もできないでいたという。彼は不当な低賃金で働いていて、同僚たちは彼のデスクにタバコの灰を撒き散らし、駐車場では車をブロックされた以外にも、小さな虐待をあれこれ受けていた。ハーヴェイはそれらに対して救いようのない無力感を感じていた。逃れる唯一の方法は、病気になって欠勤することだった（本章255頁「学習性無力感」の説明参照）。エリクソンの介入はここで説明しているものよりはるかに複雑で多面的なものだったが、達成された前進の鍵となったのは、催眠による乖離だった。

治療介入は、あるセミナーホールで医師たちを聴衆に迎えて行なわれた。エリクソンは催眠を使い、ハーヴェイには水晶の玉をいくつか幻視できるという暗示を与えた。そして、ひとつの玉をのぞきこみ、そのなかにいる少年を背後から見るよう指示した。エリクソンはいった。「その少年はずいぶん不幸に違いありません……なぜだろうとわたしは考えています。少年はとても、とても不幸せなように見えます。少年をよく見て、少年が今どこにいるのか、わたしに教えてください」

ハーヴェイは答えた。「ええと、六歳くらいの小さな子供で、学校の机の前に座っています。先生は向こうに歩いていったところです。先生の手には物差しがあります。子供に罰を与えていたのでしょう」

つづいてエリクソンはハーヴェイの注意を別のものに向けた。「わかりました。では、そちらの水晶の玉を見てください。さっきの少年が見えると思います。少年は何をしていますか？」ハーヴェイは再びひどく不幸せそうな少年を見つめた。いくつか質問が続いたあと、ハーヴェイは水晶をのぞきこんで、いった。「おや、さっきの六歳の少年が学校から家に帰っていきます。まだ不幸せな気持ちが残っているようです。顔が見られたらなぁ……いや、それは大事なことじやないように思います。少年はまだ顔をぬぐっています――後ろから見ているので、少なくともそう見えるってことです。あっちにお巡りさんが何人かいます。ひとりが拳銃を手にもっています。少年が駆け寄って何が起きたのか見ると、お巡りさんが少年の犬を撃ったところでした」

エリクソンはここでハーヴェイの注意を最初の記憶に戻して、いった。「でも、少年は学校で泣いていて、そのあとで犬が殺されたことに気づいています。少年はどうして学校で泣いていたのでしょう？」

ハーヴェイは答えた。「よくわかりませんが、わたしは左手にひどい痛みを感じています。それに、あの少年がどう感じているか、今はわかります。わたしが左手で字を書いたので、誰かが物差しを取って、わたしの手を叩いたというような感じです」

ハーヴェイがトランス状態に入っている間に、エリクソンは彼に、どちらでも好きなほうの手を使って字を書いていいという許可を出した。「これからあなたに紙と鉛筆をわたしますから、あの六歳の少年が書きたかっただろうと思う書き方で、あなたの名前を書いてください」

ハーヴェイが書くことに気を取られている間に、エリクソンは聴衆の医師たちに対して、彼の書いたものを褒めるよう指示した。しかし、ハーヴェイはそうした褒め言葉を無視した。エリクソンは再びハーヴェイの注意を捉えて、今度は次のような後催眠暗示〔催眠中に与える暗示で、覚醒後にある特定の行動を取るよう指示するもの〕を与えた。「あなたが何かを書いたという人がいたら、それは誰であろうと、くそったれの嘘つき以外の何者でもありません——だから、そういう人には、そういってやりなさい。はっきりいわなくちゃいけません。ちゃんと、あんたはくそったれの嘘つきだ、というんです」

エリクソンはハーヴェイを目醒めさせ、書いたものについて訊ねた。彼はそんなものは書いていないといいはった。そこでエリクソンは聴衆に向かって、誰がそれを書いたか訊ねた。医師たちがハーヴェイだというと、ハーヴェイは聴衆の医師たち全員を、まさに指示されたとおりに叱りつけた。

この擬似対立によって、ハーヴェイがもっていたと思われる手書きに対するパフォーマンス不安は取り除かれ、加えて彼は、ひと部屋を埋める権威者たちを叱りつけるという体験まですることができた。彼の攻撃的な行動は後催眠暗示の結果であるため、この行動に責任があるのはハーヴェイではなくてエリクソンであり、これによって、別のレベルの乖離も提供することができた。結局、ハーヴェイにそれをさせたのは催眠だったのである。

いったんハーヴェイが自らのために立ち上がれることを示すや、無力感の解毒剤であるその行動は、常時彼のレパートリーのなかにあるものとなった。まるでボトルからコルクが吹っ飛んだかのようだった。翌日彼は出社し、同僚に対して自分の扱いを改善するよう要求した。社長には昇給を要求し、認められた。行きつけの精神科医を訪れた彼は、「ご存知のとおり、わたしも三二歳ですし、彼女ができてもいい頃だと思うんですが」といった。精神科医が、「そのことについては、わたしにはなんともいえません。エリクソン先生に相談しなさい」と答えると、彼は、「エリクソン先生がなんだっていうんです！　わたしは彼女を手にいれます」といった。エリクソンがこの症例を報告しているころ、ハーヴェイは幸せな結婚をし、新しい強力なアイデンティティに相変わらず満足していた。

（Erickson, 1977/2001）

外在化の達成に使える方法はほかにいくつあるだろう？　リストは事実上、永久に続きそうである。必要なのは自己観察ができるちょっとした道、いいかえれば、自分が自分として存在しえないときに自分自身を見る機会である。その道、その機会を利用することによって、その行動と既存のアイデンティティをつなぐ通常の刺激を迂回するのである。

たとえば、自分の非友好的な行動に関する批判はいつも無視してきた人も、自分が他者に与えている不快な影響について誰かが正直に語っているのをたまたま耳にすると、急に気になりはじめる。そのとき彼は自分自身の外側に立っている。というのも、誰も彼に向って話してはいないからだ。自分の行動の描写を、その行動が自然に発生した情動的コンテクストの外側で聞いているとき、その人は何が必要で、何が適切なのかを考える機会を与えられている。これは日々普通に生じている非公式なセラピーのひとつである。

このテクニックは変化のための強力な触媒として働くため、現代の数多くのセラピーにバックボーンとして組み込まれている。たとえばナラティヴ・セラピーは、耐えがたいと思っている問題を具象化し、ときに擬人化するよう患者を励ますことによって問題行動を「外在化」することを、プラクティショナーに指導している（White, 1988）。換言すれば、患者は問題行動を、自分のアイデンティティから切り離された独立した存在であるかのように描写することを求められるのである。たとえば、それに名前をつけたり、イメージを利用してその外観を描写したり、その振る舞いや、ときにはその動機まで説明したりするよう指示される。

このテクニックは新しいものではない。ナラティヴ・セラピーのはるか以前に、ゲシュタルト療法のプラクティショナーたちが、患者と具象化された問題そのものとの会話を創作している。その人の自己の望ましくない部分がいったん外在化されると、それは吟味され、最終的には拒絶される。

インパクト・セラピーも主として、リオリエンテーションと外在化を信頼している。しかし、イメージではなく、個人の現実を代理するものとして物理的な小道具を使い、リオリエンテーションを達成する。ビューリー（2002）が報告している症例では、ちょっとしたゴミを巧みに使って、深刻なトラウマに苦しむ子供を助けている。

少年はきょうだいの恐ろしい死を目の当たりにしてから、いっさいものをいわなくなっていた。自分でそうしようと決めたのだった。ビューリーは、車内に置きっぱなしにして腐らせた鶏肉が入っている袋を小道具として使い、少年の気持ちを外在化できるようにしようとした。ビューリーが少年に伝えたのは、袋の中身はぎょっとするようなものかもしれないけど、彼女には中身を見て臭いをかぐだけの強さがあること、なぜならそれが彼女の役目だからということだった。子供のもつ自然な好奇心をくすぐりながら、ビューリーと少年は一緒に袋のひもをほどいた。彼女は、「今までしっかり閉じ込めていたけど、中身はもう出さなくちゃね」といった。少年は目に涙を浮かべ、泣きはじめた。そして、とうとう話しはじめた。少年は、袋のひもをほどいたとき、ビューリーと行動を共にした。したがって、それが暗示となり、恐ろしいことになっている中身を処理する力が出たのである。

ヴァージニア・サティアのいう彫刻と、ジェイコブ・モレノのいうサイコドラマも、なんらかの考えや希望、願い、行動を取り上げ、それを本人の外側に置く方法である。実際、外在化の縮小版は、プラクティショナーが患者の言葉を正確に引用して反射的傾聴を行なっているときにはつねに達成されている（Rogers, 1961）。仮に患者の行動もトラッキングし、さまざまな出来事を短い物語として再び患者に語って聞かせるのであれば、患者はほぼ否応なく、自分の言葉や行動に対してリオリエンテーションされることになる。トラッキングと反射をこのように結びつけると、有益な効果が即座に生じることは以前から証明されてきた。教護院ボーイズ・タウンのスタッフは、怒り狂ったり乱暴になったりする荒れた青少年へのもっとも有益な対応法として、この介入方法を教わっている（Connolly, et al., 1995）。

問題になっている行動を録音しておき、セラピー中、行動を発生させた感情の波が引いているときにその録音を再生させても、同様の効果が得られる。

以上は、このテクニックを導入している現代のセラピーの網羅的リストではないが、臨床的努力との関連性を如実に描出している。

ところで、真に良質の演劇を見に行ったときに生じる体験とは、正確にはどういうものだろう？

そのストーリーがインパクトのあるものであるためには、登場人物のなかに少なくともひとりは、聴衆が自分と同一視できる者がいなくてはならない。その人物はその後、聴衆自身の闘いをなんらかの形で反映している人生の問題と格闘する。ドラマは、あなたが聴衆のひとりとして、これまでとは異なる観点で自らを眺めるとき、あなたを惹きつけずにはおかなくなる。

実にこれこそが、ビッグ・ルイーズを傍らに座らせ、病院のスタッフが娯楽室をめちゃくちゃにするのを眺めていたとき、エリクソンが本質的に成し遂げたことだった。事件は、彼女がまさにそれと同じ行為をこれからしようとしていたときに起きている。かくして、このドラマのなかでは登場人物のひとりひとりがルイーズを表しているという事実を逃れることができなくなったのである。そして、自分の行動を外側のこの観点から眺めるうちに、それは突如として耐えがたいものになった。その日以降、ルイーズは自分の暴力的爆発をそれまでと同様の気持ちで捉えることはできなくなった。

時間のリオリエンテーション

［事例▼人形を壊された女性］

エリクソンは、かつてまだ学生として、博士号取得前の研究のためにメニンガー・クリニックで行なわれていた講義に出ていたころ、医師のひとりから、妻に催眠を使ってほしいと頼まれた。医師の妻は半年前から重いうつ状態に陥っていた。どのように治療したらいいのか、誰にもはっきりわからなかった。議論は行ったり来たりした。「精神分析を受けさせるべきだろうか……支持的セラピーを受けさせるべきだろうか？」　それまでは、鎮静剤でなんとか対処してきていた。

医師はエリクソン青年に切り出した。「来月末には辞職するつもりなんだ。妻にどう対処したらいいかを誰にも教えることができないからだ」。医師は必死だった。「妻のために、何か手を打たなくてはならない。うつはどんどん進行しているし、自殺願望も強まっている。一日中ナースをつけておかなくてはならない。そんな状況なので、ぜひ妻をトランスに入れてもらって、何ができるか見てもらいたいんだ」。エリクソンは承知して、スタッフ全員の前で治療しましょう、といった。

女性は二〇代半ばで、聡明だった。エリクソンは彼女の問題について、彼女と話しはじめた。彼女は、自分のうつ状態が好きではないと力説した。自殺願望も好きではなかった。良くなりたいという意欲はあったが、その方法がわからないだけだった。エリクソンが途方もない量の感情的アンビヴァレンスを見抜くと、彼女は、エリクソンの探りに反応して頬に涙を伝わらせながら、トランス状態に入った。

エリクソンは彼女の時空の見当識を失わせてから、彼女にいった。「たとえ公の場でも、赤の他人になら話せる憎しみや失望、心を乱す感情が、あなたにはいくつかあります。ですから、それらのいくつかをわたしに話してみてはいかがでしょう。わたしは赤の他人ですから」

このあと彼女は、まるでエリクソンが大勢の人であるかのように彼を見つめた。聴衆にはまったく気づいていなかった。今が夏か冬か、わからなかった。こういう状態になったことで、彼女は実に多くの憎しみや失望、葛藤について話すことができるようになった。兄がお気に入りの人形を投げつけて壊したことを語り、「兄はわたしのお人形を殺したんです」といった。彼女は、兄に対してとてつもなく大きな怒りを抱えていた。さらに、学校で最優秀の成績を取った姉に対する競争心についても説明した。

彼女がこうした怒りを表わし終えると、エリクソンはいった。「さて、個人的なこと、秘密のこともたくさんあります。それらについては、赤の他人のわたしとここに座っているときに言葉にする必要はありません。言葉にしたものを無音レベルにして心のなかで流せばいいんです。では、半時間ほどここに座って、公にはいえないことを全部、じっくり考えましょう。あなたのセラピストに喜んでなってくれる人になら話したいと思うことを考えるのです」

翌日、彼女は、それまで自分を担当していたナースに、「もう近くにいてくれなくていいわ。自殺したいなんて、ちっとも思っていないから」といった。エリクソンがこの治療をしたのは、一九三〇年である。それから一五年後の第二次世界大戦が終わるころ、彼女からエリクソンに手紙で再び連絡があった。手紙には、夫が海外で活躍している間、自分はどんな恐怖や不安にも耐えたが、その耐え方にとても満足している、とあった。彼女は当時、数人の子供の世話をしていた。自分の回復については、「とても、とても満足しています」とのことだった。

(Erickson, 1965a)

新たな方向づけ《リオリエンテーション》を達成するために、そのテクニックとして一時的な人間関係を結ぶ。この重要性を理解するのに常識の範囲外に出る必要はない。これは本書で紹介している戦略のほとんどについてもいえることである。「いつかこのことを振り返って笑える日が来るでしょう」という元気づけのコメントは、たいていの人が知っているだろう。この言葉が世代を超えて繰り返されるのは、それが通常、真実だからである。時間は、過去の出来事や遠い未来のまだ起きていない出来事、目の前の速くも遅くも過ぎうる状況に、新たな観点を与える。こうした現象はそれぞれ、年齢退行、年齢進行、時間の歪曲として知られている。いずれも時間をリオリエンテーションするテクニックであり、知的理解や情動的理解を新たに促進する働きがある。

エリクソンが催眠による年齢退行や年齢進行を利用するさまはしばしば魔法のようで、タイムマシンでもできたかといいたくなるほどだが、このテクニックは、一種の意欲的な推測だと考えると、より正確に理解することができる。では、どのような方法を使えば、過去もしくは未来の出来事をもっともうまく推測することができるのだろう？　一番効果的なのは、目を閉じて完全に回想に没入するというやりかたである。恋人たちは何世紀も前からそうしてきた。初めてのキスや結婚式の日を思い出し、「物思いにふける」。

普通の学校教師は時間の歪曲の達人になりうる。一五分を五時間に変えることができた教師のひとりやふたり、思い出せない人はほとんどいないだろう。その授業が始まってしばらくすると、頭が机に落ちそうになるのをどうにも止められなかったかもしれない。周囲との接触を失いはじめると、思考が時間のなかを前後して、過去に退行したり、未来に進行したりしたかもしれない。週末に味わった楽しみを思い出し、もうすぐやってくる夏休みが楽しみでたまらなくなる――と、突然、その意欲的な推測の時間は中断され、授業中空想にふけっていたことを叱られるのである。よく聞く話ではないだろうか? **たぶん、今これらの文を読んだだけでも、一時的に過去に引き戻されだろう。時間のリオリエンテーション(reorientation in time)**は今に始まったことではなく、また、間違いなく魔法のテクニックでもないとなれば、普通のプラクティショナーなら、この自然なプロセスをもっとうまく発生させることができる。ここでもっとも決定力をもつのは、患者がとりわけ関心を抱いている話題を選択するスキルである。

年齢退行と年齢進行の臨床的応用は、関心のある話題への主観的リオリエンテーションの手段として、エリクソンが開発したものである。患者が大きな関心を寄せる話題には、たとえば、「あなたの問題にもっとも合う治療法はなんでしょう?」などの質問がある。エリクソンは、自分が**リハーサル・テクニック(rehearsal technique)**と呼んでいる方法を使い、患者が必要としていることをより明確に理解すると同時に、行動を主観的に再構成することができた。メンタル・リハーサルのこのプロセスを説明して、エリクソンは以下のようにいっている(1958g, p.107)。

現在から事実上の未来へとリオリエンテーションされた被験者は……しばしば自らの「回想」によって、すぐにもより充分なワークにつながるような考えをヒプノティストに提供することができる。……そうすることによって、被験者の性格特性全体と無意識の必要および能力によりよく一致した催眠ワークを念入りに行なうことが可能になる。また、それによってしばしば、間違いや見落としが発生する前に、それらを修正することも可能になり、適切なテクニックの開発法について、より良い理解が得られるようにもなる。

時間に関する主観的体験に影響を及ぼす能力はきわめて重要な臨床的ツールであると、エリクソンは信じていた。それを説明して、彼はこういっている。「リオリエンテーションは、過去に向けて行なうことができる。未来との関連で行なうこともできる。身体との関連で行なうこともできる」(Erickson, 1955a)。

その一例として、切断手術を受けながらも自分が片脚を喪う体験をしたという考えにどうしても適応できない患者とワークをしていたときのことを取り上げている。エリクソンは催眠による年齢退行を使い、両脚がそろっていた時点にこの患者をリオリエンテーションした。男性がその思い出にふけりはじめると、エリクソンは彼に、未来のどこかで切断手術を受けたとしたら自分はどう反応するだろうということについて、よく考えるよう指示した。

男性とエリクソンはこの問題について、もしそうなったらどう適応するかに焦点を絞って詳細に論じ合った。エリクソンはリオリエンテーションを使い、患者のなかに芽生えていると判断した適応についてさまざまな質問をし、それらの問題を仮定という形で論じ合った。患者はこのリオリエンテーションのおかげで、あまり大きな苦痛を感じることなく、その話題について考えることができた。

結局、切断の問題との取り組み方について解決法を引き出したのは患者であった。エリクソンはこれを説明して、「あのリオリエンテーションから、優れた適応能力と、自らの不適応に対する拒絶とを引き起こすことができる」といっている(Erickson, 1955a)。

時間の歪曲は、痛みを軽減させるためにエリクソンがしばしば使ったテクニックである。彼が催眠のなかでこの技法を使うさまもやはり、リオリエンテーションのコンテクストで説明されなければ、ほとんど魔法のように見える。がん患者や不治の神経疾患の患者は、その多くが薬剤では痛みを軽減できずに苦しんでいる。そうした患者との取り組みで、エリクソンはしばしば、時間の拡大と凝縮という形で、時間の歪曲を教えている。

彼の基本的なやりかたは、安らぎの時間を拡大して、五分が非常にゆっくり過ぎるようにしたあと、痛みの時間を凝縮して、実際には一五分過ぎているのに、それがまるで数秒だったかのようにする、というものだった。このように患者を教育しながら、患者が確実に痛みへの集中を減らし、この時間という問題への集中を高められるようにしたのである。**さらに重要なのは、痛みに対する方向づけが、不安と無力感に向かうものから、積極的な矯正に向かうものにシフトしたということである。**

自分の痛みについて、何か自分でできることがあると信じることが、なぜそんなに重要なのか——これを理解することが重要である。以下の例を考えてみよう。

小さな男の子が注射を打ってもらうために医者に引っ張ってこられた。男の子は注射針が怖くてパニックになりはじめたため、注射を打つ間、数人の大人に押さえつけられた。痛みのこの体験はその後、恐怖と無力感という心理的要素のせいで強大なものになっていく。差し迫ってくる痛みに対して自分にできることがまったくないからだ。

今度は、この男の子が木登りをしているときの体験について考えてみよう。幹をよじ登る間に、ざらざらした樹皮が皮膚に裂き傷を作っていくが、男の子は怪我に気づかない。家に帰り、ズボンが裂けている理由を母親に説明しなくてはならないことがわかって初めて気づくのである。こんな日常的な出来事からも、痛みの刺激は痛みに対する心理的態度ほど重要ではないことがわかる。

エリクソンはときに観点をほんの少し変えて、年齢進行と時間の歪曲双方に着手した。ベティ・アリスは、エリクソンが以下のように勧めてくれたことをよく憶えている。「自分が今していることじゃなくて、結末を見るんだ。どうすれば、それをもっと良いものにできるかな？　どうすれば、もっと自分の思うようなものにできるかな？　どうすれば、もっと長続きするものにできるかな？　どうすれば、もっと実りの多いものにできるかな？」

このようにすると、乖離をコントロールしながら利用することができる。未来の目的に向ける注意が大きくなるにつれて、直近の課題はかすんでいく。こうして未来に達成されるべき目標に特に注意を集中させるということは、その仕事が成功裏に終わることを暗に意味することにもなる。たいていの人が合意するとおり、困難な課題は終わりがないように見える。しかし、結末をもっと自分の思うようなものにすることに集中すると、新たな期限つきの方針を決定することができる。

体験的エクササイズを導入すれば、年齢進行のテクニックはさらに強力なものになる。自分自身の未来を想像して描写するよう患者を力づけながら、エリクソンは時折、催眠を使って幻の「水晶玉」を創り、患者が未来を熟視できるようにしている。ときには水晶玉を複数使い、それらを診療室のあちこちに「置いておく」こともあった。このテクニックが患者を没入させる力に特に優れているのは、まず水晶玉を幻視してから未来の様子を想像しなくてはならないからである。エクササイズが催眠による健忘で終わるとわかっていれば、そうでなければ避けていたかもしれない考えを、患者は探求することができる。

スティーヴ・ド・シェイザーは、エリクソンのワークを研究したのちに同様のテクニックを考案し、それを「奇跡の質問」と呼んだ。奇跡の質問は基本的に、「ある朝目醒めたら奇跡が起こっていて、自分の問題が解決していたら、あなたの行動はどう変わりますか?」となる。ド・シェイザーによれば、解決志向セラピーの本質はこの奇跡の質問である（De Shazer and Berg, 1997）。

この質問は、時間をリオリエンテーションする際に触媒の働きをする。患者は奇跡を描写するために、自らを未来に置く。一見シンプルなこのテクニックの重要性は、ドランがさらに強調している（2000）。「わたしたちはよくよく注意しなくてはならない。というのも、質問されない内容の方が質問される内容より強力なことが多いからだ。したがって、セラピーで患者の未来について質問しないのは危険である。そして、未来について質問しない場合、その患者に未来はないというメッセージを送ることになる。そして、意識的に気づいていないメッセージから、自分の身を守るのはきわめて難しい」

バーグは、自身が解決志向セラピーの本質だと考えているものを要約して、以下のように説明している（De Shazer and Berg, 1997）。

患者はそれを一方向からしか、すなわち、行き詰まっているという観点からしか見ない。ゆえに、こちらからは別の見方を提供する。それらは同一の状況だが、それをほんの少し回してやると、別の角度から眺められるようになる。そして、そこから解決が生まれるとわたしは考えている。

この説明は、〈リオリエンテーション〉という戦略の本質を語り、エリクソンが創始した治療法の特質を映し出している。

重いうつ状態だった医師の妻のケースで、エリクソンが彼女を助けるためにしたことを見きわめるのは、最初は難しい。催眠による年齢退行の利用がこのプロセスにとって重要だったのは確かである。エリクソンがある論文のなかで説明しているように、問題と取り組む最短ルートは、最初の不適応が発生した時点に患者をリオリエンテーションすることである（Erickson, 1939/2001）。

エリクソンは年齢退行を使って医師の妻を、当人にとって非常に厄介な情動状態と、それが属する状況とにアクセスさせている。このセラピーのもうひとつの重要な側面は、聴衆の面前で行なわれている点である。なぜエリクソンは彼女に自分のことを「赤の他人」として、また、大衆として見てほしかったのか？　これは彼女のセラピーの重要な部分である。彼女は、厄介な話を公の場で声に出していってもいいのだと知る必要があった。これをやりやすくするために、エリクソンは彼女に、セラピストに話すようにして自分の感情をすべて心の内で回想していいのだと伝えている（Erickson, 1965a）。彼女のセラピーは体験と仮想双方によるものだった。

一般的適用

エリクソンは父親として子供たちにレジリエンスを教えるとき、学校から帰った子供たちに「お帰り」をいったあと、道のどちら側を歩いて帰ってきたのか、どんなふうに歩いてきたのか、いつもとは違う道を試したかどうかを訊ねている。そして、たくさんの道が見つかることや、いずれの道にもその良さがあることを子供たちに知ってもらいたくて、それぞれの道に微妙な違いがあり、楽しい道もあればそれほど楽しくない道もあり、それぞれにその道だけの景色があることを語ってきかせている。何かをするとき、方法がひとつしかなかったら、その方法に生じた支障は、どんなものであれ大変な問題になりうる。対照的に、方法がいくつもあれば、慌てずに方針を変え、別角度から問題に取り組むことができる。

本章にリストアップしたテクニックを見ておわかりのように、新たな方向づけ《リオリエンテーション》を達成する方法は多種多様である。いずれのテクニックにもそれなりの利点がある。熟練の臨床医はそうした方法を探究し、その患者の情動によく訴える方法を捜し出す。

問題には、さまざまな角度から取り組むことができる。患者がそれらの角度すべてによりよく気づけるようにするためには、経験的な要素を取り入れると役立つことが多い。エリクソンはしばしばこのセラピーに身体の動きを取り入れ、たとえば、椅子を取り替える、診療室を出たり入ったりする、砂漠を散策してくる、山に登ってくるといったことを患者に勧めている。身体的なリオリエンテーションは、心理的なリオリエンテーションを促すことが多い。

ちょっとしたシンプルな身振りが強い衝撃を与えることもある。たとえば、患者にしばらくの間セラピストの椅子に座ってもらい、その間、自分自身のセラピストになった自分を想像してもらうのである。そうした瞑想的体験は、目を閉じて新たな考えが浮かぶのを待つよう指示することで、強化することができる。しかし、このテクニックは、セラピストという立場と結合した力を高く評価している患者にはふさわしくても、他者との距離の取り方、すなわち、境界の問題に苦しんでいる患者には向かないだろう。セラピストはその患者とその状況に合わせ、使うテクニックを可能なかぎり個々に調整しなくてはならない。セラピストの仕事は、いずれの方法がその患者にとってもっとも効果的に働くかを見きわめることである。これは、臨床的評価を続行することで成し遂げられる。

この戦略の適切な利用法を考えるとき、問題や問題解決に必要な方法に関する患者の観点を過小評価しないことがきわめて重要である。エリクソンはたいてい、患者の問題の捉え方を注意深く観察し、それを受け入れることからセラピーを開始した。そこから、エリクソンと患者は変化の旅に出航した。

エリクソンにとって、患者の考えが不正確かどうかや非科学的かどうかは、どうでもいいことだった。たとえば、ある無学の男性が歯科用の催眠を望んだことがあった。しかし男性の口の感覚は簡単に消失したが、歯科医が口に触れるたびに、感覚が戻った。患者からさらに情報を集めると、「目の歯」〔犬歯のこと。英語では eyetooth〕が問題の原因であることが明らかになった。「目の歯」という名前ゆえに、男性はそれらの歯が目につながっていると信じていたため、目の前で起きていることが見える以上、自分の歯の感覚は充分に麻痺していないと感じていたのである。エリクソンがこれをどう解決したかというと、目を閉じるよう男性に指示しただけである（Erickson, 1962a）。**心理的ケアを行なう場合の出発点は、患者がどの部分にケアが必要だと感じているか、でなくてはならない。**

同様に、ものの見方は必ず複数あり、セラピストの意見もその患者にとっては必ずしも正しいものではないかもしれないことを、セラピストは認識しておかなくてはならない。自分の生活環境をどのようにするかを決めるべきは患者である。善意からだったとはいえ、リオリエンテーションを誤用したことによって悲劇的な結末を迎えた例を、ダン・ショートはエレン・トリヴァー医学博士☆1から聞いている。

あるとき、頭部に重傷を負った女性が診察室に入ってきた。問診をした医師は、女性が身体的虐待を受けていると判断した。女性にはその人間関係を断つ用意ができていなかったため、医師は看護師に指示して、その日の残りの予約をすべてキャンセルさせた。そして、その人間関係を断って保護施設に行かなくてはならないということを、時間をかけて女性に納得させようとした。女性は最後には医師の意見に合意し、家を出る準備に取りかかった。そのさなかに虐待するパートナーが彼女のしようとしていることに気づき、彼女を殺してしまったのだ。

これは起こるべくして起こったことだったのかもしれないが、医師の指示に従って行動していたときに死が訪れたという事実によって、医師の良心には、この悲劇の責任がかぶさってきた。どういうことなら安全にできると思うか、女性本人の意見を聴くべきであったが、残念ながら医師はその重要性を軽視してしまったのである。

〈リオリエンテーション〉は、何をしたらいいのか、どう考えたらいいのかを他者に指示することではないと、この例は強調している。そうするのは強制である。リオリエンテーションは強制とは対照的に、可能性を広げ、患者が選択できる新たなオプションを提供するための非指示的な戦略である。〈リオリエンテーション〉について最後に指摘しておかなくてはならないのは、セラピーのペースのことである。思考のシフトが基本的なものであればあるほど、〈リオリエンテーション〉には時間

☆1　*Physician's Guide to Domestic Violence*（Volcano Press, 1955）の著者。

が必要になる。リオリエンテーションの概念は、あらゆる生物は環境に関する認知地図から多くの行動を引き出すというトールマンの考え方とぴったり合致する。わたしたちは認知地図を使って予想を立てることで、より効率的に動けるようになる。しかし、外界に変化があった場合、健全に適応するには、そうした外界を表わすために用いられる認知構造の再編が必要になる。これは神経学的なプロセスであり、あらゆる生物学的プロセスに当てはまることだが、新たな結びつきの再編と構築には時間がかかる。だからこそ、熟練の臨床医は急ぐことなく、患者が自分のペースで洞察を得られるようにするのである。

Utilization

第12章

利 用

本書が最後に取り上げる**〈利用〉**(**utilization**)は、もっとも注目すべき戦略であり、エリクソンの臨床的方法を決定的に特徴づけている戦略でもある。エリクソンの治療哲学を、「患者が自らの心身のすばらしさに気づけるよう力を貸すこと」と簡単に要約できるとしたら、〈利用〉は、この指令をもっとも直接的に示す行為である。この戦略の臨床的応用は直観に反するように見える可能性もあるが、根底にある力学はシンプルだ。このあとに紹介するいくつかの症例で明らかになるとおり、この戦略を駆使するエリクソンの能力は深遠であると同時に感動的でもあった。

[事例▼イエス]

エリクソンがマサチューセッツ州の州立ウスター病院に勤務していたころ、自分はイエスだといいはる若い患者がいた。若者は、シーツを体に垂らしかけ、メシアのごとくあちこち歩き回った。さらに、人びとにキリスト教を強要するのが自分の使命だと強く感じていた。しかし、この行動のせいで、彼はすっかり孤立していた。なんとか打ち解けて人びとを引き込もうとしつづけるのだが、やりかたが攻撃的なため、彼に対する拒絶は確実なものになった。

エリクソンは父親のように振る舞いながら、彼にいった。「地上でのおまえの目的は人類のために尽くすことだ。だからいうが、人びとへの奉仕として、おまえにできることがひとつある」。エリクソンが最初に彼に与えた任務は、テニスコートの土を均《なら》すことだった。「神はよもや、あのような土の塊をテニスコートに置いておくおつもりはなかっただろう」

しばらくしてエリクソンはまた彼に近づいて、「おまえには大工の経験があったはずだ」といった。イエスは大工だったといわれているため、患者はこれを認めざるをえなかった。そこで、エリクソンは患者に、大工の腕をふるって心理学実験室用の本棚を作り、人類のために尽くすようにと指示した。患者はとうとう、実験室の便利屋になった。

(Haley, 1973, p.28; Gordon and Myers-Anderson, 1981, p.43)

自分はイエスだという考えになぜ誘惑されるのか、その理由になりそうなことをあれこれ推測するのは興味深い。たいていの場合、妄想的な思考は対処の失敗、すなわち、知覚による学習と処理の低下を表わしている。このタイプの強い内的集中が生じると、そうしなければコントロールできなかった環境の脅威を無視することができるようになる。そして、やはり興味深いのは、精神病ではない人びとも理性との連絡を遮断できるということである。エリクソンは以下のように説明している(Erickson and Zeig, 1977/2001, p.1)。

人がいかに自分の知的な考えを守り、そのことについていかに感情的になるかを理解したら、心理療法でまずすべきことは、観念の作用を変えるよう相手に強要しようとするのではなく、**それと歩調を合わせ、ゆるやかにそれを変えていき、相手が自ら進んで思考を変化させたくなる状況を創り出すことである。**［強調は著者］

もしくは、ショートの一四歳の患者が冗談交じりにいったように、「それを信じたとき、それがわかるようになる」。

臨床的な懸念の有無にかかわらず、たいていの人は、自分のことを**知ってもらいたい、受け入れてもらいたい**と強く思っている。個人間関係のこの原動力は臨床的に重要であり、エリクソンのやりかたにはこれが反映されている。ヘイリー（1973）が指摘するように、受容を存分に使うのは、人間の問題に対するエリクソンの基本的な姿勢であり、それは、催眠を使っている場合でも使っていない場合でも、同じだった。

受容は心からのものだと感じられなくてはならない。そのためには、セラピストは患者の恥や嫌悪と結びついた自己の隠れた部分に関する情報を充分にもち、患者はセラピストが充分な情報をもっていることを知らなくてはならない。患者がそれを知れば、そのあとには肯定的な認識が生まれ、患者のその側面をすぐにも利用できるようになる。

エリクソンの治療哲学の特徴は、患者の心身のすばらしさへの注目である。これが〈利用〉への道を拓き、クライエントの注意の焦点を変えていく。結局のところ、患者の本質的なリソースが欠陥品だの役立たずだのとされたら、どれほどの希望が生まれるだろう？

人は弱っているとき、第三者から妥当性を認めてもらうことを余計に必要とする。たいていの人は、自らを信じられるよう手助けしてくれる人を探して一生を過ごしていく。しかし、相手が要求しているレベルで受容するのは、必ずしも簡単ではない。たとえば、自分の正気を管理できなくなっている人との取り組みでは、その患者に対して、つい「自分の論理じゃなく、人の論理に耳を傾けるべきだ」と思ってしまう。「この男性に自分はイエスだと思わせておいたら、どんな良いことがあるだろう？」などと、考えるといいかもしれない。
もうひとつ例を挙げよう。心身症をあれこれ発症している患者の治療では、苦しみとケア双方を体験する患者の権利をつい忘れそうになる。「あなたは本当は病気なんかじゃありません。何もかも頭のなかで起きていることです」などといわれたら、患者は自分の言い分がまったく正当に評価されていないと感じる。このことが原因で、そもそも治療を受けることにしたのかもしれないのに。

助けを求めてあなたを訪ねてきた人に対応しているとき、相手のためにあなたができることに集中するのは、ごく自然なことのように感じられる。しかし、**あなたの能力**と**相手の問題**に焦点を絞っていると、セラピストの優越性と患者の劣等性というメッセージが暗に伝わってしまう。だからこそ、〈利用〉には、ときに直観に反するようにも見える特別なタイプの受容が必要なのである。

セラピーで良い結果を出すためには、患者が意図的に参加することと、生きるという仕事のなかで患者の身体的リソースおよび心理的リソースを使うことが必要である。意図的な行動には責任が伴い、責任には管理の拡大が伴う。ゆえに、プラクティショナーは個々の患者をもっとも強く特徴づけている行動パターンを受け入れるのである。多くの場合、これは、変化を目標とした病理学的行動の受容を意味している。

エリクソンがいうように、セラピストは患者に対して、患者を完全に受け入れることや、患者の行動がどうあれ、患者に効果的に対応できることを、はっきり示すことが重要である（Erickson, 1959/2001）。たとえば、プラクティショナーが患者の意思を認め、性格から来る既存のリソースを戦略的に使って次々と肯定的な目標を構築していくと、問題状況によって発生した否定的なエネルギーは、より肯定的で建設的に用いられるようになっていく。

この臨床的戦略をいうために「利用」という用語が使用されるのは、患者が癒しのプロセスに有意義に参加することを目ざしているからだ。〈利用〉は、患者の行動的傾向、情動的傾向、知性的傾向を、基本的治療要因として進んで認めて利用する、というところから来ている。この概念を説明するためにエリクソンがよく使った比喩は、川の流れを変えたいと思う人の話である。この人が川を堰き止めて流れに対抗しようとしても、川はこの人の両脇をすり抜けて流れるか、この人を押し流すかするだけだろう。しかし、もし川の力を受け入れ、別の方向にそれを向ければ、川は別の水路を切り開いていくだろう（Haley, 1973, p.24）。

間違って、〈利用〉は単一のテクニックだという人もいる。しかし、エリクソンがいうように、〈利用〉のテクニックは数多くある（Erickson, 1959/2001, p.1）。それらに共通するのは、患者を支配している行動を使うことによって発生する治療的拘束である（同書同頁）。**逆説的になるが、受容は、変化を発生させるための強制力として使うことができる。**

エリクソンの教えに繰り返し出てくるテーマは、患者の性格特性全体を関与させることの重要性である（Erickson, 1958b）。したがって、臨床医は、患者の性格特性のたくましい側面を利用する機会を狙わなくてはならない。ときには、当初はうんざりだと思うような性格特性を利用しなくてはならないこともあるだろう。この臨床的タスクには、意識的な努力が必要であり、とりわけ、以下にエリクソンが説明するような適切な態度を取ることが必要である（Gilligan, 2001, p.25）。

患者がどう反応するか、わたしにはわからない。わたしにわかるのは、患者はきっと反応するということだけだ。なぜ反応するのか、いつ反応するのかもわからない。わたしにわかるのは、患者は自分に合ったやりかたで反応するはずだということだけだ。……わたしはその反応をゆったりとした気持ちで待つことができる。反応が起きたとき、自分がそれを受け入れて利用できるとわかっているからだ。

ここまで柔軟に臨床医としての役割を果たすには、いかなる問題にも複数の解決法があるという考えを心底から尊重しなくてはならない。上記の「いかなる問題」には、患者が遭遇する問題も、患者を助けようとしてセラピストが診察室で遭遇する問題も含まれている。

〈利用〉は、ひとつの観点であると同時に、ひとつのプロセスでもある。もし患者がセラピストの顔を引っぱたくと脅したら（200頁参照）、このエネルギーは、協力して臨床目的を達成しようとする努力の一部として利用できるものだと考え、受け入れたらいい。セラピストが患者の言葉や行動はすべて利用できるとわかっていれば、自信をもってセラピーを行なうことができる。

たとえば、エリクソンの診療室に引っ張ってこられた子供が、部屋のまんなかに残されて、声をかぎりに泣き叫んでいたことがある。エリクソンは、子供が息を吸い直すために泣くのを中断するのを、静かに待っていた。そして、泣くのを中断した一瞬を使って、エリクソン自身が大きな叫び声を上げた。子供は仰天した。エリクソンは、「さっきはきみの番だった。今は、わたしの番だった。さあ、またきみの番だよ」といった。エリクソンと子供は何度か代わる代わる叫び声を上げたあと、次は、叫ぶのではなく、順番に話をすることにした（Erickson, 1980a）。

この例は、〈利用〉が発生するのに必要な治療環境のタイプを明らかにしている。「まず、あなたがわたしにあなたの行動を示して、わたしがそれを受け入れる。次に、わたしがあなたの受け入れられる行動で反応する」というものである。エリクソンが説明するとおり、患者の行動をまず受け入れ、すぐにも協力できるという姿勢を示すと、患者はそれに促されて、さらに努力しようという気持ちになる（Erickson, 1959/2001）。

いったん患者がこのような形で関与し、ギブ・アンド・テイクのパターンが継続すれば、患者とセラピストは、臨床目的達成を目ざす関係を次第に深めていく。利用戦略では、セラピストが患者の人格特性の特徴を喜んで受け入れるため、権力争いの可能性は小さくなる。欠陥のある側面を変えなくてはならないと患者にいえば、対立が生じるが、そういった対立を発生させるのではなく、患者の本質をもっと引き出し、患者が今していることをもっと引き起こそうとするのである。患者は自分自身の本質と一致した行動を取るよう促されれば、変化を強要されたとは感じにくい。これはセラピーに対する抵抗を軽減するのみならず、さらに重要なことだが、変化の中心を、それのあるべき場所、すなわち患者の内面に設定する。

その人のいかなる側面も、また、その人の人生のいかなる側面も、セラピーで利用することができる。〈利用〉の目標は細目にまで絞ったものではなく、症状の除去は主たる目的ではない。たったひとつの結果しか満足できるものとして認めないという考え方はあまりに直線的で、たいした機動性が望めない。すなわち、〈利用〉は個人を変化させることには焦点を絞らない。そこにあるのは、受容への努力である。**それ以前には気づいていなかった潜在能力を使って、その人に役立つ結果や、その人の心に訴えかけるような結果を出す**のである。換言すれば、セラピストはなんらかの肯定的な目的のために、その人の性格特性や現在の状況のある側面を利用するということだ。これが次に癒しのプロセスに点火する火花を供給する。癒しは内面から発生するとわかれば、メタ・テレオロジー的な姿勢が必須となる。すなわち、臨床医の第一の目的は、患者の目標の活性化を促すことである（69―70頁参照）。

〈利用〉はエリクソンにとって、患者に選択肢を与えるための重要な手段であった。すなわち、彼は患者が自らにとって適切な選択をすると信じていたのである。たとえば、エリクソンの患者のなかに、五〇歳で数多くの生活習慣病――バージャー病（閉塞性血栓血管炎）、糖尿病、心臓病、高血圧――を抱えた男性がいた。エリクソンを訪ねてくる前に八ヵ月間、週に五日精神分析を受けていて、その間に血圧は三五ポイントアップし、以前の四倍のタバコを吸うようになり、体重は一八キロ増えたという。

エリクソンはこれを聞き終えると、男性に目を閉じるようにいい、今の話を最初から最後まで繰り返すよう指示した。男性は自己破壊的な行動の衝動と闘う力がないことを完璧なまでに描写した。つづいて男性は、**自分に提示されると思うセラピーの要点を詳細に説明する**よう促された。

その治療計画を四回繰り返して男性にいわせたあと、エリクソンは、自分がなんの助言も修正の提案もしていないこと、計画はすべて男性が自分で立てたものであること、**男性は、指示されると思ったことはなんでもしたいという内面からの強い衝動につかまっている自分に気づくだろうということ**

を指摘した。一年後、男性はすっかり健康になってエリクソンを再訪し、自分が助けてもらったのと同じやりかたで友人を治療していただけないかと頼んだ（Erickson, 1964/2001a）。

深い敬意のこもったこの方法を使うことで、エリクソンは自分の診療室に何がもち込まれようとも、それを利用することができ、それによって、治療に好ましく反応できる自らの力に対する強い自信を患者に与えることができた。

要約すれば、〈利用〉という戦略は、エリクソンの臨床的アプローチの本質的な性質を表わしているということだ。それは、統合された心身が自らを癒しはじめるよう促す一手法である。**〈利用〉は、自己受容を促進することで、神経症の解毒剤として作用する**。筋肉は使うことによって健康を維持できるが、それと同様に、患者の個人的現実の種々の側面は、退けるのではなく、使わなくてはならない。

その個人的現実には、セラピーに対する抵抗や、セラピストに対する攻撃性、それまでの総合的症状の残りかすをもちつづけたいという気持ちが含まれているかもしれない。〈利用〉のすべての形態が逆説的というわけではないが、ある行動を受け入れることによって、それを変化させるプロセスが始まるということは、よくある。硬直した問題行動をセラピーのプロセスに組み込むと、確実に患者を参加させることができるようになる。問題行動をターゲットにすることによって、それまで退けられていた自己の側面を有用なものにするのである。患者の人格特性や行動、状況的影響のそうした側面を識別するエリクソンの能力は、彼の天才の一部である。

自分はイエスだと信じていた男性の症例に見られるように、〈利用〉のテクニックは変換のプロセスとして理解することができる。これには、弱さを強さに変えること、意思によらない行動を有意な活動に変えることなども含まれる。〈利用〉は、患者をおおいに尊重して行なわれるものであり、変換された行動が患者の未来への希望を高めるのに役立つとき、臨床効果が生まれる。

〈利用〉はペテンではなく、当然ながら臨床医の賢さを見せびらかそうとするものでもない。患者の内面で発達する主観的な自己意識を高めようとするものである。エリクソンは、上記の男性に奉仕作業をするよう指示したとき、新たな自己概念が生まれるようなやりかたで、男性の妄想的な思考を利用している。男性は自分の妄想的思考を嘲笑されたり無視されたりするどころか、テニスを楽しむ病院の医師たちに感謝される立場に立つことになった。さらに、彼が作った本棚は、誰もが目にする記念碑のように実験室に据えられた。それは、彼の内面から出てきた良いもの、彼自身の手作業から生まれた良いものを象徴していた。男性の自己イメージは変化して価値感の高まりを映し出すようになり、現実の行動が報いられるようになるにつれて、妄想的思考の力は次第に弱まっていった。

シンプル・バインド

［事例▼時間を無駄にしたかった女性］

体重が一一五キロある女性が肥満の問題を抱えてエリクソンを訪ねてきた。女性は、権威のある男性と一緒にいると落ち着かない上に、自分を操作しようとする人には誰であれ強く抵抗する性質《たち》でもあり、変化に対する抵抗から、それまでのセラピストのところには通うのをやめてしまったという。

エリクソンは、女性がセラピーに関することについては話したくないと思っていることを察すると、現状について、「わたしが何をしようとも、あなたはあくまでもセラピーの時間を無駄にしようとしつづけるだろうと、わたしは思っています」と考えを伝えた。女性はこの考え方に興味をそそられ、エリクソンの言い分が正しいことを、わかってもらおうとけんめいになった。そこでエリクソンは、彼女が事実上彼を操作していること、それは彼女が代価を払って得ている特権であることを認めた。エリクソンによれば、女性の支払いには、彼女の肥満が徐々に改善され、それに供って体調も次第に良くなっていく分も含まれていた。

(Erickson, 1959d)

エリクソンはしばしば、他者をコントロールしようとしないことの重要性を強調している。コントロールなどより有用なのは、患者を強く惹きつける治療の機会を創ることだと彼は感じていた。この治療の機会はひとつのギフトとして差し出されたが、それは、エネルギーを行動に縛りつける驚くべきものだった。

本章で説明しているテクニックはすべて、動機づけになる**縛り**《バインド》を発生させる。本セクションで説明するバインドは、逆説的ではなく単純明快であろうとしているという意味で、「シンプル」である(すなわち、「Xをお望みなら、Yをしなさい」)。これは状況的要因の〈利用〉である。**シンプル・バインド(simple bind)**は、充分な動機を発生させ、問題解決行動を活性化して維持するために、まだ叶っていない欲望を利用するテクニックであり、強い欲望が叶うのは、必要な問題解決行動が展開されていくことを条件としているため、新たな結びつきが生じる。

シンプル・バインドは、患者がしたいと思っていることを認め、それを特定の治療目標に結びつけることができるかどうかの問題である。これは個人の価値観と欲望を利用する。この概念は、ポニーが前進するように人参を鼻先にぶらさげるという考え方とたいして違わない。しかし、ポニーによっては、リンゴを欲したり、バナナやラディッシュを欲したりする。つまり、一般的な褒美ではなく、患者の現在の欲望を利用するのである。

貯金するのが好きな患者の禁煙を手助けするには、毎年いくら節約できるか指摘すればいい。勝つことに固執する患者なら、誰かほかに同じく禁煙しようとしている人と競争させればいい。しかし、禁煙を必要としていて健康の増進も望んでいる患者には、毎朝山道を登って、新鮮な空気を吸うようにいえばいい。このようにきわめて個別化が進んでいるからこそ、このテクニックは単なる行動の条件づけではなく、〈利用〉の問題だとされるのである。このアプローチでは、行動が変化するだけでなく、意味づけと価値観に関するその患者のシステムが暗黙のうちに認められ、肯定される。**その患者はどういう人間かが、セラピーの重要な一部になる。**

さらに、なぜエリクソンの子供たちは今の今まで、缶詰めのホウレンソウが好きなのか？　ベティ・アリス・エリクソンの説明によれば、子供たちがまだ小さかったころ、エリクソンはよく子供たちに、「おまえたちはまだ小さいからホウレンソウは食べられないんだよ」といったという。子供たちはこれに少々動揺した。そこで、エリクソン夫人は助け舟を出し、たぶん缶詰めのホウレンソウなら食べてもいいくらいにはもうなってますよと主張した。子供たちは明らかに大きくなりたがっていた。もっと年上になりたいと思っていた。そのため、このバインドに対して、椅子にはできるだけ背筋を伸ばして座り、もっと大人びて見えるようにしようとした。

やがてエリクソンも折れ、本当に大丈夫か心配だといいながら、ひと口だけ食べることを許した。ベティ・アリスはホウレンソウを缶から直接、冷たいまま食べたいとせがんだことをよく憶えている。そして、今もその食べ方をしている。このバインドはエリクソン夫人にも褒美を用意していた。最終的に彼女の意見が通ったのだ。このバインドは、誰もが勝つ運命にある構造を構築した。

今から何十年も前、アメリカで堕胎が危険で違法な行為だったころ、エリクソンはある若い夫婦を、早まって予定していた中絶を実行してしまわないよう説得しなくてはならなくなったことがある。しかし、論理と理性では到底ふたりを説得できないと見たエリクソンは、最後には同意し、面談を終了するに当たって、「何をするにせよ、まだ生まれていない子供に名前はつけないように」と警告した。

ふたりの結婚が双方の両親に認められていないこと、それが結果的にふたりの互いに対する欲求を高めていることが、エリクソンにはわかっていた。そこで、もうひとつ不認可事項を追加したのである。最初のバインドは、中絶を望むなら、赤ちゃんの名前を考えてはいけないというシンプルなものだった。しかし、エリクソンの忠告を聞こうとしない夫婦の姿勢を利用した結果、次のバインドはもっと核心を突く、もし赤ちゃんに名前をつけるなら、赤ちゃんを産まなくてはならないになった。すでに赤ちゃんに名前をつけ、赤ちゃんを一個の人間として見はじめていた夫婦も、自分たちがおなかの赤ちゃんをどれだけ愛おしく思っているかを考えるようになっていた。

別の例は、**論拠の不適切な側面を取り上げる**やりかたとして説明できるだろう。このバインドは、相反する感情のうち、相手が主張していないほうを取りたいという患者の気持ちを利用するもので、簡単にいえば、変化に逆らう主張をする。

学校で成績の振るわない学生に話すとき、エリクソンはよく、「どれだけ学ぶかを決めるのはきみの権利だから、きみが学びたいと思うこと以外、ひとつたりとも余計には学んでほしくないとわたしは思います」といっている。これは、両親からいつも聞かされていること——「もっと成績を上げないと容赦しないぞ」——とは大違いである。内気な患者と話すときには、「気楽に話せない秘密は、何ひとつわたしに話してはいけません」とよくいった。情報の共有がいかに難しいかについて考えさせるのではなく、自分が何を話したいと思っているかを患者に考えさせるのである（Erickson and Rossi, 1981）。いずれにせよ、何もいわないでいるためにセラピーを受けに来る患者はめったにいない。これは、子供が学校に来て、自分にはここで人に見せるものが何もないかもしれないと考える状況が受け入れられないのと同じである。

どのような種類の治療用バインドもそうだが、この方法が効果を発揮するには、それに伴って発生する有意義な出来事が存在しなくてはならない。しかし、人参の利用とは異なり、論拠の間違った側面を取り上げる場合には、患者は最初に、何かこれから離れる理由になるものを与えられなくてはならない。いうまでもなく、あるものから離れたら、知らず知らず別のものに近づいていく。

たとえば、ベティ・アリス・エリクソンはかつて催眠を指導していたとき、デモンストレーションの被験者に、「ベティ、わたしを催眠に入れて、わたしが浮気をやめられるようにしてください」という驚くべき要求をさせている。この男性被験者はこれまできちんとした夫婦関係を結べたことがなかった。浮気を繰り返したせいで、最初の妻は息子を連れて外国に去り、二番目の妻も子供ができる前に去っていった。四番目の現在の妻は、男の子を産んだばかりである。もしまた浮気をすれば、この妻も赤ちゃんを連れて出ていくことが、彼にはわかっていた。

ベティ・アリスが彼の子供時代について調べると、彼がほったらかされて成長し、主に路上で暮らしていたことが明らかになった。そうした困窮の過去を思えば、今の彼の生活状況や人に対する前向きな姿勢はむしろ注目に値することだと彼女は感じた。

彼の成し遂げてきたことの意味について、型どおりのトランスと形式に囚われないトランス双方を使って多くの暗示を散りばめたあと、ベティ・アリスはついでにといった感じで、「誰があなたの息子さんを一人前の男性に育つよう教育することになるんでしょう?」と訊ねた。そして、彼が返事をする暇もあらばこそ、即座に質問を却下して、こういった。「そうだわ、たぶん息子さんはあなたと同じように頑張って、立派な大人になることでしょう」

これは明らかに、論拠の不適切な側面である。男性は息子を失いたくなかった。息子を失うことを考えると、どうにも居たたまれない気持ちになり、男性はわっと泣き出した。聴衆は息を飲んだ。

二年後、男性はベティ・アリスに連絡を寄こし、婚姻関係が続いていること、いっしょうけんめい息子を育てていることを知らせてきた。

変化のアートにおける大いなるパラドックスは、患者から問題を遠ざけ̀よ̀う̀とすると、患者は当然のように、以前にもましてそれにしがみつこうとする傾向を示すということである。この縄張り行動は、取られそうになるものにしっかりしがみつく三歳児に特に顕著である。セラピーにおいては、これは臨床医がどうにかして避けなくてはならない逆効果のバインドになる可能性がある。幸運なことに、このプロセスは、反転させてシンプル・バインドを発生させ、患者が自らの選択で問題解決行動に取り組もうとする意欲をもつようにすることができる。

そうした方法のひとつは、これ以上の改善は遅らせるよう、患者にアドバイスすることである。臨床医は、「あなたの問題は複雑なので、段階的に進めていく必要があります」というような言い方をすればいいだろう。改善を遅らせることについては、配偶者やその他の家族のために、あるいは、適切な調整時機について、理由を示して説明しなくてはならない。肝心なのは、臨床医が誤って、患者は前進できないと伝えたのではないという点である。患者は自分自身のペースで前進することで、行動を取る準備が整い、他者の期待を無視する準備が整ったと感じなくてはならない。いうまでもなく、もしあなたがあなた自身のペースで前進しているのであれば、あなたは前進しなくてはならないという暗黙のバインドがある。これが正しく行なわれたとき、改善を遅らせたことで得られる情動的効果は、改善を継続させたいという気持ちが著しく強まることである。

前述のとおり、人には自分がもてないものを欲しがる傾向がある。これはもっとも根深い人間行動の特徴のひとつだ。子供にホウレンソウを食べたいと思わせる最善の方法は、あと少しで手が届く位置にそれを動かすことである。同様にして、患者は回復の可能性にわくわくするものだが、臨床医がそれをあと少しで手が届く位置に動かすと、より大きな決意をもってそれを追求しようとする本能的な欲望が湧く。いくつかの例では、早く回復しなくてはと焦る患者の気持ちが強すぎて、回復が自発的なものでなくなってしまっている。エリクソンが患者を引き戻し、予定より回復が早すぎるといって患者に謝らせている例がいくつかある（Erickson, 1962b）。

ダブル・バインド

［事例▼ジョニーの大きな体］

第4章〈56頁〉で述べたとおり、一二歳のジョニーは怒り心頭の両親に引きずられるようにして、エリクソンの診療室に入ってきた。エリクソンは子供に対する両親の残酷な扱いに直面して、両親には診療室から出ていってもらっている。注目すべきは、このことがあってから何年も経ってやっと児童虐待防止法が制定され、児童保護サービスが確立したという事実である。

一七五センチで七七キロあるというジョニーの体格に目を丸くしたあと、エリクソンはジョニーのプレッシャーをいくらかでも和らげるために、以下のようにいっている。「ご両親は、きみに今すぐ、ベッドをずっと乾いた状態にしておけるようになってほしいといっているけれど、それはあんまりだよね。そもそもきみは今までやたら忙しくて、ベッドを乾いた状態にしておく方法をわざわざ身につける余裕なんてありませんでした。きみはすごく大きくて立派な体格だし、その体を動かすのに見合ったすごい筋肉もついています。そこまで大きくなるにはずいぶんエネルギーが必要だったはずです。それに、お父さんとあまり変わらない体格なのに、きみはまだたったの一二歳です。きみの体のように大きくて強い体を造るには、とんでもないエネルギーが必要でした。だから、ベッドを乾いた状態にしておくとか、芝刈りをするとか、先生のお気に入りになるとかというどうでもいいことに使うエネルギーはもう残っていませんでした。でも、きみはすぐに完全に成長して、お父さんより大きくなります。しかも、そうなるのにそんなに苦労はしません。そうなったら、今まで成長するのに使っていたエネルギーと馬力を全部、自分のしたいほかのことに向けられるようになります。たとえば、ずっとベッドを乾いた状態にしておくこととかね。実際、大きくて力強くて立派なその体の完成はすぐだから、たぶん、ほかのことに回せるエネルギーがもうあるんじゃないかな」

ジョニーの注意を引きつけたエリクソンは、さらにつづけた。「きみのおねしょのことだけど、ずいぶん前からの習慣になっていますね。で、今日は月曜日です。きみ、明日の夜まではおねしょをやめて、ずっとベッドを乾いた状態にしておけるようになると思うかい？　わたしはそうは思わないし、きみもそうは思わない。それどころか、いやしくも脳みそのある人ならそんなことは思いません。じゃ、水曜日まではずっとベッドを乾いた状態にしておけるようになると思うかい？　わたしは思わない。きみも思わない。誰も思わない。実際わたしは、今週はずっとベッドを乾いた状態にしておけるようになるとは思っていません。そうなれるって、どうしてきみが思わなくちゃいけないんだろう？　生まれてからずっとある習慣だもの。だから、今週はベッドを乾いた状態にしてはおけないんじゃないかと、やはりわたしは思っています。今週は毎晩濡らすんじゃないだろうか。きみもそう思う。じゃ、わたしたちは同じ意見だ。わたしは、来週の月曜日もやっぱり濡らすような気がします。ただね、ひとつ、よくわからないことがあるんです。本当にちっともわからないんです。きみ、わざとうっかり〔原文のまま〕水曜日までには、あるいは木曜日かもしれないけど、ベッドを濡らすのをやめたりするかい？　そして、きみはそのことに気づくのに、金曜日の朝まで待たなくちゃいけないかな？」

ジョニーはエリクソンの意見にじっと耳を傾けていた。顔に浮かんだ表情は、それまでこうした意見を考えたことがなかったことを物語っていた。そこで、エリクソンはジョニーに大事な宿題を出した。「来週の金曜日の午後、ここにまた来て、それが水曜日だったのか木曜日だったのかをわたしに教えてほしいんだ。だって、わたしにはわからないからね。きみもわからない。きみの心のうしろ部分にもわからない。きみの心の前部分にもわからない。誰にもわからない。わたしたちは金曜日の午後まで待たなくてはなりません」――金曜日の午後には、ジョニーの次の予約が入っていた。

金曜日の午後、ジョニーが顔を輝かせて診療室に入ってきた。エリクソンはジョニーの報告を聞いて、それはすごく喜ばしいことだといった。ジョニーはこういったのだ。「先生、先生のいったこと、間違ってたよ。水曜日か木曜日じゃなかった。水曜日と木曜日だった！」

その上で、エリクソンは慎重に返答した。「そうだなあ、連続二日間だけじゃ、来週までにはずっとベッドを乾いた状態にしておけるようになるってことにはならないしなぁ。おや、一月ももう半分が過ぎたか。きっと、一月の後半には、ずっとベッドを乾いた状態にしておけるようにはなれないだろうね。それに、二月はとても短い月だ」

エリクソンはジョニーに時間を与えて、こうした意見を吸収できるようにしたあと、また話をつづけた。「ジョニー、ひとつだけ、きみにわかってもらいたいことがあります。きみがベッドを乾いた状態にしておけるようになるのが、三月一七日の聖パトリック祭の日なのか、エイプリル・フールの日なのか、わたしにはわかりません。わたしには本当にわかりません。そして、きみにもわかりません。ただ、ひとつだけ、きみにわかってもらいたいことがあります。いっそうなるかは、わたしの問題じゃないってことです。とにかく、どうあっても、絶対に、わたしの問題じゃないんです」

　エリクソンが追跡調査をすると、ジョニーはすっかり成長して開業医になっていた。すでに結婚もしていて男児に恵まれ、その子に優しく接していた。調査時、彼は一九〇センチ一〇九キロという筋肉質の体になり、かつて濡れたベッドのシーツで自分の顔をこすった小さな老人を見下ろすまでになっていた。エリクソンは、ジョニーが寛容に、かつ、おもしろがって父親を見下ろしていたと報告している。「父はできるかぎりのことをしたんです。あれ以外、どうしたらいいのかわからなかったんです」とは、ジョニーの弁である。

(Erickson, 1952/2001a, 1962b)

ダブル・バインド（double bind）　はシンプル・バインドとどう違うのだろう？　その名前が暗に示すとおり、ダブル・バインドのほうが縛りがきつい。逃れる余地が少ない。そのテクニックは一種の善意の伏兵という言い方をすることもできる。その使用の基盤にあるのは、予言された未来の行動の予期であり、そうした未来の行動は治療に伴って発生する出来事として用いられる。つまり、予期できる結果を利用するのである。

　エリクソンはいくつかの例のなかで、セラピーに対する患者の抵抗まで、ダブル・バインドの一部として使っている（Erickson, 1952/2001a）。ダブル・バインドをどう使っているのか説明してほしいと頼まれたエリクソンは、その基本原則を、「治療上の考えを患者に提示し、それらが、これから起きることに伴って発生するようにする」ことだといっている（Erickson, 1962b）。

ダブル・バインドを使うと、新たな問題行動解決法を、蓋然性の高い考えや感情、活動の表現に伴って発生する形で導入することができる。このタイプの付随は患者には認識されない。それは一種の複雑な形態の約束《コミットメント》であり、患者はそのなかで、自分の言葉や欲望だけでなく、しっかり定着した行動パターンにも拘束される。

治療的ダブル・バインドのエレガントな例は、エリクソンとある少年との次のやり取りのなかに見ることができる。「お父さんとお母さんは、きみにね、ジミー、爪噛みをやめなさいって、ずっといってきたよね。けど、お父さんもお母さんも、きみがまだたったの六歳だってこと、わかっていないようだね。それに、きみが七歳になるちょっと前にごく自然に爪噛みをやめるってこともわかっていないようだ。いや、本当にそのことをわかっていないようだ！　だから、お父さんとお母さんが爪噛みをやめなさいっていったら、とにかく知らんぷりしなさい」（Erickson, Rossi, and Rossi, 1976, p.66）

このバインドにある第一の付随性は簡単にわかる。少年が必ず七歳になるということである。彼の誕生日は何ヵ月か先で、その日は必ずやってくる。第二の付随性は既存の行動を利用したもので、第一の付随性ほど簡単にはわからない。少年は、両親に爪噛みをやめるようにいわれたとき、もしそれをしっかり聞いていたとしたら、とっくに爪噛みをやめていただろう。したがってエリクソンが、両親を無視しつづけるというジミーの行動に治療の達成目標を付随させたのは、ほぼ確実に起きる行動を肯定的なやりかたで利用したということである。エリクソンが説明するように、このダブル・バインドは、ジミーが自力で爪噛みをやめる機会を創り出している。結果的にジミーは七歳になる丸一ヵ月前に爪噛みをやめ、その事実について、のちに自慢している（Erickson, Rossi, and Rossi, 1976, p.66）。

ダブル・バインドのロジックは単純明快である。しかし、その応用には多少の練習を要する。前のセクションを読んでいる読者は、シンプル・バインドを使って子供にホウレンソウを食べさせる方法はわかっているはずだ。しかし、ダブル・バインドを使って良い食習慣をつけるにはどうしたらいいのだろう？　「ホウレンソウのことをあれこれ思うのは、お皿に載っているほかの栄養のある食べ物をたっぷり食べてからになさいな。たっぷり食べたあとなら、ホウレンソウをひとつまみ食べるかどうか、話し合ってもいいわ」などというのである。子供はひと口食べるごとに、あのホウレンソウを食べる努力をさせられていることになる。さらに、たっぷりというのはどれくらいのことをいうのだろう？　たっぷり食べたことを親に納得させようとして食べれば食べるほど、お皿の上にあるものを平らげる努力をさせられるのである。この善意の伏兵は、簡単には逃れられない心理状況を創り出す。

セラピーでダブル・バインドを使うのは、患者が直面している現状を認めるのと同じくらいシンプルでもありうる。患者はまずセラピーに行くことを選択することによって、ダブル・バインドを自分で設定する。強制されたわけでもないのに診察室の入口をくぐれば、本人がその診察室にいることを決意しているという事実に議論の余地はない。患者はその診察室にいるかぎり、何かをしなくてはならない。**治療時間の終了に伴って治療効果のある変化が発生するなら、ダブル・バインドが生じている。**

この付随性は、ちょっとした言葉を添えることで確立する。たとえば、不安そうな患者には、こんなふうにいうことができる。「助けを求めて、ご自分をこのような形で弱者にするのは、とても勇気の要ることです。第一歩を踏み出すだけで、闘いの三分の二が済んでいます。この最初のセッションが終わったら、きっとここに入ってきたときほど不安ではなくなっているはずです」

こうした発言は誤って、自明のこととみなされうる。患者の今の体験にあまりにぴったりなため、ダブル・バインドは見抜かれにくい（上記発言は、いいかえれば、「あなたはセッションを終えようとしています。だから、きっと良くなるでしょう」ということ）。

このセクション冒頭のジョニーのケースで、ジョニーは当初、エリクソンの診療室に入ることに抵抗した。すごく疲れていて眠りたいから家に帰りたいと文句をいった。そこで、エリクソンはジョニーに、「眠ってしまって、わたしのいおうと思っていることを聞かないでいれば、面談の目的を台無しにできるよ」といった。すると、ジョニーは喜んで診療室に入り、催眠による深い眠りに入って、残りのセラピーのプロセスに身をゆだねることになった（Erickson, 1952/2001a）。

きわめて重要な――問題や目標の真の本質などの――情報を寄こそうとしない特定の精神病患者から情報をもらおうとするとき、エリクソンはダブル・バインドのテクニックを使ってもいる。こうした状況でダブル・バインドを創出するためには、付随的な事態として情報を継続的に抑制し、そこに展開の基礎を置くのである。抵抗の必要が、結果的に指示に応じる状況を確実に引き起こす。

たとえば、エリクソンはそのような患者に対して、あと一週間か二週間は情報を寄こさないようにと強要する。その結果、患者は権威者からの指示を拒み、同時に治療に必要な情報を伝えられるようになる（Erickson, Rossi, and Rossi, 1976）。ダブル・バインドの本例やその他の例で正しく認識すべき重要ポイントは、それが患者の今の必要を完全に受け入れていることを示しているという点だ。治療的ダブル・バインドは、この基本的側面があるからこそ、〈利用〉のプロセスになる。

セラピーでは、ダブル・バインドを使う機会が多々ある。患者が症状を説明するよう指示されたときには必ず、ダブル・バインドが生じている。患者は自分のことをわかってほしいと思う。しかし、何かを始めることはできても、ある時点でその中止を決断しなくてはならないという点には気づいていないかもしれない。意図的な始まりは、いずれも意図的な終わりを迎えなくてはならない。

ショートはこの論理を、パニック発作について助けを求めてきた女性に説明しようとした。発作はこの五年間、毎晩起きていた。女性は、セラピーには一度しか来られないといい、パニック発作は身体的な障害だと信じているし、心理療法がどうこうできるものではないのではないかと思っているといった。パニック発作をほんのしばらく安全に誘発する手段として、ショートが催眠を勧めると、女性はその考えに恐れおののいた。ショートはなぜこれが有用なのかをけんめいに説明したが、しばらくして女性は論争に勝ち、意図的なパニック発作に関する話し合いは催眠によるエクササイズが完了してからにすると聞かされて、おおいに安堵した。

女性はあっという間に深いトランスに入った。その間に、パニック発作をすぐにも起こしそうだと女性が思っている状況が整えられた。女性は目を閉じていて、後ろに倒したシートに寄りかかる格好になっていた。灯りは消されていた。しかし、パニック発作が起きる気配はまったくなかった。

トランスから醒めた女性は、ショートが自分にパニック発作を起こさせるかどうかを知るために、発せられた言葉はすべて聴いていたと主張した。彼女は結局、パニック発作を起こさないことを選択するのに必要な意思とレジリエンスをもっていることを自ら証明した。

これは、何もかもセラピストのいいなりにはなりたくないという女性の気持ちを利用したのである。その晩彼女はパニック発作を起こさなかった。それだけではない。以後、晩にパニック発作を起こすことはなかった。数ヵ月後、女性は別の問題で催眠の助けをお借りしたいといって、予約を入れてきた。

良質の治療的ダブル・バインドは、ニューヨーク・ヤンキースのかつてのキャッチャー、ローレンス・(ヨギ・)ベラのいう分かれ道によく似ている。「どっちの道に行ったってかまわん。結局、同じところに着くんだから」

人に影響を与えようとする行為は操作的だと見られかねないが、治療的ダブル・バインドはコントロール志向のテクニックではない。これは他者に押しつける類のものではない。ダブル・バインドは、押しつけが発生した場合、いつか避けようのない罰につながる「やってもダメ、やらなくてもダメ」という不健全な状況を発生させる（Watzlawick, 1978, p.105)[☆1]。

対照的に、治療的ダブル・バインドは患者の個人的な利益の追求に合わせて仕立てられる。治療的ダブル・バインドのなかにいる患者は、なんらかの要求に応じるよう強制されているとは感じない。結局、ダブル・バインドが役立つ治療目標を設定するのは患者なのだ。

セラピストが適切な態度を取っていれば、ダブル・バインドは患者の決定権の拡張だと見なされる。ダブル・バインドに効果を発揮させるのは、癒しに取り組む患者の力だ。さもなければ、セラピストの言葉は無視されるだけだろう。第1章で述べたように、癒しは人に強いられるものではない。治療的ダブル・バインドは、患者が望む結果につながる多数の道の一本として差し出されるものであり、これが適切に行なわれたとき、患者は変わろうとする自らの内的な力を明示的にも黙示的にも認める機会を得る。

もうひとつ重要な要因は、設定される付随性の卓越さである。付随して発生するものは、説得力があって信頼できるものでなくてはならない。患者の論理に訴えかけるものでなくてはならないし、予言されたものとして生じる変数を合図に始まるものでなくてはならない（たとえば「変化が予言されると抵抗が生じる」）。たぶん、だからこそエリクソンは、改善に付随するものとして、しばしば症候群そのものを利用したのだろう。消え去ろうとしない問題以上に信頼できるものがほかにあるだろうか。患者の症状が不可避的に再発すると、エリクソンは怯えるどころか、本質的には双方に利益のあるパラドックスたるものの結果がどうなるのか、喜々として待ったものである。患者は疾患に起因する行動を繰り返さないことによって、治療のための指示を台無しにすることができる。この場合、セラピーは成功である。あるいは、患者は疾患に起因する行動を繰り返し、セラピーに協力した結果とし

☆1　ダブル・バインドのこの破壊的な形に触発されたからこそ、ベイトソンのチームは「ダブル・バインド」という用語を造り、統合失調症はこの否定的な力学が原因となって発生する可能性があるとしたのである（Bateson, 1972）。この理論は充分な経験的支持を得られなかったため、それ以来否定されている。

て、その行動はもはや以前のようには機能していないことに気づくこともできる。この場合は、変化が促されはじめている。

エリクソンは、腹部にがんをもつ患者の痛みをどのように軽減したかを語っているが、これは、このプロセスのもっとも単純明快な例である。この症例の患者は、刺すような痛みに繰り返し襲われていた。エリクソンはほっとできる心地よさを必要としている患者に対応して、こういっている。「刺すような痛みを感じるたびに、あなたは両脚の温かさが増すのに気づくでしょう。刺すような痛みを感じるたびに、あなたは両脚の心地よい温かさの感覚が増すのに気づくでしょう」

このようにいったのは、体のいずれかの部位で心地よい温かさを感じる可能性があることに、患者が気づけるようにするためだった。エリクソンは、がんのない部位に心地よさを感じてもらうところから始めている。この新しい学びが腹部で再発を繰り返す症状に伴って発生するものであるという事実は、患者が腹部の知覚を変える可能性を高めている（Erickson, 1962b）。患者を縛っていたのは、刺すような痛みは確実に発生するということと、なるほど確かに脚のどこかに温かさを感じるだろうと思えることだった。

エリクソンが性格特性の不快な側面を臨床的前進に伴って発生するものとして使っている症例では、プロセスは明らかに複雑さを増している。これらは、ひとつの問題行動を別の問題行動と対抗させることができた例であり、ひとつ好例を挙げるとすれば、不眠症の医師との取り組みだろう。

患者はエリクソンに以下のように説明している。「この一二年、わたしは夜一一時半に床に就いています。午前二時半ごろまでには眠れますが、四時くらいには体をもぞもぞさせたり寝返りを打ったりしはじめます。なんとか寝てやろうともがきにもがき、どんどんむきになり……暮らしはかなり惨めなことになっています。妻は絶対にわたしを自分の寝室に入れてくれません。わたしがもぞもぞしたり、寝返りを打ったりするのが耐えられないし、わたしが自分の睡眠不足について罵るのも耐えられないからです……わたしは家族の誰ともうまくいっていません」

エリクソンは彼の若いころの生活について質問した。彼は大学で必死にがんばり、医学部を出た。そんな彼が大きな関心をもっていたのは英文学だった。大学時代には、ディケンズとスコットの全作品を読破する日が来るのを楽しみにしていた。

彼が当時どれだけ忙しかったか、そして、どれだけそれらの本を読みたかったかを知ったエリクソンは、こういった。「いいですか、先生。あなたはもう開業して何年にもなります。あまりに忙しくて、これまでそれらの本を読むことができませんでしたが、大学時代にそれらを読破すると自分に誓いました。毎晩、夜ごと夜ごと眠れずにいて、ただ時間を無駄にしているのでしたら——まあ、先生は一二年間そうしてきたわけですが——いっそしっかり起きて、その時間を有効に使ったらいかがですか？　炉棚にランプを置き、ディケンズを一冊そこに置くのです。いつもの時間に床に就き、半時間経っても眠れなかったら、さっさと起き上がり、炉棚の脇に立てば、ディケンズを一晩じゅう読むことができます。座ってはいけません。座ったら、眠ってしまいます。ディケンズ読破の遅れを取り戻すのです。夜が明けるまでそこに立っているのです。あなたにはできます。ウェイトレスだって一日中立ちっぱなしです。あなたもひと晩立ちっぱなしでいられます。睡眠時間を削ることになるといっても、せいぜい一時間半です。大丈夫、あなたにはそれくらいの余裕はあります〔強調はエリクソン〕」

（Erickson, 1962b）。

医師はエリクソンのロジックに納得した。最初の三晩は、夜どおし炉棚の脇で読書をした。次の三晩は朝までしっかり眠った。これが彼の標準的な習慣となり、やがてディケンズを読破し、スコットもシェークスピアも読破してしまった。彼からの報告と、彼の妻と子供たちからの報告によれば、家族への彼の適応はおおいに改善したとのことである。併せて、彼の医療業務もおおいに改善した（Erickson, 1962b）。

この症例は、ヘイリー（1984）が苦行療法という名称で言及した戦略を説明するために使われたものだが、エリクソン（1962b）はダブル・バインドの一例として使っている。まず、自己処罰志向のある男性の性格特性のパターンを受け入れているが、このパターンがひとつの問題である。不眠がもうひとつの問題である。そこで、エリクソンは、男性が望むときにはいつでも建設的に自己を処罰できるような付随的状況を設定した。エリクソンは、「彼は、機会があるたびに自分を『罰する』ため、炉棚に常時本を二冊置いていた」と説明している（Erickson, 1962b）。自分を罰したいという気持ちはこうして役立てられ、不眠も役立てられた。いずれの方向に向かおうとも、彼は成功する以外なかった。これは本セクション冒頭で説明した基本原則——**新たな問題行動解決法を、いかにもありそうな思考や感情、活動の表現に伴って発生する形で導入すること**——に則っている。このテクニックの治療的価値は、コントロールという思い違いにではなく、患者の性格特性の有意義な側面の受容と〈利用〉にある。

上記のような症例に見られるもっとも興味深い特徴は、問題行動が未来に発生しても、それに耐えられるだけでなく、それが何やら望ましいものに変化するという点である。同様の力学は、激痛を伴う関節炎のせいで一一年間車椅子生活を送っていた男性患者の症例にも見ることができる（32頁参照）。

エリクソンは関節炎の激痛が将来再発することを予期していたので、確実に発生する再発に付随するものとして、継続的に患者を前進させることができた。男性は七日間の「休暇」を与えられ、その間ベッドに横になって本を読んだ。ダブル・バインドは男性のロジックと一致し、男性は自分の置かれた状況をさらに正しく深く理解した。男性は、残っている関節炎に縛られると同時に、ベッドでの時間を楽しむために忙しいスケジュールをこなす必要にも縛られた。それには明確な始まりと終わりがあった。それは、セラピーでは一時的な軽減が得られるだけなのではないか、結局エリクソンに会う前の状態に戻らざるを得ないのではないかという潜在的に有害な考えから、男性を守るのに役立った。

いかなる努力であれ、その一部には多少の失敗があるため、そうした小さな失敗の予期は、前進の証拠と結びつけられたとき、ダブル・バインドになる。キャシーとのワークはもうひとつの好例で、この症例については120ページですでに説明している。

キャシーは耐えがたい痛みに苦しんでいた。エリクソンはその痛みを軽減したが、完全には取り除けなかった。ダブル・バインドを発生させたのは、しつこく残っている小さな痛みだった。ダブル・バインドの使用について説明しながら、エリクソンはこういっている。「彼女の場合、胸部に苦痛がある間は、体の別の部位にしびれを感じている必要があった。それによって、わたしが別の部位でうまくやったように、そこでもうまくやれるだろうという望みを、彼女がもちつづけられるからだ。それゆえわたしは……その小さな痛みを維持させることによって、キャシーが全身で体のしびれを実体化できるようにした。小さな痛みが残ったこと以外はうまくいったと思っている」

この女性は医師たちから、あと数ヵ月しかもたないといわれていた。健康に生きていくことに失敗したという事実は逃れようもなかったので、エリクソンは「失敗」を、前進を促す機会として利用したのである。

ダブル・バインドの使用について認識しておくべき非常に重要なポイントは、必ずしも患者に指示を実行「させる」必要はないということだ。患者が治療という試練に応じない場合は、その拒絶に付随して良い結果が出るようにすればいい。ベティ・アリス・エリクソンは、積年の歯科医に対する恐怖を克服するのを手伝ってほしいとエリクソン博士に頼んだときのことをよく憶えている。彼女はとても良い歯をしているのに、歯科医に対して理由のわからない恐怖を感じていた。自分の子供たちが歯科医に行く年齢になったとき、その恐怖をモデルとして披露したくなかった。

エリクソンは繰り返し彼女に、なぜこの恐怖を克服したいのかを説明するようにいった。というのも、そのときまで、彼女はこの恐怖にさほど悩まされていなかったからだ。エリクソンは、父親は怖がっていないのだから、子供たちは父親を見習えばいいと指摘した。エリクソンには、ベティ・アリスはこの問題を心配する必要がないとする理由がたくさんあった。しかし、彼女は引き下がらなかった。彼女は心底から、この理不尽な行動を子供たちに学んでほしくなかったのだ。とうとうエリクソンは手を貸すことに同意し、どこかの午後を使って、歯医者に対する彼女の恐怖を一回で治療し、永遠にぶり返さないようにしようといった。

　エリクソンはまず、自分の指示に従うことを、ベティ・アリスに同意させた。指示は以下のようなものだった。

「わたしは歯科医院で失神します」と書いた大きな看板を作ること。その看板にひもをつけ、首に掛けられるようにすること。エリクソンは、かかりつけの歯科医に頼んで、彼女が診察室に入れるようにしておこうといった。そして、受付係には、たとえ彼女が失神しても彼女を無視するように伝え、周囲に心配する患者がいた場合は、何もかも正常であり、この状況は無視してかまわないことをその人たちに伝えるよう、その受付係に頼んでおくからといった。

　エリクソンはベティ・アリスに、たとえ失神してもすぐに意識を取り戻すし、看板は首に掛けたまま治療は始められるから大丈夫だといい、「これで、歯医者さんに対するわけのわからない恐怖はたった一日で治るよ」と誇らしげに続けた。

　ベティ・アリスは震え上がって、「そんなこと、絶対にしないわ！」といった。エリクソンは「そうか」といって向こうへ行きかけた。ベティ・アリスはショックが引かなかった。「でも、子供たちのために、わたしが歯医者さんを怖がるのを治してくれるっていったじゃない！」

　エリクソンは戻ってきて、彼女を見つめた。「わたしはきみの子供たちを助ける方法を教えてあげたよ。でも、きみはそれを却下したんだ」。エリクソンにしてみれば、会話はそれでお終いだった。

　振り返ってみると、この介入は見事に成功していたとベティ・アリスは考える。まず、エリクソンは彼女の動機が堅固なものであることを確認した。次に、彼女の目標が達成されることを約束した。

そして、三つの選択肢のある状況を設定した。しかし、そのうちのふたつは受け入れがたいもので、ひとつは公衆の面前で自らを辱めること、ひとつは子供たちを助けないことだった。三つ目の暗黙の可能性は、彼女が自分で自分を治療することだった。エリクソンは彼女がこれを選択すると確信していて、それゆえに、彼女がエリクソンの指示を拒否したことによって、それに付随して介入が成功したのである。ベティ・アリスはエリクソンの助けを求めたが、彼に自分を治してほしいとは思っていなかった。もし彼が治していたら、子供たちへのギフトは、母親からではなく彼からのものになっていただろう。

何年も経ってから、彼女はエリクソンに、どうしてああした状況を設定したのかと訊ねた。エリクソンは、きみが自分で回答は見つけられると信じていたので、それを信頼したのだと答えた。「うまくいったよね」と、彼は自信たっぷりに微笑んだ。

では、エリクソンがジョニーに使ったダブル・バインドはどういうものだったのだろう？　どのような付随性をセラピーの基盤としたのだろう？　少年は自分がその年齢になってもおねしょが治っていないことを自覚していたし、どれだけ罰を受けても治らないこともわかっていた。したがって、エリクソンはさらに強力なバインドを選択する必要があった。エリクソンは以下のように説明している(Erickson, 1964a)。

> その少年を見て、わたしはかなりの成長が期待できると知った。少年の顔の形や手の大きさ、肘や踵を覆う組織の密度を見て、それがわかった。彼の母親は身長が一七七・五センチあり、骨

格もがっちりしていた。本当に大きな女性だった。ジョニーは両親より背が高くなる可能性が大きかった。だからわたしは彼に、彼の体を別の観点から見ることを教え、彼の顔を立てて、「きみはまだたったの一二歳です。きみの体のように大きくて強い体を造るには、とんでもないエネルギーが必要でした」と説明した。わたしは彼を「きみ」と呼んだ。親しみを伝える呼び方だ。彼にはまだ自分が五年生だとわかっていた。

ダブル・バインドでは、新たな情報と新たな考えを示して、それらを確実な方法で遠い未来に結びつける。ジョニーは年齢を重ねていく。背はもっと高くなる。体重はもっと重くなる。やがて高校に行き、大学に行くだろう。わたしは高校については触れなかった。というのも、結びつける先は、もっと遠い未来でなくてはならないからだ。ジョニーはフットボールの選手になることを考えながら家に帰ったことだろう。「今夜ぼくはまたおねしょをするのかな」などとは考えなかったはずだ。

ジョニーは否応なく成長し、体は大きくなる。これは物理的に付随して起きることだった。しかし、エリクソンは、心理的に付随して起きることも巧みに挿入した。これは、耳に鈴をつけた白い像のことを考えないことを強制するパラドックスに似ている。それを考えないようにするためには、つねにそのイメージを思い出さなくてはならない。同様に、ずっとベッドを乾いた状態にしておくという課題は、エリクソンが「いつそうなるかは、わたしの問題じゃないってことです」とコメントしたとき、そうなることが絶対に確実になった。

エリクソンが説明するとおり、「それは、彼が死ぬまで続く後催眠暗示だった」。ジョニーはその後死ぬまで、ベッドを乾いた状態にしておけるようになったことをエリクソンには報告しないということを憶えていなくてはならなかった。そして、そうするための唯一の方法は、ずっとベッドを乾いた状態にしておくことだった。換言すれば、ジョニーの心のなかの質問は、「ぼくはベッドを乾いた状態にしておくことができるのか？」ではなく、「いつベッドを乾いた状態にしておくことができるようになるか？」であり、そのあとは、「そうなったとき、エリクソン先生にはなんていえばいいんだろう？」になったのである。セラピーでジョニーが前進しつづけられるかどうかは、彼がこれらの質問の答えを探すかどうかにかかっていた。

では、心理的な付随性はなぜそんなに重要なのだろうか？　エリクソンが説明するように、「セラピーは参加型のものであり、患者に参加してもらわなくてはならない」からだ（Erickson, 1964a）。この事実の認識が利用の本質を映し出している。

小さな問題の利用

〈利用〉の価値のひとつは、それを何に適用しようと問題にならないという点である。人の強さが利用できるのと同様に、弱さも利用できる。元々臨床所見にはなかった欠点の利用が役立ったという例もある。付属の問題が簡単に正せるような場合は、そこから貴重な第一歩を踏み出すことができる。そのような場合、エリクソンは複雑な臨床的問題からの回復の始まりとして、小さな問題の解決を利用している。

先に述べた〈利用〉のテクニックと同様、患者が小さな問題の治療に良い反応を示すとき、きわめて微細な暗黙のバインドが発生する。昔からセールスマンは悪名高いフット・イン・ザ・ドア・テクニックを使ってきた。大きな頼みごとをする前に、まず小さな頼みごとをする。「品物を見ていただくだけでいいんです」という。

調査によれば、人は小さな依頼に同意したあとは、大きな依頼にも同意しやすくなるという（Freedman and Fraser, 1966; Howard, 1990）。バインドが暗に含まれているのである。最初に受けた依頼をうまくやり遂げた人は、今自分はある特性を処理しているのだと考えるようになる（Freedman and Fraser, 1966）。セラピーの現場なら、小さな問題の治療に良い反応を示した患者は、今自分は癒える力をもっていると考えるだけでなく、一貫性を維持するために必ずや癒えなくてはならないと考えるようにもなる。

チアルディーニ（1995）はこれを一貫性のルールと呼び、「人はある立場に身をゆだねると、その後、その立場と一貫性のある行動の依頼に、より一層進んで応じるようになる」といっている（p.264）。チアルディーニはこのルールの前置きとして、レオナルド・ダ・ヴィンチの言葉を引用している。「最後より最初のほうが抵抗しやすい」（p.264）。

小さな問題を利用すれば、臨床医は、たとえばまず日常生活の課題を取り上げ、患者がその解決に成功する体験を通して、もっと複雑な別の問題を解決する力が自分にはあると気づけるようにすることができる。そのとき努力を集中させるのは、重要な臨床的問題ではなく、小さな問題のほうである。

小さな問題は、患者が改善しなくてはならないと感じていることを基準にして選択すると、このテクニックは特に効果を発揮する（Haley, 1984）。

このテクニックをもっともよく説明している症例のひとつが、〈利用〉について執筆したエリクソンの論文のなかにある（Erickson, 1959/2001, pp.24-5）。相談してきたのは九歳の娘をもつ両親で、娘が読み書き算数ができないと訴えてきた。娘は友だちともうまくつきあえなくて、引きこもっていた。学校での様子を訊ねると、怒りを滲ませるか涙を流すかして、守りの態勢になり、「何をやっても、どうしてもできないの」と答えるとのことだった。少々調べると、前年までは学校の勉強は充分こなすことができたのに、それに比べて遊びが劣っていたことがわかった。人との接し方は無器用で、煮え切らず、ぎこちなかった。しかし、両親は成績のことだけを心配していた。

少女はエリクソンの診療室に来ようとしなかったので、エリクソンは毎晩少女の自宅まで往診に出かけた。少女には何人か嫌いな女子がいた。いつもジャックス〔ボールを投げて受け止めるまでに片手でできるだけ多くコマを拾う遊び〕かローラースケートか縄跳びで遊ぶからだという。それを知ったエリクソンは、ジャックスの遊び方を覚えようかと少女を誘った。三週間もすると、少女はとても上手になった。

少女の両親は、エリクソンが勉強のことに注目しないのでひどく不機嫌だった。それにもかかわらず、エリクソンは次の三週間を使って、少女がローラースケートを上手にできるよう手ほどきした。つづいて、少女は縄跳びを覚えた。これは一週間しかかからなかった。次にエリクソンは少女に自転車の競走を挑んだが、これは少女の勝ちだった。

エリクソンの報告によると、「それが最後のセラピーだった。彼女はほどなく、ジャックスと縄跳びの小学生チャンピオンにまでなった。勉強の成績も同様に伸びていった」(Erickson, 1958e, p.25)。大学を卒業するときには、多くの国家的栄誉を受けている。

本症例でおわかりのとおり、エリクソンは、両親から相談のあった分野ではなく、少女がパフォーマンス不安で苦しんでいた別分野を利用し、そうすることによって、達成できそうだという期待を生み出している。エリクソンと一緒に味わった最初の成功は新たな自己イメージを発生させ、そのイメージは彼女の生活のさまざまな分野に一般化されていった。

少女はけんめいに努力して進歩しつづけた。それに貢献した本質的な要素は、(1) 少女が積極的にセラピーに関わったこと、(2) 努力を要することを何かするよう、少女が指示されたという事実、(3) 少女の数々の勝利が兄を含む他者によって目撃されているという事実、(4) 少女はエリクソンが指示した課題をやってみようという意欲を内的に感じていたという事実、の四点である。これらは、あるパターンの一貫した反応を確実に発生させる道具として社会心理学者が説明する四つの原動力と同じである(Cialdini, 1995)。これらの原動力は、治療に用いられると、ある種の希望――継続的な前進を発生させるタイプの希望――を生み出す。このテクニックは、広く浸透していく影響力があるからこそ、これだけ有用なのである。

症状の処方

［事例▼「ウエッ」を繰り返した少年］

ウィリアムは七歳の少年で、反復的な音声チックがあった。一日中、一分に一度、「ウエッ」と聞こえる音を発するのである。両親も教師たちも頑固に続くこの行動に悩まされていた。彼がこのような音を出す理由を、誰もが知りたいと思っていた。

助けを求められて往診したエリクソンは、医療上の指示として、この往診中は自室に行き、一分に一度だけではなく二度、「ウエッ」という音を出すようにと、ウィリアムに指示した。ウィリアムは、部屋から出ていいといわれるまで、これをしつづけなくてはならなかった。ウィリアムは最初こそ抵抗したが、結局、一分に二度、「ウエッ」という音を出すことにした。丸一日その音を出す練習をしたあと、彼は、ちゃんと時計を見るようにといわれた。というのも、一分に二度「ウエッ」という音を出さなければ、自室に追いやられることになったからだ。

翌日は、一分に三度「ウエッ」という音を出してみることになった。その次は、一分に四度になった。エリクソンはこのルーティンについて、彼の行動を調べて研究するために必要な正当なものだと説明した。ウィリアムを安心させるためには、なぜ彼が「ウエッ」という音を出すのか、その理由を理解することがとても大切だといった。

少年は、自分の行動の研究にこんなに長い時間が必要だなんて、先生はものすごく馬鹿なんだ、と思った。一週間経たないうちに、ウィリアムはこの習慣行動を抑えられるようになり、もう二度と繰り返す気はなかった。

数年後両親から、ウィリアムは「ウエッ」という音を出さないようになっただけでなく、そのほかの総合的症状もなくなって、再発もないとの連絡があった。


(Erickson, 1960b; Erickson, Hershman, and Sector, 1961, p.326)


「間違っていることを本人に確実に伝えるには、それを本人にさせるのが一番いい場合もある」

——レッド・オドンネル（一九〇〇－八四年）

「処方」という言葉を聞いて連想するのは、一般的には医師の指示で、回復のために日々のルーティンのなかで身体的に何かを行なうことである。それは現代医学の一儀式であり、そこでは、ときに甘い薬のこともあるが、たいていは苦い丸薬を飲み込まなくてはならない。この儀式は、薬が存在しなくても癒しを促すことがある。このことは、プラシーボ療法に関する何十年にもわたる研究で明らかにされている。したがって、心理療法には、セラピーに積極的に関与させることで患者を癒しのプロセスに引き入れる行動指導がある。

診察室で始まるセラピーは、最終的には日々の生活のなかで実地に適用できるようにならなくてはならない。それゆえ、エリクソンはしばしば、診察室の外で行なう課題を処方した。これは、セラピーで得た学びをほかの環境に一般化するひとつの方法であり、患者が確実に変化に取り組み、前進を期待できるようにする方法でもある。

症状の処方など、歓迎されない行動を繰り返し行なうことが行動指導に含まれている場合、その取り組みはよりいっそう深まる。患者の行動レパートリーにないことを患者にするよう指示する理由はまったくない。そのような行動を処方しても、患者は無理だといって退けるかもしれない。代わりに、患者がほとんど自制できないことをするよう指示するのである。そうした指導の裏にある暗黙のメッセージは、**患者はありのままの自分になることができるし、そうなるべきだ**ということであり、自分ではやめられないことをさらに行なうことによって、癒しに向かって前進するようになる、ということだ。

こうした状況のもと、患者の治療計画への協力と経験的学びの副産物として、治療による変化が発生する。これは特別な下位分類に属するダブル・バインドであり、きわめて高度で独特の利用テクニックだとみなしていいものである。

膨大な臨床的文献のなかで、**「症状の処方」**（sympton prescription）という用語は、「パラドックス」、「逆説的意図」、「逆説的指導」などの用語と共に用いられている。これらの概念はおおよそ同じ意味である。しかし、本セクションで紹介するさまざまなタイプのパラドックスには、もう少し細かい区別がある。「症状の処方」は、これらのなかでもっとも正確にその一般的手順を説明し、多々あるその変種にも適合する臨床的用語である。

エリクソンはパラドックスを巧みに使った唯一の臨床医というわけではないが、症状の処方方法の見つけ方においては、もっとも創造的な臨床医のひとりであった。現存するエリクソン関連の文献で説明されている方法のなかには、**症状の予定決め**《スケジューリング》、**症状の脚色**、**症状の転置**、**症状の置換**などがある。これらすべてに共通しているのは、変化が起きるような形で症状を体験させつづける逆説的指導である。

これらのうち、ふたつが本セクション冒頭の症例に用いられているのがわかるだろう。症状を処方するとき、エリクソンは、実際よりも頻繁に発生させることによって、それを脚色した。それから、時計を見ることが重要だと強調し、その症状をスケジューリングして、スケジュールどおりに確実に「ウエッ」という音を出させた。次に、スケジューリングした「ウエッ」という音の数を増やすことによって、さらにそれを脚色した。

脚色する方法としては、ほかに、症状の強度やパターンの複雑さを高め、症状の継続期間を長くするという選択肢もある。音声チックの少年の症例にあるように、症状の脚色とスケジューリングは、症状を苦行に変え、それによって症状の消失を早める手段として、エリクソンがしばしば用いた方法である（Haley, 1984）。

三つめの変種、症状の転置は、外界の物体への具象化である。典型例としては、エリクソンがある女性患者に、「飛行機恐怖症を椅子に置きっ放しにさせた」というのがある。この症状の転置は彼女にとって非常に現実的であったため、彼女はほかの誰であれ、その椅子に座るのを許さなかった(Erickson and Rossi, 1979)。

症状の転置という概念は、最初は多少尋常でない感じがする。しかし、人は確かに投影として知られている防衛機制を使っているという考えを受け入れるのであれば、本テクニックはこの本質的な傾向を利用したものだと見ることができる。投影は、受け入れられない思考や感情や行動をほかのものに結びつけることによって免れる方法で、自然に発生する。投影が意図的に、人ではなく、無害な物体に向けられている場合、その症状は、社会的に困難な状況を引き起こすことなく前進できるような形で処方され、転置されているのである。

本テクニックの最後の変種は症状の置換で、これを行なうときには、症状を体験する位置や地形図《トポグラフィ》を変えるよう指導する。患者は今ある症状を体の別の部位で体験したり、別の身体的特徴を使って体験するよう指示される。エリクソンは通常、症候群の一部を残しておく必要があると判断した患者に対して、この方法をよく使った。

たとえば、つねに銃を携帯しないではいられなかった女性教師は、死を象徴するものを何かバッグに入れておかなくてはならないとエリクソンにいわれ、それゆえに、どこに行くにも「弾を入れた」おもちゃの銃を持ち歩くことになった（Erickson, 1977b）。これは症状のトポグラフィにおける変化であり、当時はこのようにしても、子供たちの親や他の教師の不安を呼び起こすことはなかったであろう[☆2]。

もうひとつ興味深い症例がある。エリクソンはここではコンサルタントとしてのみ行動していて、心因性の麻痺が腕に出た兵士を助けたのは、別の臨床医だった。兵士は催眠で、すべての麻痺を小指のなかだけに集めるよう指示された。これで、麻痺はライフル銃の扱いを妨げることはなくなった(Erickson, 1977a)。

これは、問題の麻痺を別の麻痺に「置換」したというより「転置」したのではないかという主張もあろう。しかし、ここでは位置を変えると共に、ひとつの型の麻痺を別の麻痺で置換もしている。いずれにせよ、最終的な結果は本質的に逆説的である。兵士は、ほんの少し問題は残しておかなくてはならないといわれてから、やっと前進しはじめた。

症状の処方の本質は、それまで受け入れられなかった行動や思考や感情を、患者が意図的に受け入れるということにすぎないが、上にリストアップした変種のひとつを使うと、このテクニックはさらに強力になる。これを使えば、患者の習慣的な反応パターンにわずかな変更を加える機会が得られる。症状行動のパターンに、症状の脚色など、何かを加えることによって、変化の微細なプロセスが動き出す。

症状が無意識的なやりかたで徐々に修正されていくにつれ、前進戦略は問題行動の治療的利用と結びついていく。この戦略的複合体で思い出すのは、エリクソンの言葉である。エリクソンはこういっている。「もし患者を一インチ動かすことができたら、これで継続的な成長プロセスを開始することができる。セラピーの場合、徐々に減少していくのは、その人の苦痛である」

エリクソンはまず、一九三〇年にパラドックスを使った実験を開始した（Erickson and Zeig,

☆2　この介入が行なわれたのは、学校内での銃による暴力や空港でのテロのなかった時代であったことを明確に理解しておかなくてはならない。社会がこのように変化した現在では、この特殊な指示はもはや妥当ではない。

1977/2001)。同じころ、ロゴセラピーの創始者ヴィクトール・フランクルもエリクソンとは別に、逆説的意図の概念を開発していた(Frankl, 1939)。エリクソン同様、フランクルも、それまでいっさい手に入らないと思われていた選択の機会が、パラドックスによって患者の手に入るようになると主張した。

フランクルによれば、「……人間はけっして単なる遺伝と環境の産物ではない。第三の要素がある。決断力である。人間は最終的には自ら決断する。そして、つまるところ教育は、決断力を育む教育でなくてはならない」(Frankl, 1973, p.xix)。ユーモアと症状の脚色とを組み合わせることによって、フランクルは患者が自らを分離できるようにし、「自分自身の神経症から距離を置く」ことができるようにした(Frankl, 1984, p.127)。

フランクルとは対照的に、エリクソンは患者ひとりひとりの特殊事情に合わせて、症状を逆説的に利用した。エリクソンがこのテクニックの根拠としていたのは存在論ではなく、患者の個人的な目標や目的であった。

セラピーにもちこまれるそうした目標や目的のひとつに、有力な権威者の努力に挑もうとする暗黙の意図がある。患者の一部にとって、著名な医師などの権威者に抵抗したという経験は、自らを力づける出来事であると同時に、たぶん変革の力をもつ出来事でもある。もし臨床医が、これを正当な目標として認めない変化論を根拠にして取り組めば、患者もセラピストもひそかな権力闘争に巻き込まれ、成果はほとんど上がらないだろう。こうした状況下でより重要なのは、患者が何をし、しないかである。

たとえば家族療法で、拒食症の少女が、あなたの病気は家族の「安定」に重要な役割を果たしているので拒食をつづけなくてはならないといわれたとしたら、どうだろう。少女はそれまで、無理にも食べさせようとする両親に反抗しつづけてきたのである。となると、今度は、拒食を継続しろというセラピストの指示に反抗するだろうと予想がつく。次のセッションには、しっかり食べて戻ってほしいものである（Selvini, 1988, p.218）。

これは、症状の二次的な利用である。より完全な利用、すなわち、一次的な利用では、患者が抵抗しないではいられない理由を利用する。二次的な利用は、反抗的な患者が無意識の行動を制御できるようにするのに役立つとはいえ、権威者に従って権威者から認めてもらいたいという患者の要求には取り組んでいない。

症状の二次的な利用とは対照的に、一次的な利用でより重要なのは、患者がその症状に関して何をするかである。症状の処方を使うことによって、セラピストは症状行動を受け入れ、そののちに、それを有用な目標に組み入れる（Zeig, 1992）。ロリエド（Loriedo, 1997）が説明するように、「……パラドックスとは、あなたは拒否するだろうと患者が期待しているときに、受け入れようとすることである。患者を驚かせるのである。患者の症状の良い部分を見つけ、却下するのではなく承認するのである」（p.19）。

症状を処方するとき、エリクソンはしばしば、患者の行動パターンを望ましい目標の達成手段に変える方法を見つけようとした。そうしながら、患者の目標と希望を完全かつ正確に理解するために綿密な対策を講じていった。このおかげで、患者が主観的に必要としていながら到達できないものに患者を近づけることができたのである。エリクソンはこれを自分独自の方法を使ってやり遂げた。効果的な治療テクニックの大半にいえることだが、疾患に起因する行動が潜在的有用性をもつものにリフレーミングされるときには新たな方向づけ《リオリエンテーション》が行なわれている（Lankton and Lankton, 1983, p.68）。

こうした症状の一次的利用を明示している興味深い症例がある。生まれてからこのかた共に夜尿症を抱えたままの夫婦に対して、エリクソンは苦行として、意図的にベッドで排尿するという症状を処方した。このふたりが非常に信仰心が厚く、権威に対してきわめて従順であったこと、自らの行動を大変恥じていたことを知っておくことは重要である。羞恥があまりに大きくて、夫妻は夜尿のことを互いに伝えていなかった。そして、双方とも、相手も夜尿症であることに気づいていなかった。

エリクソンの説明によれば、「床入りのあと、ふたりの初夜に際立っていたのは恐ろしいほどの不安だった。それはあきらめと絶望に変わり、やがて眠りが訪れた。翌朝ふたりは、夜尿について何もいわない相手の信じられないような慎みに対して、心のなかで互いに深く感謝した」。エリクソンが利用したのは、この自己犠牲の精神と、双方にあった悔悛の必要である。悔悛のメカニズムは最終的には耐え難い羞恥からの解放をもたらす。そうして出したエリクソンの処方は、ふたりそろって敬虔な気持ちでベッドにひざまづき、きれいなシーツに排尿するという苦行を五週間続けることだった（Erickson, 1954/2001）。

この指示を出すに当たり、実際に夫妻にすべきことを伝える前に、充分な時間と周到な用意が必要であったことに注目しなくてはならない。エリクソンはふたりに、この選択肢について考える時間を一週間与え、もし正確に指示どおりするのであれば、セラピー代は不要だと伝えた。[☆3]

このケースでは、抵抗に対処するための症状の二次的利用とは対照的に、夫妻が指示されたことを実行することが重要だった。共にこの苦行を耐え抜いたあと、ふたりが特異的に共有すること、すなわち、ふたりが進んで同時にその行動をやめようとする気持ちになることは疑いようがなかった。つまり、一方はその行動をやめるのに成功したのに、他方は継続するというのでは、あまりに屈辱的だったろうということだ。この症状の処方のおかげで、ふたりは問題の解決後もずっと、夫婦として一体であること、互いが唯一無二の存在であることを再確認しつづけることができた。

たいていの患者はなんらかの形の治療的利用から恩恵を受けるが、症状の処方は、すべての患者に適しているとはかぎらない。末期の疾患で夫を喪おうとしている妻など、いきなり困難な生活状況に放り込まれた患者には、もっと支えになるようなタイプのテクニックが必要である。同様に、専門家の局外者としての意見を求めている患者には、問題体験をさらに重ねるように指示する必要はない。

危険な行動や威嚇的な行動を示す患者にも、症状の処方は適さない。ロリエド（1997）が指摘するように、自殺傾向のある人に逆説的処方を使うのは、危険な上に馬鹿げている。「さあどうぞ、自殺してください」と人にいうのは、まず名案とはいいがたい。熟練のプラクティショナーは、自殺を考えている人には巧みに禁止命令を挿入して自殺を思いとどまらせるが、これは症状の処方と混同してはならない。

☆3　この症例に関する詳細は、Erickson, 1954/2001 を参照されたい。

たとえば、ベティ・アリス・エリクソンはそうした患者に対して、自殺する前に、それまでに蓄えてきたお金を全部使ってしまわなくてはいけないと告げた。彼女には、その患者が自分のお金に関して非常にケチで、そうした提案には怖気をふるうだろうとわかっていた。患者は激しく怒ってその指令を拒絶し、それから一二年経った今もやはり元気にやっているし、貯蓄も増えている。彼は過激なことをするよう指示されたのであって、結果的に死をもたらすようなことを指示されたのではなかった。

虐待関係やアルコール中毒、境界性パーソナリティを含む症例でよく見られるようなパーソナリティ障害がある場合、症状の処方は細心の注意を払って使わなくてはならない。パーソナリティ障害のある患者には、しばしば別のタイプのセラピーが必要になる（Cummings and Cummings, 2000, p.91）。パーソナリティ障害を治療する間、臨床上の目的には、内的葛藤の軽減ではなく、内部モニタリングと自意識の強化が含まれるかもしれない（Short, 2001）。それゆえに、かつ、安全性の問題もあって、症状の処方は通常、適切ではない。

患者が主観的に体験した自分の問題を軽減もしくは除去できないと思っている場合、症状の処方は、その問題処理に役立つ手段であることがわかっている。一見無意識の行動に見えるものについて具体的な不満を抱えてセラピーに来る人は、激しい内的葛藤に苦しんでいる可能性が非常に高い。すなわち、暗示的希望と明示的希望が対立していて、それらが選択肢という概念を奪っているのである。アンビバレンスは、パラドックスを使って体験の選択肢を提供できる内的葛藤のひとつである（Beavers, 1985）。

フランクル（1977）は自分の研究を見直していたとき、逆説的な意図は、強迫的状態や恐怖症的状態にある者に効果的であることに気づいている。そういう人は恐怖と回避の悪循環に巻き込まれる傾向にあり、この悪循環がもっぱら問題行動を強化すると彼は説明する。いったん行動が受け入れられれば、悪循環は断ち切られる（p.117）。

同様に、オハンロン（1987）は、患者が症状を回避もしくは除去しようとすると症状の頻度が上がる場合、なんらかの形の症状の処方がたぶんふさわしいだろうと提案している。また、患者が目標に到達しようとすればするほど目標が遠のく場合にも、症状の処方が適していると思われる（Lankton and Lankton, 1983, p.69）。

症状の処方が効果的に働くためには、問題状況の根底にある力学を完全に理解することが不可欠だ。最初は解決法のように見えて、実は問題の別の変種にすぎなかったということも、ときにはある。以下は、きわめて複雑な形の症状の処方が用いられた症例で、核となる問題の識別が難しいケースである。

［事例▼性的不能という認識］

男性が、自分はインポテンツではないかとひどく心配して、エリクソンを訪ねてきた。エリクソンはそれが本当の問題ではないと考え、勃起するときはいずれ来るだろうし、それは奥さんにとって迷惑なとき、勃起しても彼が何もできないときに起きるだろうと予告した。

セッションから戻ったあと、不都合なときに勃起したため、男性は次のセッションで、自分はインポテンツではなかったと認めた。エリクソンは次にこう質問した。「自分がインポテンツだという間違った考えの下に隠さなくてはならなかった途方もなく難しいあなたの問題とは、なんですか？」

エリクソンは残りのセラピーの時間を使って、男性の注意を、家庭でも職場でも彼の働きに影響を及ぼしそうにない抽象的な問題に向けた。

(Erickson, 1959d)

男性が直面していた問題は、自分には障害があると神経症的に思い込んでいることだった。当初、彼の思考の基準はペニスだった。そこから発展して次に生まれたのは、自分のペニスは肝心なときに役に立たず、自分を当惑させるものであることがはっきりするのではないかという恐ろしい思いだった。エリクソンは、彼のパフォーマンス不安がいつでもいかなる文脈でも発生するような機会を創り、この思いを拡大した。こうして、症状は処方されただけではなく、脚色もされた。

インポテンツの問題を解決するためには、思いがけない出来事がズボンのなかで起こりうることを、本人が受け入れる必要があった。不都合なときに勃起したことによって、彼は、一度は恐れたまさにそのこと――ぐんにゃりしたペニス――を望むことができるようになった。

同時に、彼が自分の性行動を「問題」だと考える必要はなかったということも理解しなくてはならない。患者は自分には深刻な問題があると考えなくてはならないと思い込んでいた。ぐんにゃりしたペニスはちっぽけな問題に過ぎないとリフレーミングすることによって、この思い込みも利用されている。前セクションからおわかりのように、小さな問題をうまく解決できた男性は、いよいよ次に治療すべき問題に取りかかろうという気持ちになった。すでにひとつ治癒を達成したので、エリクソンは次に解決すべき治療上の問題を患者に選択させることができた。そのあとには、思うまま無害な神経質に浸る楽しみが続いた。小さな問題を解決し、もっと「深い」問題も解決したので、より高いレジリエンスが定着した。

一般的適用

セラピストの場合、医師とは対照的に、もっとも重要なツールは自分自身の心と体だといわれている。しかし、それは本書の立ち位置ではなく、また、エリクソンのいずれの講義のテーマでもない。逆に、エリクソンは、セラピーのもっとも重要なツールは患者だといい、前進を促すのに必要なものを提供するのは、学びと体験に満ちた患者の生涯だと主張している。現在では、四〇年にわたる管理の行き届いた研究結果のおかげで、変化のプロセスにおける患者の中心的役割を正しく認識することの重要性が、納得のいく形で証明されている（Hubble et al., 1999）。

利用戦略がエリクソンの治療方法の基盤となっているのは、患者がこうして中心的な役割を果たすからである。セラピストがこの姿勢を取れば、患者の欠陥は、闘う相手ではなく、前進につながる道になる。その上、患者には、セラピストがありのままの患者を受け入れているだけでなく、患者の今ある能力を前進の土台として使いたいと思っていることがわかるようになる。このことが、簡単には退けられない内的志向の希望を増進する。

臨床判断をする際の問いで、〈利用〉の論理の影響を受けているのは、「どの行動を利用することにしよう?」「一見破壊的に見える行動をどう利用できるだろう?」「その行動を利用して、どのような目標を達成しようとしたらいいのか?」などである。これらの問いに対する答えは、機会を見逃さない目から発生する。セラピーが受容の色を濃くしていくにつれ、〈利用〉のプロセスは進展する。

本書で説明している臨床的戦略すべてにいえることだが、〈利用〉は誤用されることもある。セラピストが、ある行動を断じて拒絶する患者の権利を尊重しない場合、戦略は効果的なものになりにくい。確かに患者も柔軟な態度を学ぶべきではあるが、患者が正式に拒否している行動の有用性について、患者と論じ合うのは賢明でない。もしある女性が大都市の道は二度と歩きたくないといったら、これについて論じ合う理由はまったくない。セラピストは、系統的脱感作のためだからと女性を街に送り出したりせず、田舎道を散歩してはどうかと提案して、女性の立場を利用すべきである。ここで重要なのは、また街を歩けるようになりたくてセラピーに来る患者と、そういう場所は二度と歩きたくないとセラピストに伝える患者との、重大な差異を正しく見わけることである。**〈利用〉は、患者の意思もしくは未来の善に反して取り入れるのであれば、なんの結果も期待できない。**

きわめて破壊的であることが判明している行動は利用すべきでないと認識しておくことも重要である。あるワークショップでこの点に関する講義が終わると、参加者のひとりがショートに以下の臨床的質問を投げかけた。「わたしの患者に、妻を説得して、自分ともうひとりの男と三人で寝た男性がいます。男性は今、妻が自分と別れて、その男に走るのではないかという妄想に囚われていて、その可能性を頭から振り払うことができなくなりそうです。これはどう利用するのでしょうか?」

利用には、つねに複数の正しい答えがあるが、複数のパートナーとセックスをするという行為は、利用する行動に適したものとして関心を向けるべきものではない。治療効果のある〈利用〉は、有用なものを含む行動を取り上げるのがその特徴である。

〈利用〉には、つねに複数の正しい答えがある。上記の症例では、被害妄想をもっと建設的な方向にリフレーミングすることから始めてはどうかと、ショートは提案した。「男性は結婚を救うことを願っていて、このことについて考えずにはいられないという状態です。いったんそれを男性に認めさせたら、結婚を癒すためにはどういう具体的な行動を取りうるかに会話の焦点を絞り、それについて考えつづけるようにさせるのです。たとえ結婚はうまく救えなくても、男性には、この価値ある努力を続ける間に学ぶべき貴重なことがたくさんあります」

妄想という行動パターンに対抗しようとするのではなく、より生産的な行動にそれをバインドするのである。ショートはひょっとしたら、その患者に会ったとたんに思い直し、もっと貴重な機会を示す別の行動を利用したかもしれない。〈利用〉には、おおいなる柔軟性と、思考を分刻みで改訂するくらいの意欲とが必要である。

〈利用〉の論理は、当初絶望的だと思われた状況で希望をもてるようにしようとする取り組みであれば、どのようなものにも適用することができる。この戦略が効果を発揮するには、少なくとも、患者が実行すると期待されていることを実行できなくてはならない。エリクソンは挑発的な型のセラピーを使ったが、この患者ならできるという絶対的な自信がないことについては、いっさい患者に要求していない。これは明確に認識しておくべきことである。

たとえば、催眠誘導を行なっている間に、エリクソンは患者に硬直《カタレプシー》（手の浮揚）を体験するよう指示することがあったが、日中頭をまっすぐに立てていられる人なら誰でも、バランス良く筋肉を緊張させることができるし、これは意識的に意図しなくてもできることだとわかっていたからだ。同様に、治療上の目標を処方するときには、実証済みの行動を使って課題を構築した。患者のレパートリーにない行動の必要性を示唆するのではなく、既存の行動と信念を、患者が変わりはじめられるような形で使ったのである（Erickson and Zeig, 1977/2001）。以上、〈利用〉のプロセスに不可欠な重要な警告である。

Conclusion

第13章

結論

本書について

この数十年の間に、ミルトン・H・エリクソン医学博士の先駆的なワークを説明して再現しようという取り組みのなかで、多種多様な理論が形成されてきた。非常に有用な理論はしみったれである。そうした理論は最小限の理論的構成概念を使って、可能なかぎり完全なひとつの知識を完成する。その結果生まれるのは、案内なしではまごつくばかりの領域を進むための手引きとして働く総合的な理解である。明快であるためには、専門用語を創りすぎたり、詳細を分析しすぎたりしてはいけない。創造性が要求される分野では、厳密に段階を踏む定則やできあいの解決法はほとんど役立たない。

エリクソンは闇雲な再現に対する不信を顕わにして、「……理論に基盤を置く心理療法はいずれも間違っている。人はひとりひとり異なっているからだ」といっている（Zeig, 1980, p.31）。換言すれば、複雑な人間の問題に関しては、既製の対応に頼るのではなく、その瞬間に何が起きているのかをよく観察し、そのつど新たな解決法を使って対応する必要があるということだ。もっとも雄弁な構成概念も、もしそれらに刷新と洗練の余地がなければ、問題をもつようになる。

エリクソンのセラピーに関する理解はいずれも、壁のない土台として存在しなくてはならない。この心理療法理論は、達成されつつあるものの本質——全体像——を捉えつつ、想像力を自由に遊ばせて、型にはまらない独創性を生み出さなくてはならない。

本書は、ナラティヴ・レベルでの理解を促す数々の症例と、無限の固有な適用の発展につながる一般的な概念とを結びつけるという方法を取っている。統合的な癒しの哲学に関するコンテクスト内では、包括的な概念もいくつか導入している。こうした問題解決戦略のひとつひとつには、より有限で複雑なテクニックの説明が含まれている。

取り上げた戦略は、体系的かつ組織的に情報を伝える目的で分類し、名称をつけている。これは、戦略やテクニックが互いに排他的なカテゴリーに分類されていて、けっして重なり合うことがないという意味ではない。これらの概念を組織化したのは、体系的研究と専門的対話を促進するためであり、また、そうしながら、エリクソンの特徴でもあった継続的発見の精神に忠実でありつづけるためでもある。

ショートはエリクソンから出た何百というきわめて複雑な症例を研究したあと、連続性を筋立てて関連づけ、それらをごく普通の発想でも捉えうるものにした。本書内の理論的概念は、単純な比喩や庶民の知恵、他派の心理療法からの例とペアにしてある。このようにした理由のひとつは、これらの戦略的原則の時を超越した普遍性を示すためである。情報は消化しやすいようなやりかたで構造化してある。

新たな用語は、どうしても使わざるをえない場合にのみ取り入れた。本書の例の大半で用いている用語は、エリクソンが使ったものである。彼は公式には自分のテクニックを戦略の種類ごとに分類していないが、〈分割〉〈前進〉〈注意のそらし〉〈暗示〉〈新たな方向づけ《リオリエンテーション》〉〈利用〉の概念は、ショートによる創作ではなく、エリクソンが自らのワークについて行なった説明から引いたものである。いくつかのテクニックが同一の働きをしうるという考えや、あらゆる介入は入念に意図して行なわなくてはならないという信念も、ミルトン・エリクソンの教えからじかに引いている。

本書はけっして、ミルトン・エリクソンの臨床的ワークを包括的に要約したものではない。むしろ、簡単な紹介だといっていい。エリクソンのワークを構成する重要な要素で、本書に欠けているもののひとつは、彼がきわめて巧みに行なった臨床的評価のプロセスだ。彼の臨床的介入はいずれも非常に個別化されていた。もし患者の性格特性や人生の状況に関する正確かつ体系的な調査がなかったら、それらはあれほど効果的には機能しえなかったであろう。

また、エリクソンが怒りや傷つきやすさ、ショックなどの情動的プロセスを活性化させ、力学的に利用していたことについても、本選集には収めていない。今日では心理教育的アプローチ[☆1]という言い方をされる説諭的指示をエリクソンが利用していたことについても、やはり本書では触れていない。

さらに、上記の六カテゴリーがすべてを網羅しているわけではないことを、読者は明確に理解しておかなくてはならない。たとえば、エリクソンが情動的条件づけや体験学習を戦略的に利用していたことについても、本書ではわずかに触れているに過ぎない。

禁忌

有用な知識も誤用されることがあるため、これら六カテゴリーのいずれを導入する場合にも、一般常識と良識的な判断をその指針とすべきである。すでに述べたように、〈分割〉を適用する際には、患者が自分の問題の重要性を軽視されたと感じたり、自分の懸念は的はずれなんだと感じたりするようなやりかたをしてはならない。〈前進〉を適用する場合には、前進のプロセスの細分化に気を取られるあまり、急を要する安全性の確保や外部からの介入の必要性を見落とすことがあってはならない。〈リオリエンテーション〉はもっとも誤用されやすい戦略かもしれない。臨床医の観点からではなく、患者の意思によって、患者の方向づけは行なわれなくてはならない。

これらの戦略のいずれについてもいえることだが、まるで問題の答えはひとつしかなく、自分がその答えをもっているかのように振る舞うのは愚かしいことだ。エリクソンは、現実を見る代替的な観点を種々を導入し、特定の一観点を強要することはなかった。多くの可能性があることを指摘したあとにも、患者が役立ちそうだと思ったり、するだけの価値がありそうだと思ったりした新たな方針は、いつでもどのようなものでも受け入れる用意があった。各人にとって「正しい見方」とは、希望——すなわち人生の善の正しい認識——を生み出す新たな現実を示すものである。

〈利用〉と〈暗示〉の戦略にも、いくつか特定の禁忌がある。苦行や逆説的指導を含むテクニックは、患者に被害が及ぶ危険性を高めるような使い方をしてはならない。同様に、患者の道徳規範を侵害する行動を指示することは、たいていの場合、不適切である。

最後に指摘しておきたいのは、患者が馬鹿にされていると思うようなやりかたで、患者の行動に注目させるのは間違いだという点である。これらをすべてまとめると、患者にはつねに敬意を払い、威

☆1　これらの臨床的適用について、エリクソンは「矯正手段となる情動体験」という言い方をしている。

儀を正して接しなくてはならないということになる。

臨床医の第一の責任は、セラピーの間、確実になんの損害も生じないようにすることである。エリクソンがいうように、「あらゆる介入は、プラクティショナーの関心や必要ではなく、患者の必要を中心として方向が決定されなくてはならない。そうであればこそ、患者はプラクティショナーの意図を完全に信頼できるのである」(Erickson, 1955a)。

知識を活用する

本書の情報の多くは、常識に則った繊細な論理的思考を経て、実践されるべきものである。特定の戦略を全うしようとして展開したテクニックは、奇妙でも異様でもなく、ごく自然なものでなくてはならない。エリクソンの尋常ならざる創造的介入について読んだあととあっては、つい突拍子もなく異常な指示をおまじないのように呼び出して、彼のワークを再現したい誘惑に駆られる。しかし、その手順が突拍子もなく異常だと感じられるとしたら、そこには憂うべき理由がある。さらに問題なのは、エリクソン特有のスキルの助けも借りずに、彼のワークをすぐにも真似たくなることである。患者はエリクソンがその介入法を工夫した当人ではなく、時代と場所も、その介入が元々行なわれた時代と場所ではないのに、そのまま真似たくなるのである。

患者ひとりひとりの必要を満たすテクニックを開発しようと努める一方で、その手順はきわめて穏当だと実感できるものでなくてはならない。たとえば、患者が不幸な自己イメージに囚われていて、鏡に映った自分を見るのが嫌いだという場合、与えられた体のなかで生きる自分の尊さに気づけるよう手助けするのは、穏当なやりかたである。

しかし、これをどのようにやり遂げたらいいのだろう？　患者は鏡を見ながら、いきなり自分について愉快で前向きな考えをもつことはできない。したがって、その課題を時間で**分割**して、いくつかの期間に分けるというやりかたは非常に理に適っている。

たとえば、過去、現在、未来という分け方がある。かつて患者はかわいい無垢な少女だった。これは父親から性的虐待を受ける前のことである。したがって、虐待以前の過去から始めるのが穏当である。過去と今ここの間には、ある心理的な距離が存在するため、脅威も軽減することができる。彼女がアルバムをもっていて、それを大切にしていることがわかれば、そこから始めるのがもっとも理に適っている。

彼女は写真のなかの自分を眺めながら、当時の自分の尊さを認識しはじめる。これをやり遂げたら、**前進**戦略を使って、少しずつ現在の自分の尊さを認識できるよう手助けし、最終的には遠い未来にまでその作業を進めていく。もし彼女がその後のセッションに髪を染めてやってきたら、必然的に、「そのヘアスタイルは気に入っていますか？　鏡のなかのあなたにはどう見えるでしょう？」と問いかけることになるだろう。

患者が自分の新しいヘアスタイルを気に入っていることをなんらかの形で示した場合、この行動は**利用**され、それは前進を示す重要なしるしであり、彼女が自分の体やその認識の仕方をこれまでよりコントロールできるようになっていると感じていることを示すものであると見なされる。このような認識は当然ながら、より大きな希望をもたらし、彼女が自分自身や自分の選択に自信をもてるようになるのにも役立つ。臨床医にとって、この介入はけっして突拍子もないものには見えない。ひたすら理に適っている。

問題解決はすべて、変化は可能だと考えることから始まる。エリクソンが語るように、あなたが誰かの人生と取り組んでいるとき、相手はあなたが答えを全部もっていることを望んでいる。しかし、うまくいっていないことをすべて正せるわけではない。だからこそ、達成可能な小さなことを少なくともひとつ見つけることは、つねに役に立つ。ほんのささいな突破口が、他の成果を積み重ねていく土台になりうる。

治すことのできない病気は確かにあるが、苦しんでいる人のためにしてあげられる良いことは必ずある。何十年もの間無数の専門家を挫折させつづけてきた問題でさえ、これまで認識されていなかった患者の力――適切な解決法を見つけ出す能力――に力点を移したとたん、驚くほどあっさり解決法が見つかることもある。

変化に必要な自信が患者に欠けている場合は、何か新しいこと、問題よりもおもしろいことに焦点を絞ると役立つかもしれない。そうすることで、意図的でない前進のスペースが生まれる。それは自己破壊よりもはるかに大きな力をもつ可能性がある。こうしたことをすべて、相手を無理やり変えようとせずに行なうのである。相手を無理やり変えようとすれば、敵意を助長するだけだ。熟練のセラピストは、どのようにして希望を育み、レジリエンスを強化して、患者の内的リソースが幸せを生み出すようにすればいいのかを知っている。

本を最後から読むと……
第一章から最終章に向かって読んだときとは
別の本を読むことになります……
良書は最後から読むべきです。
まず最終章を読み、次に第二章から最終章まで、などという読み方をするのです。
そのようにしたあとで、もう一度最初から最後まで読むと
すばらしい体験ができます。

——ミルトン・H・エリクソン（一九七四年八月六日）

付録

自己成長のためのエクササイズ

本書で説明した戦略は、有能なプラクティショナーが実行すると、強力な結果を生み出すことができる。エリクソンが催眠について、ときにいっていたように、最善の学習法は、直接それを体験することである。本書の六戦略を存分に活かすには、適切な個人的体験の分析に時間と思考をたっぷりつぎ込むことを強くお勧めする。分析の対象となるのは、過去の忘れがたい体験かもしれないし、未だ気づいていない個人的な成長の機会かもしれない。

外部の観察者として行動し、他者が重要な人生の課題を解決する様子を見るというのも重要なことである。しかし、問題解決の戦略を自分自身の生活に適用する機会を精力的に探そうとすることは、はるかに豊かな結果を生む。自己成長を続けようとするこの精神こそが、努力に信頼性を加えるのである。もし自分でこの課題を構築する方法がよくわからないという場合は、六種類の戦略をひとつひとつ説明するために設計された以下の思考実験を役立てていただきたい。

注意のそらし

前述した資料の体験的理解を深めるために、基本的特徴としての〈注意のそらし〉について、以下のエクササイズが開発されている。注意のそらしは、ひとりでは簡単にできない戦略であることに注目すべきである。ある人の注意を真にそらすには、その人がこれからしようとしていることについて考えていない状態にしなくてはならない。

もちろん、しばしば自分で気を紛らそうとして、やたらに仕事を増やしたり、娯楽やセックスや薬物に溺れたりする者もいる。こうした行為はいずれも、つらい現実から効果的に注意をそらすことができる。しかし、注意をそらすには、自分の能力を新たに認識できるよう戦略的に導く短期の方法があり、上記のような行為からはこの方法と同じような臨床的な利益は得られない。

エクササイズ

ステップ❶

かつて何かにすっかり気を取られ、そのときしていた行動が機械的になってしまったときのことを考える。何にそれほど気を取られたのか？　なぜそれはあなたの注意を支配したのか？

ステップ❷
続行中のプロセスに注意を払わなくてもやり遂げられたことすべてについて、少し時間を取って考える。よく知っている目的地に向かって車を運転するとき、今どこを走っているのか、手と足は今何をしているのかなどと考えるためにいちいち停止しない。それと似た事柄について考える。自分にとって意味のある出来事を考えつけると、なお良い。完全に注意をそらされていたからこそ試すことができた行動に、焦点を絞る。

ステップ❸
この出来事の記憶を意識のなかにしっかり入れる。次の数日間、できるかぎり頻繁にこの記憶を反芻する。時間の経過は、このエクササイズでは重要な要素である。

ステップ❹
すぐに結果が出ることを期待してはいけない。二～三週間したら、最初にこのエクササイズの指示を読んでから自分の取ってきた行動について、少し時間を取って考える。

分割

人間の問題を解決する際に〈分割〉が果たす役割を理解する方法はいろいろあるが、最善の方法のひとつは、その効果をじかに体験することである。できればこれを読みながら、これまでの人生で、問題を小さく分割したら処理能力が高まったように感じたときのことを、立ち止まって考えていただきたい。あなたはすでに自分のセラピーにこのテクニックを取り入れていて、それが広い応用法をもった臨床的戦略であることに気づいていないだけかもしれない。

前述した資料の体験的理解を深めるために、基本的特徴としての〈分割〉について、以下のエクササイズが開発されている。このエクササイズは専門家の学習用に設計されたものだが、プラクティショナーのなかには、これと同じ手順を臨床に用いて、良い結果を出している者もいる。

エクササイズ

ステップ❶

生活状況に打ちのめされたと感じたときのことを考える。全体の苦悩の原因になっていたさまざまな要因すべてについて考える。このエクササイズによって呼び起こされるつらい記憶やトラウマ的な記憶がある場合は、少し時間を取り、自分がこの種の深いワークを行なう用意がしっかりできているかどうか確認する。

ステップ❷

今度は、目の前にそびえるレンガの壁を視覚化する。この壁は、あなたと幸せとを隔てる障壁を表わしている。もしあなたが触れて学ぶタイプなら、実際に小さなものを壁のように積み上げて障壁を作ってもいい。この壁の各レンガは、問題の特定の側面を象徴している。数分かけて、問題のさまざまな面に名称をつける。

ステップ❸

少し時間をかけて、この障壁を越えたいという自分の気持ちに集中する。あなたはもう、問題に苦しめられる側で立ち往生していたくない。平穏と安らぎを得るためには、ここを通りぬけて反対側の空間に行かなくてはならない。そこにたどり着けば、気分はずっと良くなる。

ステップ❹

ここで、この時点で取り組む覚悟がもっともよくできている問題部分に注意を集中させる。一個のレンガに焦点を絞り、道をふさいでいるそれを取り除くために自分に何ができるか、何をいえるかを考える（実際に壁を作っている場合は、その問題部分の処理がうまくいったら、壁を作っているものをひとつ脇に除ける）。

ステップ❺

次に、問題の中で、かつてどこかで体験して、うまく克服できた部分に注意を集中させる。こうすることで、壁のレンガをさらにいくつか崩すことができる。

ステップ❻

つづいて、問題の中で、誰かに応援してもらえる部分について考える。さらに時間をかけ、他者が喜んであなたに手を貸してくれそうなささやかな方法をいろいろ考える。

ステップ❼

問題のどの部分が自分にとってもっとも気にならないかを考えることで、壁はさらに断片化することができる。問題のどの側面なら、今のところなんとか我慢できるかを考える。

ステップ❽

問題のどの部分なら、時間の経過と共に変化しそうか、自問する。これらの問題のどれなら、自分が努力しなくても自然に解決するだろうか？　こうすることで、壁のレンガをさらにいくつか崩すことができる。

ステップ❾

通り抜けられるだけの空間ができたら、自分がそこを通って反対側に歩いていくところを視覚化する。壁の残った部分の周りを回り、ここでやめる心構えができているか、それとも、さらに問題を断片化するために工夫できる別の方法を見つけたいと思っているかを判断する。

メモ　このエクササイズは、本書の目的に合わせて、個人が単独で使うように脚色してあるが、グループで使うこともできる。壁は、人が横に並んで腕を組み合えばでき上がる。壁を通り抜けなくてはならない人は、壁を作っている各人を、問題の各部分だと考え、問題のある部分が処理できたら、その部分に当たる人の腕を解いてもいいし、席に戻るよう頼んでもいい。ワークが完了したら、実際に壁の向こうに歩いていく機会をもつ。

これはしばしば強力な結果を生み、態度の変化が手に取るようにわかることもある。

前進

前述した資料の体験的理解を深めるために、基本的特徴としての〈前進〉について、以下のエクササイズが開発されている。他のテクニックと同様、このエクササイズもきっちり手順どおりに行なう必要はない。個人的な必要に合うように修正したい部分があれば、ぜひそうしていただきたい。

エクササイズ

ステップ❶

やり遂げたいと思ってはいるが、できそうもないと感じていることについて考える。自分の内面に深く入っていく。どうにも手が届きそうにないため、選択肢だと考えてはいけないと思うようなものを見つけるのがベストである。

ステップ❷

紙を一枚用意して、一番下に次のセンテンスを書く。

「わたしの望みは、いつか＿＿＿＿＿＿ができるようになることです」［空欄を埋める］

ステップ❸

次に、紙の一番上に#1として、なぜこれが自分にはできないと思えるのか、第一の理由を書いたあと、以下のセンテンスを完成させる。

「前進できないことに対するこの言い訳は完全に正しいわけではありません。というのも、＿＿＿＿

ステップ❹
#2として、紙の一番下に書いたことをやり遂げる道を示してくれるもので、自分にもできそうな、ごく簡単で小さなことを書き出す。これは本当に小さな一歩にすぎないが、前進の一歩である。

ステップ❺
#3として、紙の一番下に書いたことについて考え、どうすればそれをもっと小さな構成要素に分割できるかを考える。過去に——たぶん偶然——発生したそうした構成要素的行動を三つ、四つ、リストアップする。そして、その構成要素的スキルのひとつひとつを、自分がたまたま繰り返すまでに何日かかるかを書き添えていく。

ステップ❻
五分以上かけて、紙の一番下に書いたことをやっている自分を視覚化する。外部の観察者の目で自分自身を眺める。得られたイメージに満足できたら、熟考をストップする。

ステップ❼
#4として、この目標達成に努力するあなたを進んで勇気づけ支えてくれそうな人の名前を、す

べて書き出す。

ステップ❽

#5として、いつか最終目標に少しでも近づけてくれそうな小さなステップで、ほかに思いつくことをすべて書き出す。最後のステップを書いたら、紙の一番下の目標に向けて矢印を書く。これは、あなたがその方向に徐々に前進していくことを象徴している。

暗示

以下のエクササイズはたぶん、全エクササイズのなかでもっとも単純なように見えるだろうが、さっと片づけられるようなものではない。驚くべき結果が得られる可能性があり、このタイプのエネルギーを個人の目標に進んで注ぎ込もうとすることは、それ自体、価値のある試みである。

エクササイズ

ステップ❶

ベッドに入ったら、ベッドサイドの時計の時刻がしっかり見えることを確認する。今何時か見たあと、目醒めたいと思う時刻を決める。たとえば、いつも目覚まし時計が鳴る時刻より一〇分早い六時五〇分とする。

ステップ❷

目を閉じて心のなかで繰り返す。「わたしを六時五〇分に起こしてください、わたしを六時五〇分に起こしてください、わたしを六時五〇分に起こしてください……」

これを少なくとも百回は繰り返すか、自然に眠ってしまうまで唱えつづける（人によっては、このエクササイズをするといつもより早く寝入ることができるという付加的効果もある）。あなたの無意識にこの計画を失敗させる正当な理由がないかぎり、あなたは指定時刻に起きなくてはならない。

ステップ❸

この方法と結果にいくらか自信がもてたら、個人的にもう少し意味のある目標を設定する。たとえば、「義理の両親にもう少しはっきり意見をいおう、義理の両親にもう少しはっきり意見をいおう、義理の両親にもう少しはっきり意見をいおう……」

これを毎晩、二週間続ける。目標は必ず、現実的な改善の機会があり、同時に、やりつづけるのがいやにならないような興味深いものを選ぶ。

ステップ❹
前進を示す小さなしるしを見逃さないよう注意する。新たに前向きな期待をもつことを自分に認めるのは、直接暗示を繰り返すのと同じくらい重要である。

新たな方向づけ《リオリエンテーション》

前述した資料の体験的理解を深めるために、基本的特徴としての〈新たな方向づけ《リオリエンテーション》〉について、以下のエクササイズが開発されている。本書にある他のすべてのテクニックと同様、このエクササイズもきっちり手順どおりに行なう必要はない。このエクササイズは、車を運転して職場から帰宅する間にできるタイプのものである。臨床医としてこの戦略を仕事に応用すれば、間違いなく大きな個人的利益を引き出せるだろう。

エクササイズ

ステップ❶
自分の患者が抱えていた問題と、それに対してあなたが示唆した解決法もしくは介入について考える。日中に行なった治療上のすべてのやりとりのなかから、もっとも興味を引いたものを選ぶ。

ステップ❷

その問題の本質的な特徴を注意深く考える。そして、それを、低位から高位まである連続体の上に位置するものだとみなす。次に、その連続体のどこかに、自分自身の行動もしくは情動的体験の位置を定める。たとえば、患者は腹を立てて妻の顔を殴ったという場合なら、配偶者に怒りを感じて、相手を傷つけることをいったあなたは、連続体のやや低位にその位置を定める。換言すれば、そのタイプの問題衝動をもつことがどういうことなのかについて、あなた自身の主観的な理解を探るのである。

ステップ❸

セラピーでのやりとりを思い出す。その患者が問題に取り組むのを手伝っていたときの自分の発言で、もっとも重要なものによく注意する。あなたは患者に、何をいうように指示し、あるいは、何をするように指示したか？　どのような種類の思考を患者にしてほしいと思ったか？　どのようなやりとりであれ、それを自分の生活状況にできるかぎり当てはめてみる。

患者に対して、顔を殴られた妻がどう感じたかを考えてほしいと思ったのなら、自分の配偶者が最近の口論で自分のいった言葉を聞いてどう感じたかを考える。こうすることで、自分がやってみようと思わないことは、人にも指示しなくなる。

ステップ❹

自分のセラピーの患者になるのがどういう感じなのかを、よく注意する。そこで得た新たな洞察について熟考する。

最後に、一番抵抗しない自分の患者になってみる。時間の許すかぎり、このエクササイズを行なう。こうすることで、自分自身の叡智と経験の恩恵を受ける可能性が高まる。

利用

前述した資料の体験的理解を深めるために、基本的特徴としての〈利用〉について、以下のエクササイズが開発されている。このエクササイズで良い結果を出すには、未開発のリソースとして存在する個人的なスキルや状況的可能性を新たに自覚するだけでいい。そうなったとき、体験はきわめて満足のいくものになる。

エクササイズ

ステップ❶

まず、何を利用したいのかを判断する。それは、自分の性格特性のある側面かもしれないし、自分の周りで発生している出来事、あるいは、自分や他者が犯した間違いかもしれない。何か簡単には変えられないこと、簡単には元に戻せないことを考える。抵抗することに多大なエネルギーを使ってきた状況をチェックする。紙を一枚用意して、これまでコントロールすることができず、それゆえ利用のしがいがありそうなそのことを書きとめる。

ステップ❷

次に、以下のセンテンスを書く。

「もしこれが［　　　　　］ということになりさえしたら、受け入れられるのに」［空欄を埋める］

ステップ❸

利用は受容の姿勢を必要とする。〈ステップ1〉でリストアップしたことについて考え、いくらかユーモアを利かせた観点からそれを見てみよう。誰しも自分のことを深刻に考えてばかりはいられないし、利用戦略を使う場合にはどうしても受容の姿勢が必要になる。そこで、以下のセンテンスを書いてみよう。

「もしわたしが［　　　　　］なら、本当におかしいだろうに」

ステップ❹

洞察が生まれるのをしばらく待つ。いずれの出来事や行動を利用するにせよ、その方法は複数ある。熟考に充分時間をかけたあと、以下のセンテンスを完成させる。

「［　　　　　　　］のおかげで、今わたしは［　　　　　　　］することができるようになりました」

［最初の空欄にはステップ1で取り上げたことを記入する。ふたつめの空欄を埋めるのはあなたの想像力である］

ステップ❺

〈ステップ4〉から得た洞察をどのように実行するかについて、計画を立てる。利用実験の輪郭を描く。計画どおりにことが進まない場合は、失敗を利用する方法を探す。失敗は、別の成長の機会につながる貴重な学びの体験だと考える。

参考文献

Arlow, J. A. (1989), "Psychoanalysis," in R. J. Corsini and D. Wedding (eds), *Current Psychotherapies*, 4th edn (Itasca, Illinois: F. E. Peacock).

Baker, M. (2004), *A Tribute to Elizabeth Moore Erickson: Colleague Extraordinaire, Wife, Mother, and Companion* (Mexico City: Alom Editores).

Bandura, A. (2003), "On shaping One's future: The exercise of personal agency," keynote Address at the Milton H. Erickson Foundation Brief Therapy Conference, San Francisco, December 12, 2003.

Bateson, G. (1972), *Steps to an Ecology of Mind* (New York, NY: Ballantine). ベイトソン、佐藤良明訳『精神の生態学』新思索社、二〇〇〇年

Battino, R., and South, T. L. (2005), *Ericksonian Approaches: A Comprehensive Manual*, 2nd edn (Carmarthen, UK: Crown House Publishing).

Beaulieu, D. (2002), "Talk to Your Patient's Eyes Not Just Their Ear!," audio recording of the Brief Therapy Conference Orlando, Florida, December 12-15 (Phoenix, AZ: Milton H. Erickson Foundation, Phoenix, AZ).

Beavers, W. R. (1985), *Successful Marriage: A Family Systems Approach to Couples Therapy* (New York, NY: W. W. Norton & Co.).

Beecher, H. K. (1961), "Surgery as placebo: A quantitative study of bias," *Journal of the American Medical Association, 176*, pp.1102-7.

Bornstein, R. F. (1989), "Exposure and affect: Overview and meta-analysis of research, 1968-1987," *Psychological Bulletin, 106*, pp.265-89.

Carlson, N. R. (2004), *Physiology of Behavior*, 8th edn (New York, NY: Allan & Bacon).

Cialdini, R. B. (1995), "Principles and techniques of social infuluence," in A. Tesser (ed.), *Advanced Social Psychology* (New York, NY: McGraw-Hill), (pp. 257-81).

Clark, D. M. (1986), "A cognitive approach to panic," *Behavior Reseach and Treatment, 24*, pp.461-71.

Connolly, T., et al. (1995), *The Well-Managed Classroom: Promoting Student Success Through Social Skill Instruction* (Boys Town, NB: Boys Town Press).

Council, J. R. (1999), "Hypnosis and response expectancies," in I. Kirsch (ed.), *How Expectancies Shape Experience* (Washington, D.C.: American Psychological Association) pp.383-402.

Cummings, N. A., and Cummings, J. L. (2000), *The Essence of Psychotherapy: Reinventing the Art in the New Era of Data* (New York, NY: Academic Press).

De Shazer, S. (1994), *Words Were Originally Magic* (New York, NY: W. W. Norton & Co.).

De Shazer, S., and Berg, I. K. (1997), "An Interview by Dan Short with Steve de Shazer and Insoo Kim Berg," *Milton H. Erickson Foundation Newsletter, 17*, 2 (Phoenix, AZ: Milton H. Erickson Foundation Archives), p.1.

Dolan, Y. (2000), an interview with Yvonne Dolan, MSW, by Dan Short, *Milton H. Erickson Foundation Newsletter 20*, 2 (Phoenix, AZ: Milton H. Erickson Foundation Archives).

Duncan, B. L., Miller, S. D., and Sparks, J. A. (2004), *The Heroic Client: A Revolutionary Way to Improve Effectiveness Through Client-Directed, Outcome-Informed Therapy*, (San Francisco, CA: Jossey-Bass).

Ekman, P., (1992), *Telling Lies: Clues to Deceit in the Marketplace, Politics, and Marriage* (New York, NY: W. W. Norton & Co.).

Erickson, M. H. (c. 1930/2001), "Posthypnotic Suggestion for Ejaculatio Praecox," previously unpublished manuscript, in *Milton H. Erickson M.D.: The Complete Works* (digital media published by the Milton H. Erickson Foundation).

Erickson, M. H. (1936/2001), "Migraine Headache in a Resistant Patient," previously unpublished manuscript, in *Milton H. Erickson M.D.: The Complete Works* (digital media published by the Milton H. Erickson Foundation).

Erickson, M. H. (1939/2001), "Applications of hypnosis to psychiatry," *Medical Record*, July 19, pp.60-5 (originally from an address given before the Ontario Neuropsychiatric Association, March 18, 1937, at London, Ontario), in *Milton H. Erickson M.D.: The Complete Works* (digital media published by the Milton H. Erickson Foundation).

Erickson, M. H. (1940/2001), "Appearance in Three Generations of an Atypical Pattern of the Sneezing Reflex," *The Journal of Genetic Psychology, 56*, pp.455-9, *Milton H. Erickson M.D.: The Complete Works* (digital media published by the Milton H. Erickson Foundation).

Erickson, M. H. (1941/2001a), "The Early Recognition of Mental Disease" speech, April 24, 1940, at the Post-Graduate Clinic for General Practitioners, Eloise Hospital, Eloise, Michigan, published in *Diseases of the Nervous System* (March), in *Milton H. Erickson M.D.: The Complete Works* (digital media published by the Milton H. Erickson Foundation).

Erickson, M. H. (1941/2001b), "Hypnosis: A general review," *Diseases of the Nervous System*, January, pp.1-8, in *Milton H. Erickson M.D.: The Complete Works* (digital media published by the Milton H. Erickson Foundation).

Erickson, M. H. (1948/2001), "Hypnotic Psychotherapy," The Medical Clinics of North America, May 1948, in *Milton H. Erickson M.D.: The Complete Works* (digital media published by the Milton H. Erickson Foundation).

Erickson, M. H. (1952), a lecture by Milton H. Erickson, Los Angeles, June 25, Audio Recording No. CD/EMH.52.6.25 (Phoenix, AZ: Milton H. Erickson Foundation Archives).

Erickson, M. H. (1952/2001a), "A therapeutic double bind utilizing resistance," unpublished manuscript, in *Milton H. Erickson M.D.: The Complete Works* (digital media published by the Milton H. Erickson Foundation).

Erickson, M. H. (1952/2001b), "Deep Hypnosis and Its Induction," in *Milton H. Erickson M.D.: The Complete Works* (digital media published by the Milton H. Erickson Foundation).

Erickson, M. H. (1954/2001), "A Clinical Note on Indirect Hypnotic Therapy," *Journal of Clinical and Experimental Hypnosis, 2*, pp.171-74, in *Milton H. Erickson M.D.: The Complete Works* (digital media published by the Milton H. Erickson Foundation).

Erickson, M. H. (1955a), a lecture by Milton H. Erickson, Philadelphia, August, Audio Recording No. CD/EMH.55.8 (Phoenix, AZ: Milton H. Erickson Foundation Archives).

Erickson, M. H. (1955b), a lecture by Milton H. Erickson, Boston, September 29, Audio Recording No. CD/EMH.55.9.29 (Phoenix, AZ: Milton H. Erickson Foundation Archives).

Erickson, M. H. (1955/2001), "Self-Exploration in the Hypnotic State," *Journal of Clinical and Experimental Hypnosis, 3*, pp.49-57, in *Milton H. Erickson M.D.: The Complete Works* (digital media published by the Milton H. Erickson Foundation).

Erickson, M. H. (1956), a lecture by Milton H. Erickson, Phoenix, June, Audio Recording No. CD/EMH.56.6 (Phoenix, AZ: Milton H. Erickson Foundation Archives).

Erickson, M. H. (1957), a lecture by Milton H. Erickson, Los Angeles, October 19, Audio Recording No. CD/EMH.57.10.19 (Phoenix, AZ: Milton H. Erickson Foundation Archives).

Erickson, M. H. (1958a), a lecture by Milton H. Erickson, San Diego, February 23, Audio Recording No. CD/EMH.58.2.23 (Phoenix, AZ: Milton H. Erickson Foundation Archives).

Erickson, M. H. (1958b), a lecture by Milton H. Erickson, Chicago, October 1, Audio Recording No. CD/EMH.58.10.1 (Phoenix, AZ: Milton H. Erickson Foundation Archives).

Erickson, M. H. (1958c), a lecture by Milton H. Erickson, Pasadena, October 31, Audio Recording No. CD/EMH.58.10.31 (Phoenix, AZ: Milton H. Erickson Foundation Archives).

Erickson, M. H. (1958d), a lecture by Milton H. Erickson, Philadelphia, November 11, Audio Recording No. CD/EMH.58.11.11 (Phoenix, AZ: Milton H. Erickson Foundation Archives).

Erickson, M. H. (1958e), a lecture by Milton H. Erickson, Philadelphia, November 12, Audio Recording No. CD/EMH.58.11.12 (Phoenix, AZ: Milton H. Erickson Foundation Archives).

Erickson, M. H. (1958f), a lecture by Milton H. Erickson, Palo Alto, November 24, Audio Recording No. CD/EMH.58.11.24 (Phoenix, AZ: Milton H. Erickson Foundation Archives).

Erickson, M. H. (1958g), "Deep Hypnosis and Its Induction," in L. M. Le Cron (ed.), *Experimental Hypnosis* (New York, NY: Macmillan Company) pp.70-112

Erickson, M. H. (1958/2001), "Pediatric Hypnotherapy," *American Journal of Clinical Hypnosis 1* pp.25-9, in *Milton H. Erickson M.D.: The Complete Works* (digital media published by the Milton H. Erickson Foundation).

Erickson, M. H. (1959a), a lecture by Milton H. Erickson, Utica, NY, February14, Audio Recording No. CD/EMH.59.2.14 (Phoenix, AZ: Milton H. Erickson Foundation Archives).

Erickson, M. H. (1959b), a lecture by Milton H. Erickson, Boston, June 19, Audio Recording No. CD/EMH.59.6.19 (Phoenix, AZ: Milton H. Erickson Foundation Archives).

Erickson, M. H. (1959c), a lecture by Milton H. Erickson, San Franciso, September 11, Audio Recording No.

CD/EMH.59.9.11 (Phoenix, AZ: Milton H. Erickson Foundation Archives).

Erickson, M. H. (1959d), a lecture by Milton H. Erickson, Phoenix, November 15, Audio Recording No. CD/EMH.59.11.15 (Phoenix, AZ: Milton H. Erickson Foundation Archives).

Erickson, M. H. (1959/2001), "Further Clinical Techniques of Hypnosis: Utilization Techniques," *American Journal of Clinical Hypnosis 2* pp.3-21, in *Milton H. Erickson M.D.: The Complete Works* (digital media published by the Milton H. Erickson Foundation).

Erickson, M. H. (1960a), a lecture by Milton H. Erickson, Boston, March 21, Audio Recording No. CD/EMH.60.3.21 (Phoenix, AZ: Milton H. Erickson Foundation Archives).

Erickson, M. H. (1960b), a lecture by Milton H. Erickson, Chicago, June 10, Audio Recording No. CD/EMH.60.6.10 (Phoenix, AZ: Milton H. Erickson Foundation Archives).

Erickson, M. H. (1960c), a lecture by Milton H. Erickson, Miami, August 3, Audio Recording No. CD/EMH.60.8.3 (Phoenix, AZ: Milton H. Erickson Foundation Archives).

Erickson, M. H. (1961a), a lecture by Milton H. Erickson, Stanford, May 27, Audio Recording No. CD/EMH.61.5.27 (Phoenix, AZ: Milton H. Erickson Foundation Archives).

Erickson, M. H. (1961b), a lecture by Milton H. Erickson, San Diego, July 22, Audio Recording No. CD/EMH.61.7.22 (Phoenix, AZ: Milton H. Erickson Foundation Archives).

Erickson, M. H. (1961/2001a), "Definition of Hypnosis," *Encyclopaedia Britanica*, 14th edn, in *Milton H. Erickson M.D.: The Complete Works* (digital media published by the Milton H. Erickson Foundation).

Erickson, M. H. (1961/2001b), "Historical note on the hand levitation and other ideomotor techniques," *American Journal of Clinical Hypnosis 3* pp.196-9, in *Milton H. Erickson M.D.: The Complete Works* (digital media published by the Milton H. Erickson Foundation).

Erickson, M. H. (1962a), a lecture by Milton H. Erickson, San Diego, April 29, Audio Recording No. CD/EMH.62.4.29 (Phoenix, AZ: Milton H. Erickson Foundation Archives).

Erickson, M. H. (1962b), a lecture by Milton H. Erickson, Calgary, Canada, June 18, Audio Recording No. CD/EMH.62.6.18 (Phoenix, AZ: Milton H. Erickson Foundation Archives).

Erickson, M. H. (1962c), a lecture by Milton H. Erickson, Los Angeles, October 10, Audio Recording No. CD/EMH.62.10.10 (Phoenix, AZ: Milton H. Erickson Foundation Archives).

Erickson, M. H. (1962d), a lecture by Milton H. Erickson, Chicago, October 17, Audio Recording No. CD/EMH.62.10.17 (Phoenix, AZ: Milton H. Erickson Foundation Archives).

Erickson, M. H. (1962/2001), an audio recording for the ASCH 1962 series on Hypnotic Induction, in *Milton H. Erickson M.D.: The Complete Works* (digital media published by the Milton H. Erickson Foundation).

Erickson, M. H. (1963), a lecture by Milton H. Erickson, San Diego, April 4, Audio Recording No. CD/EMH.63.4.4 (Phoenix, AZ: Milton H. Erickson Foundation Archives).

Erickson, M. H. (1964a), a lecture by Milton H. Erickson, Chicago, March 6, Audio Recording No. CD/EMH.64.3.6 (Phoenix, AZ: Milton H. Erickson Foundation Archives).

Erickson, M. H. (1964b), a lecture by Milton H. Erickson, Boston, December, Audio Recording No. CD/

EMH.64.12 (Phoenix, AZ: Milton H. Erickson Foundation Archives).
Erickson, M. H. (1964/2001a), "The Burden of Responsibility in Effective Psychotherapy," *American Journal of Clinical Hypnosis, 6* pp.269-71, in *Milton H. Erickson M.D.: The Complete Works* (digital media published by the Milton H. Erickson Foundation).
Erickson, M. H. (1964/2001b), "A Hypnotic Technique for Resistant Patients: The Patient, the Technique, and its Rationale, and Field Experiments," *American Journal of Clinical Hypnosis, 7*, pp.8-32, in *Milton H. Erickson M.D.: The Complete Works* (digital media published by the Milton H. Erickson Foundation).
Erickson, M. H. (1964/2001c), "Initial Experiments Investigating the Nature of Hypnosis," *American Journal of Clinical Hypnosis, 7* pp.152-62, in *Milton H. Erickson M.D.: The Complete Works* (digital media published by the Milton H. Erickson Foundation).
Erickson, M. H. (1964/2001d), "The Confusion Technique in Hypnosis," *American Journal of Clinical Hypnosis*, January, 1964, 6, pp.183-207, in *Milton H. Erickson M.D.: The Complete Works* (digital media published by the Milton H. Erickson Foundation).
Erickson, M. H. (1965a), a lecture by Milton H. Erickson, Phoenix, January 25, Audio Recording No. CD/EMH.65.1.25 (Phoenix, AZ: Milton H. Erickson Foundation Archives).
Erickson, M. H. (1965b), a lecture by Milton H. Erickson, Seattle, May 21, Audio Recording No. CD/EMH.65.5.21 (Phoenix, AZ: Milton H. Erickson Foundation Archives).
Erickson, M. H. (1965c), a lecture by Milton H. Erickson, San Francisco, July 16, Audio Recording No. CD/

EMH.65.7.16 (Phoenix, AZ: Milton H. Erickson Foundation Archives).

Erickson, M. H. (1966), a lecture by Milton H. Erickson, Houston, February 18, Audio Recording No. CD/EMH.66.2.18 (Phoenix, AZ: Milton H. Erickson Foundation Archives).

Erickson, M. H. (1966/2001), "The Interspersal Hypnotic Technique for Symptom Correction and Pain Control," in *Milton H. Erickson M.D.: The Complete Works* (digital media published by the Milton H. Erickson Foundation).

Erickson, M. H. (1967), a lecture by Milton H. Erickson, Delaware, September 19, Audio Recording No. CD/EMH.67.9.19 (Phoenix, AZ: Milton H. Erickson Foundation Archives).

Erickson, M. H. (1973/2001a), "Literalness and the Use of Trance in Neurosis. Dialogue between Milton H. Erickson and Ernest L. Rossi, 1973," in *Milton H. Erickson M.D.: The Complete Works* (digital media published by the Milton H. Erickson Foundation).

Erickson, M. H. (1973/2001b), "A Field Investigation by Hypnosis of Sound Loci Importance in Human Behavior," *American Journal of Clinical Hypnosis,16*, pp.147-64, in *Milton H. Erickson M.D.: The Complete Works* (digital media published by the Milton H. Erickson Foundation).

Erickson, M. H. (1977a), a teaching seminar by Milton H. Erickson, Phoenix, June, Audio Recording No. CD/EMH.77.6 (Phoenix, AZ: Milton H. Erickson Foundation Archives).

Erickson, M. H. (1977b), a teaching seminar by Milton H. Erickson, Phoenix, November, Audio Recording No. CD/EMH.77.11.a (Phoenix, AZ: Milton H. Erickson Foundation Archives).

Erickson, M. H. (1977/2001), "Hypnotic Approaches to Therapy," *American Journal of Clinical Hypnosis*, 20 (1), pp.20-35, in *Milton H. Erickson M.D.: The Complete Works* (digital media published by the Milton H. Erickson Foundation).

Erickson, M. H. (1979), teaching seminar by Milton H. Erickson, Phoenix, December, Audio Recording No. CD/EMH.79.12 (Phoenix, AZ: Milton H. Erickson Foundation Archives).

Erickson, M. H. (1980a), teaching seminar by Milton H. Erickson, Phoenix, February 14, Audio Recording No. CD/EMH.80.2.14 (Phoenix, AZ: Milton H. Erickson Foundation Archives).

Erickson, M. H. (1980b), teaching seminar by Milton H. Erickson, Phoenix, February 12, Audio Recording No. CD/EMH.80.2.12 (Phoenix, AZ: Milton H. Erickson Foundation Archives).

Erickson, M. H. (1983), *Healing in Hypnosis*, ed, E. L. Rossi, M. O. Ryan, and F. A. Sharp, (New York, NY: Irvington).

Erickson, M. H., Hershman, S., and Sector, I. I. (1961), *The Practical Application of Medical and Dental Hypnosis* (New York, NY: Julian Press).

Erickson, M. H., and Kubie, L. (1938/2001), "The use of automatic drawing in the interpretation and relief of a state of acute obsessional depression," *Psychoanalytic Quarterly, 7*,4, in *Milton H. Erickson M.D.: The Complete Works* (digital media published by the Milton H. Erickson Foundation).

Erickson, M. H., and Rossi, E. L. (1979), *Hypnotherapy: An Exploratory Casebook* (New York, NY: Irvington Publishers).

Erickson, M. H., and Rossi, E. L. (1981), *Experiencing Hypnosis: Therapeutic Approaches to Altered States* (New York, NY: Irvington Publishers).

Erickson, M. H., Rossi, E. L., and Rossi, S. I. (1976), *Hypnotic Realities: The Induction of Clinical Hypnosis and Forms of Indirect Suggestion* (New York, NY: Irvington Publishers).

Erickson, M. H., Rossi, E. L., and Rossi, S. I. (1976/2001), "Milton H. Erickson's Approaches to Trance Induction," paper presented at the 28th annual meeting of the Society for Clinical and Experimental Hypnosis, in *Milton H. Erickson M.D.: The Complete Works* (digital media published by the Milton H. Erickson Foundation).

Erickson, M. H., and Zeig, J. K. (1977/2001), "Symptom prescription for expanding the psychotic's world view," paper presented by J. K. Zeig to the 20th Annual Scientific Meeting of the American Society of Clinical Hypnosis, October 20, Atlanta, Georgia, in *Milton H. Erickson M.D.: The Complete Works* (digital media published by the Milton H. Erickson Foundation).

Erickson-Elliott, B. A., and Erickson-Klein, R. (1991), "Milton H. Erickson's Increasing Shift to Less Directive Hypnotic Techniques as Illustrated by Work with Family Members," in S. R. Lankton, S. G. Gilligan, and J. K. Zeig (eds), *Ericksonian Monographs*, No.8 (New York, NY: Brunner/Mazel).

Erickson-Klein, R. (1990), "Pain Control Interventions of Milton H. Erickson," in J. K. Zeig and S. Gilligan (eds), *Brief Therapy* (New York, NY: Brunner/Mazel), (pp.273-87).

Ewin, D. (1996), Dabney Ewin, MD (an interview by J. Parsons-Fein), *Milton H. Erickson Foundation*

Newsletter, 16, 2, Milton H. Erickson Foundation Archives, Phoenix, AZ, pp.1, 18-20.
Fazio, R. H., and Zanna, M. P.（1981）, "Direct experience and attitude behavior consistency," in L. Berkowitz（ed.）, *Advances in Experimental Social Psychology*, Vol.14（New York, NY: Academic Press）pp.161-202
Finn, S. E., and Tonsager, M. E.（1997）, "Information-gathering and therapeutic models of assessment: complementary paradigms," *Psychological Assessment, 9*, pp.374-85.
Fish, J. M.（1973）, *Placebo Therapy*（San Francisco, Jossey-Bass）.
Frank, J. D.（1973）, *Persuasion and Healing*, rev. edn,（Baltimore, MD: Johns Hopkins University Press）.
Frankl, V. E.（1939）, "Zur medikamentösen unterstützung der psychotherapie bei neurosen," *Schweizer Archiv für Neurologie und Psychiatrie, 43*, pp.26-31.
Frankl, V. E.（1973）, *The Doctor and the Soul*（New York, NY: Vintage Books）V・E・フランクル、山田邦男監訳『人間とは何か――実存的精神療法』春秋社、二〇一一年
Frankl, V. E.（1977）, *The Unheard Cry for Meaning: Psychotherapy and Humanism*（New York, NY: Simon and Schuster）. V・E・フランクル、諸富祥彦監訳『〈生きる意味〉を求めて』春秋社、一九九九年
Frankl, V. E.（1984）, *Man's Search for Meaning: An Introduction to Logotherapy*（New York, NY: Simon & Schuster）. V・E・フランクル、山田邦男訳『意味による癒し――ロゴセラピー入門』春秋社、二〇〇四年
Frankl, V. E.（1996）, an Interview with Viktor Frankl, MD, by Dan Short, *Milton H. Erickson Foundation Newsletter 16*, 3（Phoenix, AZ: Milton H. Erickson Foundation Archives）.

Freedman, J. L., and Fraser, S. C. (1966), "Compliance without pressure: The foot-in-the-door technique," *Journal of Personality and Social Psychology, 4*, pp.195-203.

Freud, S. (1912/1966), *The Basic Writings of Sigmund Freud* (New York, NY: Modern Library).

Gardner, G. (1974), "Hypnosis with children," *International Journal of Clinical and Experimental Hypnosis, 22*, pp.20-38.

Gilligan, S. (1987), *Therapeutic Trances: The Cooperation Principle in Ericksonian Hypnotherapy* (New York, NY: Brunner/Mazel).

Gilligan, S. (2001), "Getting to the core," *Family Therapy Networker*, January/February, pp.22-9, 54-5.

Gordon, D., and Myers-Anderson, M. (1981), *Phoenix: Therapeutic Patterns of Milton H. Erickson, M.D.* (Cupertino, California: Meta).

Haley, J. (1973), *Uncommon Therapy: The Psychiatric Techniques of Milton H. Erickson, M.D.* (New York, NY: W. W. Norton & Co.). J・ヘイリー、高石昇他訳『アンコモンセラピー――ミルトン・エリクソンのひらいた世界』二瓶社、二〇〇〇年

Haley, J. (1984), *Ordeal Therapy: Unusual Ways to Change Behavior* (San Francisco: Jossey-Bass). J・ヘイリー、高石昇訳他『戦略的心理療法の展開――苦行療法の実際』星和書店、一九八八年

Haley, J. (1985), *Conversations with Milton H. Erickson, M.D., Volumes I-III* (New York, NY: Triangle Press).Vol.I：J・ヘイリー、門前進訳『ミルトン・エリクソンの催眠療法――個人療法の実際』誠信書房、一九九七年。Vol.III：J・ヘイリー、森俊夫訳『ミルトン・エリクソン――子供と家族を語る』金剛出版、

二〇〇一年。
Honigfeld, G. (1964), "Non-specific factors in treatment: I. Review of placebo reactions and placebo reactors," *Diseases of the Nervous System, 25*, pp.145-56.
Horvath, A. O., and Symonds, B. D. (1991), "Relation between working alliance and outcome in psychotherapy: A meta-analysis," *Journal of Counseling Psychology, 38*, 139-49
Horwitz, A. V. (1982), *The Social Control of Mental Illness: Studies on Law and Social Control*, (New York, NY: Academic Press).
Howard, D. J. (1990), "The influence of verbal responses to common greetings on compliance behavior: The foot-in-the-mouth effect," *Journal of Applied Social Psychology, 20*, pp.1185-96.
Hubble, M. A., Duncan, B. L., and Miller, S. D. (1999), "Directing attention to what works," in M. A. Hubble, B.L. Duncan and S. D. Miller (eds), *The Heart and Soul of Change: What Works in Therapy* (pp.389-406, Washington, DC: American Psychological Association).
Hughes, J. C., and Rothovius, A. E. (1996), *The World's Greatest Hypnotists* (New York, NY: University Press of America).
Kirsch, I. (1990), *Changing Expectations: A Key to Effective Psychotherapy* (Pacific Grove, CA: Brooks/Cole).
Klopfer, B. (1957), "Psychological variables in human cancer," *Journal of Projective Techniques, 21*,pp.331-40.

Kübler-Ross, E.（1969）, *On Death and Dying*（New York, NY: Macmillan）. E・キューブラー・ロス、鈴木晶訳『死ぬ瞬間――死とその過程について』中央公論新社、二〇〇一年

Lankton, S. R.（1997/2003）, “Milton Erickson's Contribution to Therapy: Epistemology--Not Technology,” in S. R. Lankton, *Assembling Ericksonian Therapy: The Collected Papers of Stephen Lankton*（Phoenix, AZ: Zeig, Tucker, & Theisen）, pp.25-38.

Lankton, S. R.（2001/2003）, “Ericksonian Therapy, ” in S. R. Lankton, *Assembling Ericksonian Therapy: The Collected Papers of Stephen Lankton*（Phoenix, AZ: Zeig, Tucker, & Theisen）, pp.1-24.

Lankton, S. R., and Lankton, C. H.（1983）, *The Answer Within: A Clinical Framework of Ericksonian Hypnotherapy*（New York, NY: Brunner/Mazel）.

Lerner, B., and Fiske, D. W.（1973）, “Patient attributes and the eye of the beholder,” *Journal of Consulting and Clinical Psychology, 40* pp.272-7.

Loriedo, C.（1997）, interview with Camillo Loriedo by Dan Short, *Milton H. Erickson Foundation Newsletter, 17*, 3（Phoenix, AZ: Milton H. Erickson Foundation）.

Love, P.（2003）, “Neuro-Affective Therapy: Heart, Soul, Science, and Strategy,” audio recording of *Three Voices*, Phoenix, Arizona, March 7-9（Phoenix, AZ: Milton H. Erickson Foundation）.

Matthews, W. J.（2000）, “Ericksonian approaches to hypnosis and therapy: Where are we now?,” *International Journal of Clinical and Experimental Hypnosis, 48*, 4, pp.418-36.

Matthews, W. J., Lankton, S., and Lankton, C.（1993）, “An Ericksonian Model of Hypnotherapy,” in J. W..

Rhue, S. J. Lynn, and I. Kirsch (eds), *Handbook of Clinical Hypnosis* (Washingotn, DC: American Psychological Association).
Mischel, W. (1984), "Convergences and challenges in the search for consistency," *American Psychologist, 39,* (4), pp.351-64.
Murphy, S. T., and Zajonc, R. B. (1993), "Affect, cognition, and awareness: Affective priming with optimal and suboptimal exposures," *Journal of Personality and Social Psychology, 64,* pp.723-39.
O'Hanlon, W. H. (1987), *Taproots: Underlying Principles of Milton Erickson's Therapy and Hypnosis* (New York, NY: W. W. Norton & Co.). W・H・オハンロン、森俊夫他訳『ミルトン・エリクソン入門』金剛出版、一九九五年
O'Hanlon, W. H., and Hexum, A. L. (1990), *An Uncommon Casebook: The Complete Clinical Work of Milton H. Erickson, M.D.* (New York, NY: W. W. Norton & Co.). W・H・オハンロン／A・L・ヘクサム、尾川丈一他監訳『アンコモン・ケースブック――ミルトン・H．エリクソンの全症例』亀田ブックサービス、二〇〇一年
Obermiller, C. (1985), "Varieties of mere exposure: The effects of processing style and repetition on affective response." *Journal of Consumer Reaearch, 12,* pp.17-30.
Olness, K., Culbert, T., and Uden, D. (1989), "Self-regulation of salivary immunoglobulin A by children," *Pediatrics, 83,* pp.66-71.
Orlinsky, D. E., Grawe, K., and Parks, B. K. (1994), "Process and outcome in psychotherapy--noch einmal,"

in A. E. Bergin and S. L. Garfield (eds), *Handbook of Psychotherapy and Behavior Change*, 4th edn, pp.270-378 (New York, NY: Wiley).

Orlinsky, D. E., Rønnestad, M. H., and Willutzki, U. (2004), "Fifty years of process-outcome research: Continuity and change," in A. E. Bergin and S. L. Garfield (eds), *Handbook of Psychotherapy and Behavior Change*, 4th edn, pp.307-90 (New York, NY: Wiley).

Robles, T. (1990), *A Concert for Four Hemispheres in Psychotherapy* (New York, NY: Vantage Press).

Rogers, C. (1961), *On Becoming a Person* (Boston, MA: Houghton Mifflin). C・R・ロジャーズ、諸富祥彦他訳『ロジャーズが語る自己実現の道』岩崎学術出版社、二〇〇五年

Rosen, S. (1982), *My Voice will Go With You: The Teaching Tales of Milton H. Erickson* (New York, NY: W. W. Norton & Co.). S・ローゼン、中野善行他訳『私の声はあなたとともに――ミルトン・エリクソンのいやしのストーリー』二瓶社、一九九八年

Rosenthal, R., and Jacobson, L. (1968), *Pygmalion in the Classroom*, (New York, NY: Holt, Rinehart & Winston).

Rossi E. L. (1973), "Psychological Shocks and Creative Moments in Psychotherapy," *American Journal of Clinical Hypnosis, 16*, pp.9-22.

Rossi E. L. (2004), "Milton H. Erickson: The Cheerful Work Ethic of an American Farm Boy," *Milton H. Erickson Foundation Newsletter, 24*, 3 (Phoenix, AZ: Milton H. Erickson Foundation), p.9.

Sanghavi, D. (2003), *A Map of the Child: A Pediatrician's Tour of the Body* (New Yor, NY: Henry Holt).

Selvini, M. (1988), *The Work of Mara Selvini Palazzoli*, ed. Matteo Selvini (New Jersey: Jason Aronson).

Shapiro, E. S., and Kratochwill, T. R. (1988), *Behavioral Assessment in Schools* (New York, NY: Gildford).

Short, D. (1999), "Hypnosis and Children: An Analysis of Theory and Research," in B. Matthews and J. Edgette (eds), *Current Thinking and Practices in Brief Therapy* (Philadelphia: Taylor and Francis), pp.285-335.

Short, D. (2001), "Mandatory counseling: Helping those who do not want to be helped," in B. Geary, and J. K. Zeig (eds), *The Handbook of Ericksonian Psychotherapy* (Phoenix, AZ: Milton H. Erickson Foundation Press) pp.333-51.

Snyder, C. R. (ed.) (2000), *Handbook of Hope: Theory, Measures, and Applications* (New York, NY: Academic Press).

Spanos, N. P., and Gorassini, D. R. (1984), "Structure of hypnotic test suggestions and attributes of responding involuntarily," *Journal of Personality and Social Psychology, 46*, 3, pp.688-96.

Thomsen, J., et al. (1983), "Placebo effect in surgery for Méniere's disease: Three-year follow-up," *Otolaryngology--Head and Neck Surgery, 91*, pp.183-6.

Volgyesi, F. A. (1954), "School for patients: hypnosis-therapy and psychoprophylaxis," *British Journal of Medical Hypnotism, 5*, pp.8-17.

Wampold, B. E. (2001), *The Great Psychotherapy Debate: Models, Methods, and Findings* (Hillsdale, NJ: Erlbaum).

Wann, D. L., and Branscombe, N. R. (1990), "Person perception when aggressive or nonaggressive sports are primed," *Aggressive Behavior, 16*, pp.27-32.

Waters, D. B., and Lawrence, E. C. (1993), *Competence, Courage and Change: An Approach to Family Therapy* (New York, NY: W. W. Norton & Co.).

Watzlawick, P. (1978), *The Language of Change: Elements of Therapeutic Communication* (New York, NY: Basic Books).

Watzlawick, P., Weakland, J., and Fisch, R. (1974), *Change: Principles of Problem Formation and Problem Resolution* (New York, NY: W. W. Norton & Co.).

Weinberger, J. (1994), "Conclusion: Can personality change?", in T. F. Heatherton and J. Weinberger (eds), *Can Personality Change?* (Washington, DC: American Psychological Association), pp.333-50.

Weinberger, J. (1995), "Common factors aren't so common: The common factors dilemma," *Clinical Psychology: Science and Practice, 2* pp.45-69,

Weitzenhoffer, A. M. (1989), *The Practice of Hypnotism*, Vol.I (New York, NY: John Wiley & Sons).

White, M. (1988), "The Externalizing of the Problem and the Reauthoring of Lives and Relationships," *Dulwich Centre Newsletter*, Summer.

Wilson, R. R. (2001), "Anxiety Disorders," in B. Geary and J. K. Zeig (eds), *The Handbook of Ericksonian Psychotherapy* (Phoenix, AZ: Milton H. Erickson Foundaiton Press) pp.215-29.

Wolpe, J. (1969), *The Practice of Behavior Therapy* (New York, NY: Pergamon Press).

Yapko, M. D. (2003), *Trancework: An Introduction to the Practice of Clinical Hypnosis*, 3rd edn, (New York, NY: Brunner-Routledge).

Zajonc, R. B., and Markus, H. (1982), "Affective and cognitive factors in preferences," *Journal of Consumer Research*, *9*, pp.123-31.

Zeig, J. K. (1980), *A Teaching Seminar with Milton H. Erickson* (New York, NY: Brunner/Mazel). J・K・ザイク、成瀬悟策他訳『ミルトン・エリクソンの心理療法セミナー』星和書店、一九九五年

Zeig, J. K. (1985), *Experiencing Erickson: An Introduction to the Man and His Work* (New York, NY: Brunner/Mazel). J・K・ザイク、中野善行他訳『ミルトン・エリクソンの新療法——出会いの三日間』二瓶社、一九九三年

Zeig, J. K. (1992), "The virtues of our faults: A key concept of Ericksonian therapy," in J. K. Zeig (ed.), *The Evolution of Psychotherapy: The Second Conference* (New York, NY: Brunner/Mazel), pp.252-66.

Zeig, J. K., and Geary, B. B. (1990), "Seeds of Strategic and Interactional Psychotherapies: Seminal Contributions of Milton H. Erickson," *American Journal of Clinical Hypnosis*, 33, 2, pp.105-12.

訳者あとがき

本書は、ミルトン・エリクソンの治療戦略を広範な調査と綿密な分析に基づいて詳説したダン・ショート、ベティ・アリス・エリクソン、ロキサンナ・エリクソン－クラインによるDan Short, PhD, Betty Alice Erickson, MS, LPC, and Roxanna Erickson-Klein, RN. PhD (2005), *Hope & Resiliency :Understanding the Psychotherapeutic Strategies of Milton H. Erickson, MD.*, Crown House Publishing の全訳です。

訳し終えて、何がもっとも強く心に残ったかといえば、父親として子供たちを慈しむエリクソンの姿勢であり、さらにいうなら、いかなる人の人生をも慈しむ彼の姿勢でした。ベティ・アリスやロキサンナの回想がその一助になっていたのはいうまでもありませんが、数多く取り上げられた症例の端々から、その姿勢は否が応でも伝わってきました。

その姿勢があればこそ、治療は個々の患者に合わせて仕立て上げるものでなくてはならない、患者自身のもつ力を尊重して活かし、治療者は触媒でなくてはならない、診療室で学んだことは日常生活に還元されなくてはならないという主張が生まれるのだと、実によく納得できます。エリクソンの治療の型だけを真似てもなんの効果も得られないという警告が生まれるのも当然です。

患者が何を必要とし、何を目ざしているのか――これはときには、自分自身が何を必要とし、何を目ざしているのか、となりますが――このところを正確に把握するのが出発点であり、これには観察力と分析力が必要です。その力を磨くには、テクニックを身につけるだけでなく、理解を深めなくてはならないというのが本書の考えです。

本書は、この道に通じている人が読めば、一気に頭の中が整理され、理解もおおいに深まることでしょう。そうでない人が読んでも、日常生活のそこここに活かすことのできる方法やアドバイスがいくらでも見つかります。その根底にあるのは、前進するには希望と立ち直る力《レジリエンス》が必要だという考えです。希望を育み、レジリエンスを培うには、どう取り組んだらいいのか、六つに分類された戦略からは無限の可能性がうかがわれ、それこそふつふつと希望が湧いてきます。

「どのような壮大な旅も最初の小さな一歩から始まる」と本書にあります。たとえ小さな小さな一歩でも、踏み出すことに成功すれば、自分にはそうする力があるのだと感じることができ、それがレジリエンスにつながります。小さな一歩は小さな変化を生み、小さな変化はシステム全体を小さく動かし、やがては大きな変化を引き起こします。本書が読者の歩みをさらに一歩進めることを願ってやみません。

最後に、このように有意義な書物を翻訳する機会を与えてくださった春秋社の賀内麻由子さんに心よりお礼を申し上げます。ありがとうございます。

二〇一四年二月

浅田　仁子

ダン・ショート *Dan Short, PhD*

心理学者。元ミルトン・H・エリクソン財団の副理事。ノース・テキサス大学でカウンセリング修士号、マサチューセッツ大学アマースト校でカウンセリング心理学の博士号取得。エリクソン催眠および短期療法の研究で世界的に著名。アリゾナ州での開業診療を軸に、論文執筆や世界各地での専門家の指導にも勤しむ。エリクソン財団では、エリクソンに関する記録文書の保存とアーカイヴ化に携わった。その間、1500時間に及ぶミルトン・エリクソンの録音記録の研究にも没頭、その結果が本書に紹介されている。

ベティ・アリス・エリクソン *Betty Alice Erickson, MS, LPC*

理学修士、認定専門カウンセラー。数多くの共著があり、専門記事の執筆も多く、その多くはさまざまな言語に翻訳されている。Centro Italiano di Ipnosi Clinica Sperimentale の Franco Granone 賞の最初の受賞者。国の内外を問わず多くの会議で基調講演者を務めるかたわら、カウンセラーとして20年個人開業を続けている。ミルトン・H・エリクソン財団のニュースレター編集長。著書に Milton H. Erickson, M.D.: An American Healer（Profiles of Healing）、The Role of Brief Therapy in Attachment Disorders（共著）がある。

ロキサンナ・エリクソン－クライン *Roxanna Erickson- Klein, RN, PhD*

地域医療における看護の理学修士号と行政学の博士号を有している。ホスピス・ケアに特に関心をもつ看護師でもある。ミルトン・H・エリクソン財団の理事を務め、最近は「エリクソン・アーカイヴズ」の推進に専念。

訳者

浅田仁子 *Kimiko Asada*

静岡県生まれ。お茶の水女子大学文教育学部文学科英文科卒。社団法人日本海運集会所勤務、BABEL UNIVERSITY 講師を経て、英日、仏日の翻訳者に。訳書に『ミルトン・エリクソンの催眠テクニックⅠ・Ⅱ』『サーノ博士のヒーリング・バックペイン』『RESOLVE』『こころを変えるNLP』『タッピング入門』『クリーン・ランゲージ入門』『NLPヒーローズ・ジャーニー』（春秋社）、『マッサージ・バイブル』（創元社）、『山刀に切り裂かれて』（アスコム）、『パクス・ガイアへの道』（日本教文社）『NLPメタファーの技法』（実務教育出版）などがある。

ミルトン・エリクソン心理療法 〈レジリエンス〉を育てる

2014 年 4 月 25 日　第 1 刷発行
2024 年 2 月 29 日　第 11 刷発行

著者――――ダン・ショート
　　　　　ベティ・アリス・エリクソン
　　　　　ロキサンナ・エリクソン－クライン
訳者――――浅田仁子
発行者―――小林公二
発行所―――株式会社 春秋社
　　　　　〒 101-0021 東京都千代田区外神田 2-18-6
　　　　　電話 03-3255-9611
　　　　　振替 00180-6-24861
　　　　　https://www.shunjusha.co.jp/
印刷・製本――萩原印刷 株式会社
装丁――――岩瀬 聡

ISBN978-4-393-36530-4
定価はカバー等に表示してあります